世界の言語シリーズ **20**

イロカノ語

Frieda Joy Angelica Olay Ruiz
栗村　ドナルド
矢元　貴美

大阪大学出版会

はじめに

イロカノ語はフィリピン北部のリンガ・フランカ（地域共通語）であり、フィリピンで3番目に大きな話者人口を有しています。他のフィリピン諸語、台湾の先住民の諸言語、マラヨ・ポリネシア諸語、マラガシ諸語などと関係が深い、西オーストロネシア諸語の1つであり、フィリピンではコルディリエラ言語の1つです。

フィリピン国内のみでは、イロカノ語母語話者は1千万人以上に上ります。州別では、イロカノ語を母語またはリンガ・フランカとして用いている人口の割合が90パーセントを超えるのは、イロコス・ノルテ州、イロコス・スル州、ラ・ウニオン州、90パーセントに満たないが半数以上であると考えられるのは、ルソン島北中部や北東部を中心とする11州です。スペインとの接触が始まった頃にイロカノ語話者が暮らしていたと考えられているのは、イロコス・ノルテ州、イロコス・スル州、アブラ州、ラ・ウニオン州です。しかし、イロカノの人びとはフィリピン北部の多数の地域にもまたがっており、特にコルディリエラ自治区とカガヤン渓谷地方に多く暮らしています。イロカノ語話者が暮らす最も南の地域はミンドロ島とミンダナオ島で、この2つの島は相当数のイロカノ語話者を抱えています。18世紀と19世紀には、人口が増加したことと、より良いチャンスを求める人が増えたことにより、イロカノの人びとが故郷を離れるようになりました。もともとイロコスの土地は乾燥して痩せていることから、移民の先駆者たちは、カガヤン渓谷地方のような肥沃な土地へ移り住みました。本書のカバーには、この生態学的な特徴を表現しています。赤茶色はフィリピン北西部（イロコス地方）の乾いた土地を、緑色はフィリピン北東部の土地の肥沃さを象徴しています。

イロカノ語は世界の多くの地域に存在する移民コミュニティーでも用いられています。イロカノ語話者が特に多いハワイに、イロカノの人びとが移民として移り住んだ第一波は1906年から1919年であり、その多くはサトウキビのプランテーション労働に従事しました。2016年のハワイの統計によると、英語を除く言語のうち、家庭で用いられている言語で最も話者が多いのはタガログ語（約6万人）で、次いでイロカノ語（約5万5千人）、そして日本語（約4万6千人）が続きます。

日本ではイロカノ語学習に参考になる資料が少なく、また、その多くは英語で書かれています。この状況はタガログ語以外の他のフィリピン諸語でも同じです。

そのような背景から、日本語母語話者が他の言語を間に挟むことなく、日本語による教材を用いて、より効果的に教授や学習ができるようにしたいと私たちは考えました。

　私たちは教科書開発を実現すべく、出版に向けて、最も効果的な道を探りましたが、同時に、よく知られていない言語の教科書開発にはあまり人びとの関心を惹きつけることができないということにも気づきました。そこで教科書作成に関して、世界の言語シリーズに加えていただくことを大阪大学出版会に提案しました。本シリーズは長年にわたり、主に大阪大学の学生や日本語母語話者の学習者を対象として、外国の言語や文化の学習を促進することを主導しており、主に専攻語として授業が提供されている言語が取り上げられています。

　私たち筆者にとって幸運であったのは、ニッチ言語をシリーズに加えることに対して関連組織が関心を示してくださったことです。実際、イロカノ語教科書の出版に際しては、世界の言語シリーズの中では珍しく、1つの国で用いられている2つの言語を取り上げることにつながり、国語であるフィリピン語に続き、地方言語であるイロカノ語の教科書が出版されることとなりました。本書は日本語で書かれた、文法、会話、文化的背景といった総合的な内容が学べる初のイロカノ語教科書です。

　本書は授業のためだけでなく、イロカノ語の学習に関心のある方々の独習にも使っていただくことも想定して作成されています。大阪大学の学生のみならず、日本語母語話者の学習者に本書が広く活用されることを願っています。

本書の活用法と構成
　第1課と第2課では、イロカノ語の正書法と発音を説明しています。最後の課ではイロカノの伝説として有名な『ラム・アンの人生』を取り上げています。それ以外の第3課から第20課では、イロカノ語の基礎的要素が紹介されています。文法事項は、指示詞、名詞、形容詞といった品詞のような、最も基本的なレベルのものから学習できるように分類されています。基本文型はコミュニケーションの根本的な単位であるため、それを理解することは不可欠です。この点に集中することにより、学習者は早い段階で文法的に適切な文を作ることができるようになります。イロカノ語の基本文型は、述部－主部構造です。基本文型を理解することにより、学習者はすぐにイロカノ語を使うことができるようになるでしょう。課が進むごとに文法事項はより詳しくなり、基本的な文法事項を習得すると、より複雑な規則に取り組むことになります。

　各章は主に、会話文、語彙、文法、練習問題、コラムで構成されています。会

話文とストーリー展開は言語学習をよりコンテクストに沿ったものとし、学習者の興味を惹きつけ、実践的な学びへとつなげます。現実的な状況における語彙や文化的要素に文法を組み込むことにより、イロカノ語の学習者がより効果的に活用できるツールを手にすることができると私たちは考えました。

　イロカノ語のような言語を学習する中で、語や文は他の言語で用いられるのと常に同じではないと気づくことが重要です。それぞれの言語はその話者たちの独自の文化や世界観を反映しており、その文化や世界観は、考えや概念がどのように表現されるかに影響を与えます。たとえば、色に関して、イロカノ語の「白さ」という語は、他の言語や文化で考えられているような肯定的または否定的な含意と常に同じ意味合いを持っているわけではありません。同じように、イロカノ語話者が身体的な特徴について何かが欠けていることを表す場合、誰かを傷つける、または嘲るというような意図はなく、単にその現実を述べているだけである、ということもあります。また、語や表現は現実や事実を表すだけでなく、比喩的に用いられることもあります。これらの文化的な視点を理解することは、他の言語を用いる際に、誤解を避け、コミュニケーションにおけるニュアンスを味わうために不可欠です。会話文や例文には日本語訳を併記してありますが、そのイロカノ語と日本語は完全に一致するものではないということに留意し、学習者自身がより深いイロカノ語の学習やイロカノ文化の理解へとつなげていくことを願っています。

　本書の読者は、主人公の１人である日本人交換留学生のイロコス地方での滞在を追体験することとなるでしょう。彼女はイロコスでの滞在中、現地の生活を実体験し、イロカノ語を学び、多様な人びとと友人になることを通して、多くの冒険と自己発見を経験します。

本書で活躍する主な登場人物

Naomi 尚美
大阪大学の交換留学生。聡明で好奇心旺盛。

Biday ビダイ
尚美の親友で、イロコス地方のガイド役を務めるイロカノ女性。思いやりがあり、機知に富んでいる。

Linda リンダ
イロカノ女性で人類学者である大阪大学の教授。現地の習慣や伝統を調査するフィールドワークのために、学生たちとともにイロコスの村に滞在する。

Emma エマ
ビダイの母親。愛情深く、人を育てることに長けている。

Isko イスコ
ビダイの父親。

Kapitan 村長
尚美たちが訪れる村のリーダー。周囲の信頼が厚い。

テキストの分量が多い語学教科書の中には、退屈で打ちのめされそうに感じる
ものもあります。新しい言語を学ぶことの複雑さに立ち向かっている第二言語の
学習者にとっては、特に当てはまることです。これらのことを心に留め、言語の
学習をより効果的で楽しいものとすることによって、学習者の動機と関心を保つ
手助けとなるよう、素晴らしいイラストレーターを私たちは求めていました。幸
いにも芸術的な洞察力と熟練の表現力を持つ Herb Fondevilla 氏の協力を得ること
ができ、彼女のおかげで、教科書の中のイラストは活気や現実味を感じさせ、学
習者の全体の経験を豊かにしています。

　言語間の対照が円滑にできるよう、会話文では可能な限り、左側にイロカノ語
の文を、右側にその日本語訳を配置しています。会話文の新出語彙一覧はすぐに
記憶できるように、会話文のすぐ下に提供されています。一覧では日本語訳に加
え、語根（＜の後に表記）、動詞の種類、相、接辞といった重要な情報も併せて記
載してあります。

　第2課では、イロカノ語に特徴的な音を表すために、国際音声記号（International
Phonetic Alphabet, IPA）を用いています。イロカノ語では表記上、アクセント記
号を付加する必要はありませんが、学習者の理解を助けるため、第1課と第2課
の一部の語、および第3課以降の会話文の新出語彙にはアクセント記号を記載し
ています。ただし、第1強勢が置かれる音節の上にのみ記号（´）を付し、声門
閉鎖音を表すための記号は用いないこととしました。

　イロカノ語は膠着語であり、語根と多様な接辞の組み合わせに依存しています。
語根に親しむことで語彙を増やすことができるため、本書の読者は、語根を知る
よう働きかけられます。ある語根に異なる接辞を用いることによって語の意味や
機能が変化します。学習者は1つの語根から、形容詞を作ったり、副詞にしてみ
たり、名詞に変えたり、他の品詞を作ったりすることができるようになるでしょ
う。

　文法学習の後には、言語習得の重要な側面について確認の機会が設けられてい
ます。各課の練習問題は、聞き取り、翻訳、会話文の理解といった問題で構成さ
れています。本書では言語を学習するだけでなく、イロカノの文化や社会にも出
会うことができます。イロカノのアイデンティティー、移民、場所、食べ物、著
名人、習慣、伝統的な遊び、主要な産業といったテーマによるコラムが、イロカ
ノ語の学習過程を豊かにすべく、多くの課の最後に配置されています。

　現実世界では、イロカノ語を第二言語として学習する人びとは、様々な州出身
の話者と出会うことになり、彼らのアクセントやイントネーションは少しずつ異
なるでしょう。教科書の音声の中には多様なイロカノ語のアクセントが取り入れ

v

られており、学習者はイロカノ語母語話者との日々のコミュニケーションにおいて耳にするであろう差異に備え、理解することができます。音声録音には、フィリピン北部の異なる州出身という背景を持つ方々に協力していただきました。それにより、本書を活用する学習者はイロカノ語の豊かな多様性に触れることができます。なお、イロカノ語は正書法についても多様性が認められますが、特に初学者の混乱を避けるため、本書では一定の規則に従い統一してあります。

　本書の3名の共著者の例が示しているように、教科書作成は必ずしも「専門家中心型」である必要はありません。私たちは第一言語話者と非第一言語話者の、そして、それぞれ異なる分野を専門とする混成チームです。また、さまざまな段階において、異なる言語の微妙な特徴を比較し分析するために、イロカノ語、英語、タガログ語、そして日本語の間を横断し、用いました。それにより、イロカノ語の構造や機能、背景にある論理をより良く理解することができ、本書に反映できたと考えています。

　イロカノ語は他の言語と同様に、動的で絶えず発展しています。イロカノ語の世界を探検し、深く理解することにより、本書の学習者は、活気に満ちた、そして進化していく形の中で言語と関わり合うように促されるでしょう。

謝　辞

　このイロカノ語教科書の作成にあたり力をお貸しくださったすべての方々に心から深く感謝申し上げます。宮原曉先生（大阪大学教授）は本書の計画を形にすることができるよう支え、導いてくださり、また、文化的に慎重に扱うべきだが同時に教育上理にかなっている事柄についてご助言くださいました。コラム執筆者の方々は、専門家の視点や個人の体験に基づいた、専門的な見解や貴重な見識を共有してくださり、知識と経験で本書の内容を豊かにしてくださいました。Herbさんは、私たちの要望に快く応じてくださり、読者の学習経験を豊かにすべく、その類い稀なるイラストで登場人物たちに命を吹き込み、暖かみと個性を加えてくれました。音声録音には、出身地域が異なる、Marife さん、Bernardo さん、Joselito さん、Genesis さんに協力していただきました。出身地によってアクセントや発音が少しずつ異なる4名は、長時間の慣れない作業にもかかわらず、快く録音に臨んでくださり、本書の音声資料を信頼できるものとし、学習者がイロカノ語の実際の音に触れる機会を与えてくださいました。本当にありがとうございました。音声の録音・編集作業に根気強くお付き合いくださいました並川嘉文先生、各種手続き等で支えてくださいました箕面事務部の皆様、編集等にご尽力いただきました板東詩おりさんをはじめ、大阪大学出版会と遊文舎の皆様にも感謝申し上げます。また、大阪大学の学生たちにも感謝しています。特に、2022年度から2025年度にイロカノ語の授業を履修していた学生たちは、初稿段階のものを実際に使いながら、極めて有益なフィードバックを提供し、使い勝手が良く正確な内容となるよう、著者以外の視点で見てくれました。最後に、忍耐強く語や文を確認し、文法事項についての私たちの絶えない質問に答え、本書の内容が正確で言語に忠実であるものにしてくれた、また、私たちが本書の出版を完遂できるように支え続けてくれた、家族、親族、友人、すべてのイロカノ語母語話者の皆様にも感謝します。特にルイズは計り知れない支えに対し、母 Emma F. Olay、および、パンガシナン州とイサベラ州の家族（Olay 家と Ruiz 家）に特別な感謝を捧げます。栗村は支えてくれている家族、Rufino B. Calpatura、Natividad C. Calpatura、Marian G. Calpatura に対し、とりわけ本書の文法や修正の手助けを受けたことについて感謝します。彼らの手助けや、イロカノ語とイロカノ文化に関する深い知識なしには、本書は完成することはなかったでしょう。

　多くの手助けにもかかわらず、本書における誤りがあった場合、それはすべて著者の責任によるものであることをここに申し添えます。

2025 年 3 月
著者一同

参考文献

Bucaneg, P.（2005）. *Lam-ang*（L. Yabes, Trans.）. Rimat Multimedia, Inc.（Original work published 1889）.

Bernabe, E., Lapid, V., & Sibayan, B.（1971）. *Ilokano lessons*. University of Hawaii Press.

CLSC Staff.（1995）. *CLSC Ilokano book 1*. Christian Language Study Center.

CLSC Staff.（1996）. *CLSC Ilokano book 2*. Christian Language Study Center.

Constantino, E.（1971a）. *Ilokano dictionary*. University of Hawaii Press.

Constantino, E.（1971b）. *Ilokano reference grammar*. University of Hawaii Press.

Espiritu, P.（1984）. *Let's speak Ilokano*. University of Hawaii Press.

Espiritu, P.（2004）. *Intermediate Ilokano: An integrated language and culture reading text*. University of Hawaii Press.

International Phonetic Alphabet.（n.d.）*International phonetic alphabet (IPA) chart with sounds*. https://www.internationalphoneticalphabet.org/ipa-sounds/ipa-chart-with-sounds/

Philippine Statistics Authority.（2020）. Census of population and housing.

Rubino, C.（2001）. *Ilocano dictionary and grammar: Ilocano-English, English-Ilocano*. University of Hawaii Press.

Rosal, N.（1982）. *Understanding an exotic language: Ilokano.*

カセル、R.・山下 美知子（編）(1983). イロカノ語会話練習帳　大学書林

日本語で書かれた諸々のフィリピン語教科書も、日本語母語話者の学習者を対象としたイロカノ語教科書の形式や文法事項を考える上で大変有益であり、大いに参考にさせていただきました。

音声を聞くには

🔊の付いた箇所は音声を聞くことができます。

① ウェブブラウザ上で聞く

音声再生用 URL

http://el.minoh.osaka-u.ac.jp/books/SekainogengoShiriizu20_Irokanogo/

② ダウンロードして聞く

ウェブブラウザ上以外で音声ファイルを再生したい場合は、下記のURLから音声ファイルをダウンロードしてください。

ダウンロード用 URL

http://el.minoh.osaka-u.ac.jp/books/SekainogengoShiriizu20_Irokanogo/gn56zfcztrsu6szv/

ナレーション：Joselito Bisenio（ホセリート ビセニオ）
　　　　　　　Bernardo Carpio III（ベルナルド カルピオ）
　　　　　　　Marife Carpio（マリフェ カルピオ）
　　　　　　　Genesis Mariano Egipto（ジェネシス マリアーノ エヒプト）

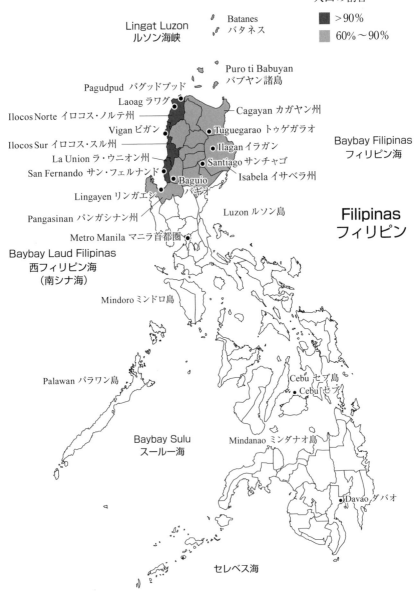

目　次

はじめに …………………………………………………… i

謝辞 ………………………………………………………… vii

音声を聞くには …………………………………………… ix

1　文字と綴り ———————————————— 2

1.1　書記体系　2

1.2　他言語からの借用語の表記　6

1.3　人称代名詞と小辞 -en　8

1.4　大文字の使用　8

1.5　句読法　10

2　発音と強勢 ———————————————— 12

2.1　発音　12

2.2　音節　20

2.3　強勢（アクセント）　20

3　あなた方のお名前は何ですか？ (Ania ti naganyo?) —— 26

3.1　基本的な挨拶　28

3.2　名詞　30

3.3　標識辞（主格）ti, dagiti, ni, da　32

3.4　基本構文　33

3.5　人称代名詞（主格）　34

3.6　疑問詞 ania「何」、taga-ano「どこから」　35

3.7　職業や生き物を表す名詞　36

練習問題　38

4 これらは稲ですか？（Pagay dagitoy?）——————— 42

4.1 人称代名詞（属格）-ko 形　44
4.2 リンカー（繋辞）nga/a　46
4.3 指示詞（主格、属格）　47
4.4 名詞の複数形　48
4.5 相互関係を表す AGKA- 接辞の名詞　51
4.6 形容詞　51
4.7 疑問文と答え方　56
4.8 小辞 met　58
4.9 果物を表す名詞　60
練習問題　61

5 伯父さんと叔母さん（Ni Uliteg ken ni Ikit）——————— 66

5.1 疑問詞 Akin-、Akinkua　68
5.2 所有を表す kukua　70
5.3 その他の所有表現　71
5.4 数え方　71
5.5 疑問詞 mano「いくつ」、「いくら」　73
5.6 接続詞 ket（数詞の接続、倒置、従位接続詞）　74
5.7 接続詞 ken　75
5.8 小辞 ngarud　75
5.9 副詞 amin「すべて」、「みんな」　76
5.10 自然の風景や自然現象を表す名詞　76
5.11 場所を表す名詞　77
5.12 身の回りでよく使われる物を表す名詞　77
練習問題　80

6 安くしてくれませんか？（Awan ti tawarnan?）——————— 82

6.1 存在と所有の表現　84
6.2 不特定数量表現 adu「多い」、bassit「少ない」　86
6.3 標識辞 diay　86
6.4 疑問詞 sagmamano「1 ついくら」　86
6.5 疑似動詞 kayat「欲しい」、「好きである」　87
6.6 接続詞 ngem「しかし」、「～だが」　87
6.7 小辞 laeng「～だけ」、「～しか」　88

6.8 小辞 kuma「～だといいなあ」　88

6.9 小辞 pay「まだ」、「もっと」、「さらに」　88

6.10 野菜・穀物・海藻を表す名詞　89

練習問題　90

7 我々の地方（Ditoy rehionmi）——————————— 94

7.1 人称代名詞（斜格）kaniak 形　96

7.2 位置を表す指示詞 ditoy「ここ」、dita「そこ」、
idiay「あそこ」　97

7.3 位置を表す語　98

7.4 疑問詞 ayan「どこ」　101

7.5 時を表す語（句）　101

練習問題　106

8 イロカノ人は倹約家だそうです。
（Nasalimetmet kano ti Ilokano.）——————————— 112

8.1 比較級形容詞　114

8.2 同等比較　115

8.3 最上級形容詞　116

8.4 形容詞の強意表現　116

8.5 接続詞 wenno「～か～」、「～または～」、
「～もしくは～」　118

8.6 疑問詞 apay「なぜ」、「どうして」　119

8.7 接続詞 gapu ta「なぜなら」、「というのは～だから」　119

8.8 副詞 kasla「～のようだ」、「～のように見える」　119

8.9 前置詞 para「～にとって」、「～のために」　120

8.10 意向や事情を表す表現 depende「～による」、
「～次第である」　120

練習問題　121

9 朝食は何時ですか？（Ania nga oras ti pammigat?）—— 124

9.1 スペイン語起源の数　126

9.2 時刻の尋ね方と伝え方　126

9.3 日付の尋ね方と伝え方　127

xiii

9.4　疑問詞 kaano「いつ」　128
9.5　頻度の表現 kada「〜ごと」、「毎〜」、「〜おきに」　129
9.6　小辞 aya「〜かしら」、「〜でしたっけ」、「〜ですね」　130
9.7　間投詞　130
練習問題　132

10　町長の家を知っていますか？
（Ammoyo ti balay ni Kapitan?）──────── 136

10.1　疑似動詞 ammo、am-ammo「知っている」　138
10.2　疑問詞 sadino「どこ」　139
10.3　小辞 -en「もう」、「既に」、「もはや」　139
10.4　小辞 ngata「〜だろうか」、「どうしようか」　139
10.5　小辞 sa「〜だと思う」、「〜のようだ」、
「〜かもしれない」　140
10.6　小辞 ngay　140
10.7　小辞 manen「また」、「再び」　140
10.8　小辞 man「〜ください」　141
10.9　小辞 gayam「〜とは知らなった」、「やはり〜なのか」、
「そうか〜なのか」　141
10.10　小辞 latta　141
10.11　小辞 kadi　142
10.12　小辞 kano「〜そうだ」、「〜のようだ」　143
10.13　小辞 uray「〜でも」、「〜すら」、「〜さえも」　144
10.14　小辞 ngamin　145
10.15　小辞の基本的な語順　145
練習問題　146

11　コーヒーをどうぞ。（Agkapekayo pay.）─────── 150

11.1　動詞の特徴　152
11.2　行為者焦点 AG- 動詞　161
練習問題　171

12　料理の香りが良くなる。（Bumanglo amin a luto.）──── 174

12.1　行為者焦点 -UM- 動詞の活用　176

12.2 -UM- 動詞の特徴　178

12.3 同じ語根をとる AG- 動詞と -UM- 動詞の比較　181

12.4 Naimbag ta ＋行為者焦点動詞
「〜で／〜して良かった」　184

練習問題　185

13 「バリ・バリ・アポ」("Bari-bari apo") ─────────── 188

13.1 行為者焦点 MANG- 動詞　190

13.2 MANG- 動詞の特徴　192

13.3 MANG- 動詞と AG- 動詞との比較　193

13.4 疑似動詞と行為者焦点動詞との組み合わせ　195

13.5 疑似動詞と時間の表現　197

13.6 形容詞の副詞的用法　198

13.7 頻度や程度を表す副詞　199

13.8 疑問詞 kasano「どのように」、「どのくらい」　200

練習問題　202

14 もうお腹が空きました。(Mabisbisinakon.) ─────────── 208

14.1 行為者焦点 MA- 動詞　210

14.2 行為者焦点 MAKI- 動詞、MAKIPAG- 動詞　213

14.3 病や怪我、体の部位を表す名詞　217

14.4 体の調子を説明する時に用いる表現　219

練習問題　220

15 イナベルをどのように作りますか？
(Kasano aramiden ti inabel?) ─────────── 226

15.1 対象焦点動詞　229

15.2 対象焦点 -EN 動詞　230

15.3 対象焦点 I- 動詞　233

15.4 対象焦点 -AN 動詞　238

15.5 対象焦点動詞を用いた文の構文　243

15.6 時、条件、結果等を表す接続詞と接頭辞　244

練習問題　248

xv

16 あなたになぞなぞを読んであげます。
   (Ibasaanka ti burburtia.) ———————————— 254

　　16.1　方向焦点 -AN 動詞　256
　　16.2　受益者焦点 I-AN 動詞　259
　　16.3　場所焦点 PAG-AN 動詞　262
　　16.4　手段焦点 PAG-、PANG- 動詞　264
　　16.5　理由焦点 PAG-AN 動詞　267
　　16.6　理由を表す接辞 IKA-　269
　　練習問題　270

17 涼みに行きましょう。(Mapanta kuma agpalamiis.) —— 274

　　17.1　使役動詞と使役文の一般的な特徴　276
　　17.2　使役動詞の焦点　276
　　17.3　使役者焦点動詞　277
　　17.4　被使役者焦点動詞　282
　　17.5　使役対象焦点動詞　287
　　17.6　使役方向焦点 PA-AN 動詞　291
　　17.7　使役受益者焦点 IPA-AN 動詞　291
　　17.8　使役場所焦点 PAGPA-AN 動詞、PANGPA-AN 動詞　293
　　17.9　使役手段焦点 PAGPA- 動詞、PANGPA- 動詞　295
　　練習問題　297

18 思い出してくれてうれしいです。
   (Nakalagipkayo man.) ———————————————— 300

　　18.1　可能・非意図行為などを表す動詞　302
　　18.2　非使役動詞の可能・非意図形　303
　　18.3　使役動詞の可能・非意図形　313
　　18.4　能力や可能を表す疑似動詞 Mabalin を用いた
　　　　　表現との対応　316
　　練習問題　318

19 祭りだ！(Fiesta!) ———————————————————— 320

　　19.1　その他の行為者焦点動詞　322
　　19.2　その他の非行為者焦点動詞　327

19.3　自動詞　330

19.4　依頼の表現 PAKI-　332

19.5　動詞の強意表現　332

19.6　動詞の程度緩和表現　333

19.7　継続・反復の表現　335

19.8　形容詞を形成するその他の接辞　338

練習問題　339

20　別れ（Panagpapakada） ——————————— 344

20.1　名詞化　346

20.2　存在詞と動詞を組み合わせた文　350

20.3　関係節　351

20.4　名詞節　355

練習問題　360

21　ラム・アンの人生（Biag ni Lam-ang） ——————— 366

練習問題　371

文法事項の索引 ————————————————— 373

COLUMN

1　イロカノ・ディアスポラ　40

2　イロカノの著名人　63

3　バギオのアートとマーケット　91

4　カガヤン ── 私にとって大切な故郷の谷　108

5　フィリピン文化の語りを見つめ直す
　　── 「イロカノ文化」と「イゴロット文化」　123

6　"Igorotak（私はイゴロットだ）" ── 偏見を超えて響く言葉　134

7　苦みとその向こう側 ── イロカノの食事のよりよい味わい　147

8　イロカノ料理　チキン・ピピアン　173

9　イロカノ料理　ディナルダラアン　187

10　イロカノの弔事　204

11　イロカノの婚礼の習慣と伝統 ── 愛と家族と継承の祭事　222

12　イナベル　250

13　イロカノ語のなぞなぞ　271

14　イロカノ料理　シナンラオ　299

15　イロコス地方の経済特区と産業発展の可能性　341

16　ハラナ ── 求愛の歌から学ぶ人生の教訓　361

世界の言語シリーズ　20

イロカノ語

1 文字と綴り

課のねらい / Gandat ti leksion

- ◉ 表記法の歴史的背景を知る。
- ◉ 現代の表記法について重要な点を理解する。
- ◉ 発音と関連させて表記できるようになる。

1.1 書記体系

1.1.1 先スペイン期

イロカノ語の書記体系は音素を基盤としており、それぞれの語がどのような音を持つかに基づいて記載される。先スペイン期には、イロカノの人々はクル・イタン（kur-itan）もしくはクルディタ（kurdita）と呼ばれる、直線と曲線の組み合わせで形作られる独自の文字を用いていた。その文字は、フィリピンの他の言語で用いられていた、サンスクリット文字にも類似点を持つと言われるバイバイン（baybayin）と似ていた。サンスクリットは、スリヴィジャヤやマジャパイトといった、島嶼部東南アジアのインド化された国々に広まっていた。フィリピン諸島では 15 世紀から、インドネシア諸島からのイスラムの影響が強まった。

1.1.2 スペイン期

16 世紀に入ってスペイン人がフィリピンへ到達すると、以下の 29 文字のスペイン語のアルファベットが導入されたことにより、先スペイン期の文字は徐々にアルファベットに置き換えられ、使われなくなった。アルファベットで書かれたイロカノ語が見られるもののうち最古のものの 1 つは、ベラルミーノ神父（Robert Bellarmino）によって翻訳され、1621 年に出版された『キリスト教の教え（Doctrina

Cristiana)』である。

A B C CH D E F G H I J K L LL
M N Ñ O P Q R RR S T U V X Y Z

これらの文字の多くは、先スペイン期の文字と同じように発音された。しかし、イロカノ語の発音には存在しない F と V、C, J, LL, Ñ, Q, CH, X, Y, Z は、そのまま、もしくは、他の文字と組み合わせて、スペイン語に特徴的な音を表すために用いられた。たとえば CH の代わりに TS、Ñ の代わりに NI または NY、LL の代わりに LI または LY が用いられている。スペイン語では H と表記される音は発音されないが、gi と表記され /h/ の音になるものやイロカノ語の摩擦音を表すために H が用いられた。現在用いられている NG と W は、この時期にはまだ用いられていなかった。

スペイン語表記とイロカノ語表記の対照表

	スペイン語	イロカノ語	意味
c = k	carne	karne	肉
ci, ce = si, se	central	sentral	中心の
ch = ts, ti	cuchillo	kutsilio	ナイフ
f = p	farol	parol	提灯
g = h	gigante	higante	巨大な
gue, gui = ge, gi	guitarra	gitara	ギター
j = h	jefe	hepe	長
j = s	jabon	sabon	石鹸
z = s	zapatero	sapatero	靴職人
ll = li, ly	llave	liabe	鍵
ñ = ni, ny	bañera	baniera	大きいたらい
qu = k	conquistador	konkistador	征服者
ck = kk	dackel	dakkel	大きい
rr = r	barricada	barikada	バリケード
v = b	salvar	salbar	救う
x = ks	exacto	eksakto	正確な、ぴったりの

この時期の書記体系を特徴付けるのは、二重母音を表す文字の使用である。イロカノ語には a, e, i, o, u の 5 文字で表される 6 つの母音がある。二重母音は同一音節内で 1 つの母音から別の母音へとわたり音で滑るように移る連続した 2 つの母音のことであり、言い換えれば、まとまって発音される 2 つの母音の組み合わせである。南部で話されているイロカノ語には、e に当たる音素として別々の 2 つの音、つまり、中―前方の母音と高―後方の非円唇の母音が存在する。

古い綴りと現代の綴りの対照表

イロカノ語での読み（IPA*）	古い綴り	現代の綴り	意味
/wɛn/	oen	wen	はい
/daʔ.gi.tih/	daguiti	dagiti	複数の主格等を表す標識辞
/kɛn.kah/	quenca	kenka	あなたに
/aʔ.wan/	aoan	awan	ない、いない

*国際音声記号（IPA）については第 2 課を参照。

　スペイン期には、イロカノ語は教育機関等では教授されていなかったため、これらの書記体系は人々の間で一般的には知られておらず、主に、宗教関連の書物、文法書や辞書等の印刷物をイロカノ語へ翻訳するために用いられた。

1.1.3　アメリカ期から現在

　1899 年、スペインに代わってアメリカがフィリピンを統治するようになった。アメリカ期には、カトンス（Catons）と呼ばれる私立の幼稚園があり、公立学校や宗教学校で学び始める前の子どもたちにイロカノ語の読み書きが教えられていた（Rosal, 1981, p. 24）。

　アメリカ期のアルファベットは以下の 28 文字である。英語に合うように W が用いられるようになり、CH と RR は除外された。

A B C D E F G H I J K L LL M
N Ñ O P Q R S T U V W X Y Z

　イロカノ語話者がスペイン期に作られた書記体系に慣れたのはアメリカ期であったが、表記法において多くの変種と修正がもたらされた。後にアメリカの教育制度の影響によって W が好んで使われるようになり、OA, OE, OI, AO/AU は WA,

WE, WI, AW に置き換えられた。英語の語（例：you, yes, yellow 等）でよく用いられる Y が取り入れられることが増え、二重母音の表記では I が Y と互換的に用いられた。

スペイン期に使われていた CE/CI と GE/GI の綴りは使われなくなり、代わりに S と H で表されるようになった。QU と C は K に、J と G は H に、Ñ は NI に置き換えて表されることが一般的になった。スペイン期に QU と GU の後ろに別の母音が加えられた形で表記されていた、軟口蓋音の K と G に U が続く音は、U が外され、K と G のすぐ後に別の母音が表記される形に変化した。

古い綴りとアメリカ期に取り入れられた綴りの対照表

古い綴り	現代の綴り	意味
oen	wen	はい
general	heneral	将軍
ciclista	siklista	サイクリスト
daguiti	dagiti	複数の主格等を表す標識辞
quenca	kenka	あなたに
aoan	awan	ない、いない
aña	ania	何
daia	daya	祭り、祝い事の集まり

アメリカの教育制度とともに、出版業もイロカノ語の表記法に影響を与えた。イロカノ語の週刊誌である『バンナワグ（Bannawag）』は 1934 年 11 月に初めて出版された。イロカノ語は音声言語であるため、定期的な出版は、言語の標準化において重要である。『バンナワグ』はイロカノの作家たちが技能に磨きをかけるプラットフォームとして役立ったことから、現代イロカノ文学の存在の基盤の 1 つであると言われ、「北の聖書」と見なされている。イロカノ語で書かれた様々な文学（連載小説、連載漫画、短編、詩、エッセー、ニュース特集、エンターテインメント記事等）が掲載されており、2025 年 3 月時点においても引き続き出版されている。

印刷メディアはイロカノ語の発展と保存に重要な役割を果たしている。これらの出版物は、新しい語彙や表現を採用すること、言語の発展性を反映させること、近年の言語表現の動向を採用すること等を通して、現代のイロカノ語の発展にも貢献している。

1937年にマヌエル・ケソン（Manuel Quezon）大統領が発令した大統領令134号により、フィリピンの国語はタガログ語に基づくものとされた。1987年、憲法でフィリピン語が国語に制定された後、フィリピン諸語における文字や正書法の標準化が進められた。イロカノ語で定められているアルファベットは、A, B, K, D, E, G, H, I, L, M, N, NG, O, P, R, S, T, U, W, Y の20文字であり、スペイン語や英語からの借用語などを表記するために、C, F, J, Ñ, Q, V, X, Z の8文字も用いられる。

1.2　他言語からの借用語の表記

　イロカノ語にはスペイン語や英語起源の語が多数取り入れられている他、中国語（特に閩南語）起源の語も、特に食物、商業、貿易等に関するものが用いられている。それらに比べると数は少ないものの、近年では日本語起源の語も使われることがある。他言語からの借用語は以下のように表記する。

1.2.1　元の綴りと同じ綴りで表記するもの

1）元の綴りと同じで支障がないもの
　元の綴りでもイロカノ語で用いられる文字以外の文字が用いられておらず、イロカノ語で音読した場合の表記も同じになるものは、元の綴りと同じように表記する。

trabáho	仕事
maéstro	男性教師
karáte	空手

2）元の語の音とイロカノ語の音との相違が大きいもの
　元の語の音とイロカノ語の音との相違が大きく、イロカノ語の綴りで表記すると分かりづらいものは、元の綴りのまま表記し、発音も元の語に近い音を用いる。

pízza	ピザ

3）専門用語等
　主に科学、医療、法律、料理等の分野の用語は元の語の綴りのまま表記する。

x-ray	レントゲン
bihon	ビーフン（米粉　bí-hún）

suki　　　　　お得意様（主客　chú-kheh）

1.2.2　元の綴りを変えてイロカノ語の綴りで表記するもの

1）元の語でイロカノ語の文字以外の文字が用いられている場合

イロカノ語で用いられる文字以外の文字が用いられているもので、上記以外の借用語は元の語の音に基づき、以下のような規則に従ってイロカノ語の綴りで表記する。

	原語		イロカノ語	意味
c → k	carne	→	karne	肉
ci, ce → si, se	central	→	sentral	中心の
ch → ts, ti	cuchillo	→	kutsilio	ナイフ
f → p	farol	→	parol	提灯
g → h（スペイン語起源）	gigante	→	higante	巨大な
j → h（スペイン語起源）	jefe	→	hepe	長
j → s（スペイン語起源）	jabon	→	sabon	石鹸
j → di（英語起源）	jaket	→	diaket	ジャケット
oa, oe, oi, ao/au → wa, we, wi, aw	autoridad	→	awtoridad	権力
z → s（スペイン語起源）	zapatero	→	sapatero	靴職人
ll → li, ly（スペイン語起源）	llave	→	liabe	鍵
ñ → ni, ny（スペイン語起源）	bañera	→	baniera	大きいたらい
qu → k	conquistador	→	konkistador	征服者
ck → kk	dackel	→	dakkel	大きい
rr → r	barricada	→	barikada	バリケード
v → b	salvar	→	salbar	救う
x → ks	exacto	→	eksakto	正確な、ぴったりの

2）イロカノ語読みすると元の語の音と変わる場合

元の綴りでイロカノ語で用いられる文字以外の文字が用いられていないもので、イロカノ語読みをすると元の語の音と変わってしまう場合、元の語の音をイロカノ語の綴りで表記する。

basketball → basketbol

イロカノ語は、正書法がそれほど標準化されておらず、常に変化してきた言語である。

1.3 人称代名詞と小辞 -en

-ak 形（isu と isuna 以外）および -ko 形の人称代名詞、「もう」などの意味を表す小辞の -en は前置の語に接続する形で書かれる。-ko 形のうち ko と mo は、前置の語の語尾が母音である場合、-k および -m のみが接続する。小辞の -en は前置の語の語尾が母音である場合、-n のみがつく。

Taga-anoka?	あなたはどこ出身ですか？
Estudianteak.	私は生徒／学生です。
Aglutotayo.	（私たちは）料理しましょう。
estudiantek	私の生徒／学生
lasonam	あなたのタマネギ
nalpasen	もう終わった
Awan isunan.	彼はもういません。

1.4 大文字の使用

大文字は以下のような場合に用いられる。

1.4.1 文頭

Taga-anoka?	あなたはどこ出身ですか？
Siak ni Isko.	私はイスコです。

1.4.2 人名、地名、組織や団体の名称等の固有名詞、人名の一部として用いられる称号や肩書等

Manang Biday	ビダイおばさん
Apo Lakay	じいさん（敬意が含まれる）
Santiago, Isabela	イサベラ州サンチャゴ市

Unibersidad ti Osaka	大阪大学
Iglesia Filipina Independiente	フィリピン独立教会
Iglesia Katolika	カトリック教会
Ilokano	イロカノ語
Hapones	日本人
Gaddang	ガッダン（民族言語集団名）

1.4.3 聖人や神を指す名称

San Fermin	聖フェルミン
Dios Apo	神様

1.4.4 書籍、文学作品、映画、絵画等の題

Biag ni Lam-ang	『ラム・アンの人生』
Ayat, Kaanonto Ngata?	『愛はいつ訪れるのかしら？』
Dagiti Mariing iti Parbangon	『早朝に目覚める者たち』

1.4.5 略語

Pres.	大統領
Cong.	地方議員

1.4.6 月名

Enero	1月
Hulio	7月
Disiembre	12月

1.5 句読法

1.5.1 ピリオド「.」

ピリオド「.」は文が終わることや、考えや叙述の休止を表す他、略語や略称に用いられて語が省略されていることを示す。小数点、URL や電子メールアドレスで各部分を分けるためにも用いられる。

1.5.2 疑問符「?」

疑問符「?」は直接疑問や不確かさ、丁寧さ等を表すために用いられる。

1.5.3 感嘆符「!」

感嘆符「!」は強い感情や強意等を表すために用いられる。

1.5.4 コンマ「,」

コンマ「,」は意味を明確にすることや、文を読みやすくするために用いられる。特に、複数の連続する項目の分割や列挙、接続詞に導かれる 2 つの独立した節の接合、日付や住所等の表示、直接引用等に用いられる。

1.5.5 セミコロン「;」

セミコロン「;」は接続詞と似たような役割を果たし、文中で長めの休止や、長い主節またはコンマを含む主節を示すために用いられる。

1.5.6 コロン「:」

コロン「:」は複数の項目の導入、詳述、列挙等のために用いられる。

1.5.7 ハイフン「-」

ハイフン「-」は表記上で音節間を分け、音節同士を分けて発音することを示す

ためや、重複（例：nagay-ayab, am-ammo）や接辞（例：agat-, agin-, makin-, akin-）を表すために用いられる。

古い綴りと現代の綴りが混合している「モーセの十戒（Dagiti Sangapulo a Bilin ti Dios）」の石板（ラ・ウニオン州サン・フェルナンド教会）© 矢元貴美

バイバインとイロカノ語で表記された「人のために奉仕せよ」というスローガン（フィリピン大学バギオ校）© 三見春菜

2 発音と強勢

課のねらい / Gandat ti leksion

◉ 母音と子音の種類と発音を理解し、適切に発音できるようになる。
◉ 音節の特徴を知る。
◉ 強勢が置かれる位置の特徴を知る。

　イロカノ語と日本語は基本的な母音や子音の音において共通していることが多いが、音節構造、音韻過程、ピッチ（音の高さ）や強勢（アクセント）の役割は大きく異なっている。発音を理解して、イロカノ語の音韻の基礎を学ぶことは、適切な発音と言語の理解につながる。
　本課では母音や子音の音および語の発音の仕方を表すために、言語音を同定し分類する基準として国際音声学協会（IPA, International Phonetic Association）が制定した国際音声記号を用いる。斜線（/）で挟んで表記されたものは音素に基づく表記で、角括弧（[ ]）内に記載されているものは音声学に基づく詳細な発音表記である。IPA 表記内のピリオド（．）は後に説明する音節の区切りを示す。

2.1　発音

2.1.1　母音

　イロカノ語の母音は、表記上は a, e, i, o, u の5つで表される。e が表す音には2種類あり、以下のように6つの母音が存在する。

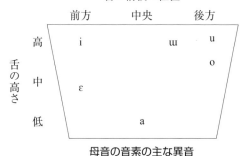

母音の音素の主な異音

/a/
　舌を自然な低い位置で保ち、唇は丸めず、口はゆったりとした状態で開けて発音する。

anák	/ʔa.nak/	（自分の）子ども
bigát	/biʔ.gat/	朝
kastá	/ʔkas.tah/	同様に

/e/
　e の音には、イロカノ語が話される地域のうち、南部の方言に見られるものと、北部で用いられるものの2つが存在する。イロコス・ノルテ州やイロコス・スル州のような北部の地域では、舌は低—中央の位置に持ち上げられ、唇は丸めずに口角が引き締まった状態である。このように発音される音が［ɛ］である。

　北部で用いられる［ɛ］の音は南部にも存在するが、それは主にスペイン語起源の語に用いられている。南部では IPA で示されているように、イロカノ語起源の語は高—中央、中央と後方との間あたりでの、唇を丸めない音［ɯ］で発音され、その音は語尾には表れない。イロカノ語起源の語で、中—前方で発音される［ɛ］も存在する。

スペイン語起源の語

estudiánte	/ɛs.tuʔ.dʒan.tɛh/	学生、生徒
komentário	/ko.mɛn.ta:.rjoh/	コメント、批判
Pebréro	/pɛʔ.brɛ:.roh/	2月

イロカノ語起源の語

wén	/wuun/	はい
tawén	/taʔ.wuun/	年、年齢
gayyém	/gaj.juum/	友人

/i/

　i の母音は高―前方の母音として発音されるが、強勢はそれほど置かれない。強勢が置かれていない i では弛緩音となることがある。

2-3

isúna	/ʔi.suː.nah/	彼は、彼女は
ití	/ʔi.tih/	〜で、〜に、〜の
ulitég	/ʔuʔ.li.tuug/	伯父／叔父

/o/ と /u/

　先スペイン期には、母音 o と u の音の相違による意味の相違はなかった。書き分けられるようになったのは、イロカノ語にスペイン語起源の語が取り入れられ、イロカノ語話者にとってそれらの違いが区別できるようになってからである。母音 o の発音である［o］の舌は高―中央で、唇は丸めて引き締まった状態で保たれる。一方、母音 u の発音である［u］の舌は丸めて高―後方で、［o］よりも弛緩して強勢も弱く発音される。

　一語に複数の音がある場合、最初の /o/ は［u］として発音され、最終音節では、/u/ は［o］として発音される。語の中央や強勢が置かれた箇所では、/u/ は［u］として発音される。

2-4

úrnos	/ʔur.nos/	調和、整然としている様子
úlog	/ʔu.log/	ボントック（民族言語集団）などの結婚適齢期の女性たちの共同住宅
kúnol	/ʔku.nol/	くねくねした動き
putípot	/puʔ.tiː.pot/	結びつけること
túkod	/ʔtu.kod/	支柱

　しかし、最初の音節内に /u/ が含まれる語で語根全体を重複させているものでは、両方の［u］の音が保たれる。

2-5

| agsúro-súro | /ʔag.suʔ.roh.súʔ.roh/ | 勉強する |
| dugyót-dugyót | /dug.yot.dug.yot/ | 汚い、だらしない（人物について） |

14

/o/ と /u/ の相違によって、スペイン語起源の語とイロカノ語起源の語とで似た綴りで異なる意味を表すものがある。

kópa	/ʔko.pah/	グラス（スペイン語起源）
kúpa	/ʔku.pah/	空洞の、空の
kúros	/ʔku.ros/	淡水のエビ
kurús	/kuʔ.rus/	十字架（スペイン語起源）

2-6

2.1.2 子音

イロカノ語の子音は、/p/, /b/, /t/, /d/, /k/, /g/, /m/, /n/, /ŋ/, /r/, /s/, /l/, /w/, /y/ および声門閉鎖音の /ʔ/、声門摩擦音の /h/ である。/ʃ/, /tʃ/, /dʒ/ は主に他言語からの借用語に表れる音である。

イロカノ語の子音

調音方法＼調音点	唇音	歯音	歯茎音	歯茎 硬口蓋音	硬口蓋音	軟口蓋音	声門音
閉鎖音	p b	t d				k g	ʔ
鼻音	m	n				ŋ	
はじき音／ふるえ音			r				
摩擦音			s	ʃ			h
側面接近音			l				
わたり音／接近音（半母音）	w				y		
破擦音				tʃ dʒ			

15

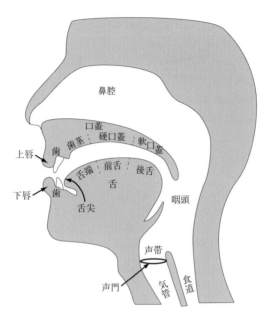

発声器官

/p/	pinggán	/piŋ.gan/	皿
	malagíp	/ma.laʔ.gip/	思い出す
	uppát	/ʔup.pat/	4
	épiko	/ʔɛː.pi.koh/	叙事詩、英雄の
/b/	bantáy	/ban.tay/	山、丘
	babái	/ba.baː.ʔih/	女性
	atáb	/ʔa.tab/	高潮
/t/	tátang	/taː.taŋ/	父
	singpét	/siŋ.puut/	親切
	ita	/ʔi.tah/	今
/d/	dalús	/da.lus/	清潔
	ngarúd	/ŋa.rud/	だから、それで
	adu	/ʔa.duh/	たくさんの

| /k/ | ket | /kut/ | ～と、～にもかかわらず、しかし、だから |
| | burídek | /bu.ri:.duuk/ | 末っ子 |

| /g/ | gayyém | /gaj.jum/ | 友人 |
| | atiddóg | /ʔaʔ.tid.dog/ | 長い |

/ʔ/

声門閉鎖音 /ʔ/ は /g/ や /k/ の代わりとして用いられるほか、/tʃ/ の前に表れることもある。

	itlóg	/ʔit.log/	卵
	pukráy	/puʔ.ray/	脆い（もろ）
	nasam-ít	/na.sam.ʔit/	甘い
	mapuóran	/ma.pu.ʔu:.ran/	焼け出される

/h/

声門摩擦音 /h/ はイロカノ語の音には存在せず、スペイン語、英語、中国語、タガログ語等の他言語起源の借用語のみに表れる。イロカノ語の語の中では、saán「いいえ」の地域的変異である haán にのみ、この音が表れる。

	haán	/ha.ʔan/	いいえ（イロカノ語）
	hagábi	/ha.ga:.bi/	イフガオ（民族言語集団）などの王位または権力の象徴（イフガオ語）
	harakíri	/ha.ra.ki:.ri/	切腹（日本語）
	hénio	/hɛ:.njoh/	天才（スペイン語）
	hipnotísmo	/hip.no.tis.moh/	催眠術（英語）
	huéteng	/huɛ:.tɛŋ/	賭け事の一種（福建語／閩南語）
	húla	/hu:.laʔ/	推測（タガログ語）

| /m/ | mabalín | /ma.ba.lin/ | 可能である、あり得る、おそらく |
| | ayamúom | /ʔa.ja.mu.ʔom/ | 芳香 |

| /n/ | naténg | /na.tɯŋ/ | 野菜 |
| | lúgan | /lu:.gan/ | 車 |

/ ŋ /	láeng	/la:.ɯŋ/	～だけ、たった～
	agóng	/ʔa.goŋ/	鼻
	nangína	/na.ŋi:na/	高価な、大切な
	ngumísit	/ŋu.mi:.sit/	暗くなる

| /r/ | ruár | /ruar/ | 外 |
| | ákar | /ʔa:.kar/ | 移動 |

| /s/ | saludsód | /sa.lud.sod/ | 質問 |
| | púkis | /pu:.kis/ | 散髪 |

/ʃ/

　他の母音を伴うわたり音の［y］もしくは /i/ の前に /s/ が現れる場合（例：ia, ie, io, iu）、摩擦音 /s/ は口蓋化して発音され、/ʃ/ となる。

	siésta	/ʃɛs.tah/	昼寝、休憩
	siám	/ʃam/	9
	pasiár	/paʔ.ʃar/	散策

| /l/ | diskaríl | /dis.ka.ril/ | 離脱、逸脱 |
| | lakáy | /la.kaj/ | 高齢男性、夫 |

| /w/ | wáig | /wa:.ʔig/ | 小川 |
| | uyáw | /ʔu.jaw/ | 批判 |

| /y/ | ápay | /ʔa:.paj/ | なぜ（疑問詞） |
| | yéro | /jɛ:.roh/ | トタン板 |

/tʃ/	katsá	/ʔka.tʃah/	織物の材料
	atsára	/ʔa.tʃa.rah/	野菜や果物の酢漬け
	batsóy	/baʔ.tʃoj/	バチョイ（料理名、中国語）

/dʒ/	adiáy	/ʔa.dʒaj/	daydiay の地域的変異
	médio	/mɛ:.dʒoh/	少し、多少
	diáket	/dʒa:.ket/	ジャケット
	rádio	/ra:.dʒoh/	ラジオ

2.1.3　二重母音

　二重母音は同一音節内の連続した2つの母音のことであり、イロカノ語では一般的に以下のような二重母音が表れる。

/aw/ /au/	ládaw	/la:.daw/	遅い
/iw/ /in/	báliw	/ba:.liw/	反対側、対岸
	riwríw	/riw.riw/	百万
/ay/ /ai/	ayná	/ʔay.nah/	あらら、まあ（間投詞）
	lisnáy	/lis.naj/	脚を組むこと
/ey/ /ɛi/	magéy	/ma.gɛj/	リュウゼツラン
	néy	/nɛj/	ほら、こら（間投詞）
/uy/ /ui/	aguy-óy	/ʔag.ʔuy.ʔoj/	ぶら下がる、ぶら下げる
/oy/ /oi/	lumbóy	/lum.boj/	ムラサキフトモモ
/ya/ /ia/	ayán	/ʔa.jan/	場所、位置、どこ（疑問詞）
	mayát	/ma.jat/	良い
	búya	/bu:.jah/	ショー、パフォーマンス、エンターテインメント
/ye/ /ie/	yélo	/jɛ:.loh/	氷
	yéma	/jɛ:.mah/	コンデンスミルク、黄身
/io/ /iu/	dúyos	/du:.jos/	地滑り、山崩れ
	úyong	/ʔu:.joŋ/	気が触れること
/yo/ /yu/	káyo	/ka:.joh/	木

2-8

/wa/ /ua/	kíwar	/kiː.war/	混ぜるための器具、ひしゃく、ミキサー
/we/ /ue/	iwés	/ʔi.wɯs/	ジグザグの動き、素早い動き
	tawén	/taʔ.wɯn/	年、年齢

2.2　音節

　音節とは、発音の際にひとまとまりとして認識される音声の単位で、母音で終わる音節は開音節、子音で終わる音節は閉音節と呼ばれる。イロカノ語の音節には必ず1つの母音が含まれ、音節の種類は子音―母音（CV）と子音―母音―子音（CVC）の2つである。表記上は母音から始まっていても、母音の前には子音の1つである声門閉鎖音が存在するため、母音始まりの音節はない。

2-9

anák	/ʔa.nak/	CV/CVC	（自分の）子ども
káyo	/kaː.joh/	CV/CVC	木
nangína	/na.ŋiː.nah/	CV/CV/CVC	高価な、大切な
singpét	/siŋ.pɯt/	CVC/CVC	親切

　他言語からの借用語の場合には、上記2種類以外の音節も表れることがある。

2-10

nárs	/nars/	CVCC	看護師
pláno	/plaː.noh/	CCV/CVC	計画
trabáho	/traʔ.ba.hoh/	CCV/CV/CVC	仕事

2.3　強勢（アクセント）

　抑止母音は通常、pinggán や uppát のような、子音で終わり強勢が置かれている閉音節に含まれている。一方、yéma や lakáy に見られるような開音節は、1つの母音もしくは二重母音として表記される母音で終わっている。tawén や úyong に見られるような、閉音節と開音節の組み合わせで成り立っている語もある。トーン（音調）とイントネーション（抑揚）は話者の属する階層、コミュニティやグループによって異なるが、語中の強勢は概して一様である。

2.3.1 強勢の位置と語が表す意味

表記上は同じ綴りの語でも、強勢が置かれる音節の相違によって異なる意味を表すものがある。

| púrok | /puː.rok/ | 私の島 |
| purók | /puʔ.rok/ | 地区、地域 |

| ádi | /ʔaː.dih/ | 弟／妹 |
| adí | /ʔa.dih/ | 撤回、翻意 |

| ábut | /ʔaː.but/ | 手が届くこと |
| abút | /ʔa.but/ | 穴 |

| basáen | /ba.saː.ʔɯn/ | 読む |
| basaén | /ba.sa.ʔɯn/ | 濡らす |

2-11

2.3.2 第1強勢

1) 最終音節が閉音節で、最後の母音の前に2つの子音（声門閉鎖音も含む）が続く場合、強勢は最終音節に置かれる。

pinggán	/piŋ.gan/	皿
lisnáy	/lis.naj/	脚を組むこと
ubbíng	/ʔub.biŋ/	子ども
sam-ít	/sam.ʔit/	甘い

2-12

最後の母音の前に /ŋk/ がある場合、もしくは借用語の場合には、この規則は適用されない。

bángka	/baŋ.kah/	小船
síngkaw	/siŋ.kaw/	天秤棒、くびき
píngka	/piŋ.kah/	メカジキ

2-13

tángke	/taŋ.kɛh/	タンク（スペイン語起源）
disiótso	/di.si.ʔoː.tʃoh/	18（スペイン語起源）
mánta	/man.tah/	毛布（スペイン語起源）

21

2) 最後の母音の前にわたり音（半母音）がある場合、強勢は最終音節に置かれる。

2-14

al-aliá	/ʔal.ʔal.jah/	幽霊
lutuén	/luʔ.tuun/	料理する
sabalián	/sa.bal.jan/	替える

この規則は借用語には適用されず、元の発音での強勢が維持される。

2-15

diário	/dʒa:.rjoh/	新聞
estánsia	/ɛs.tan.ʃah/	草原
konserbatório	/kon.sɛr.ba.to:.rjoh/	（主に音楽の）学校、コース
pasénsia	/pa.sɛn.ʃah/	忍耐

3) 子音の後に2つの同じ母音（oとuは同じとみなす）が連続しており、それらの間に声門閉鎖音がある語の場合、強勢は最初の母音に置かれる。

2-16

báak	/ba:.ʔ.ak/	年を取った
daánan	/da.ʔa:.nan/	立ち寄る
púor	/puʔ.or/	火

4) 同じCVC音節が母音を挟んで連続している語の多くでは、一般的にその母音に強勢が置かれる。

2-17

watíwat	/wa.ti:.wat/	長く退屈な道
arisangásang	/ʔa.ri.sa.ŋa:.saŋ/	火花
sukísok	/su.ki:.sok/	調査、試験
dugudóg	/du.gu.dog/	とどろくような音（擬音語）
gurígor	/gu.ri:.gor/	熱
ngusángos	/ŋu.sa:.ŋos/	拒否等を表すために首を振ること

上記の規則に該当しない語も存在し、それらの語で強勢が置かれる位置は個別に学ぶ必要がある。

2.3.3 第2強勢

1) 第1強勢が置かれている音節の母音と同じ母音が存在し、その母音が子音の前にある場合、その母音に第2強勢（ˋ）が置かれる。

mànnálon	/man.na:.lon/	農民
bùrbúran	/bur.bu:.ran/	髪の毛が多い、毛むくじゃらの
tàttáo	/tat.ta:.oh/	人々
pànnakapàsá	/pan.na.ka.pa:.sah/	合格できること
àddá	/ʔad.dah/	ある、いる

2-18

2) 語根の一部が重複している語において、重複している音節が CV の開音節である場合、そこに第2強勢が置かれ、長母音となる。

| agbìbisikléta | cf. ag- + CV- + bisikléta | 自転車に乗る（未完了相現在） |
| nakabìbiít | cf. naka- + CV + -biít | 速い |

2-19

2.3.4 強勢の移動

語根の強勢の多くは第1音節または最終音節に置かれるが、以下のような条件下ではその位置が移る。

1) 語尾が子音もしくは母音の a である語根に接尾辞 -en もしくは -an が加えられる場合、強勢は1音節後ろに移る。

ag-agásan	cf. ag- + ágas + -an	治療する
armén	cf. árem + -en	求愛する
labaán	cf. labá + -an	洗濯する

2-20

強勢が置かれている音節に2つの異なる子音が含まれる場合、子音とわたり音が含まれる場合、子音の後ろに母音の前に置かれた声門閉鎖音がある場合、この規則は適用されない。

kartíben	cf. kartíb + -en	鋏で切る
buldíngen	cf. buldíng + -en	片目を失明する
basnútan	cf. basnút + -an	杖でたたく
im-imásen	cf. im-imás + -en	楽しむ

2-21

2) 母音終わりの語根に接尾辞 -en もしくは -an が加えられる場合、強勢は接尾辞に移る。

lagtuén	cf. lagtó + -en	跳び越える
kasaoán	cf. kasáo + -an	話しかける
pilián	cf. píli + -an	米を篩にかける

3) 強勢が置かれている母音の前に2つの同じ子音が存在する語根に接尾辞 -en もしくは -an が加えられる場合、強勢は接尾辞に移る。

gayyemén	cf. gayyúm + -en	友人になる
pekkelén	cf. pekkúl + -en	練る、揉む、握る
innawán	cf. innáw + -an	皿を洗う

イロコス・ノルテ州庁舎の前で談笑する若者たち © 矢元貴美

あなた方のお名前は何ですか？
Ania ti naganyo?

課のねらい / Gandat ti leksion

- 基本的な挨拶や簡単な自己紹介ができる。
- 基本構文とその要素を理解し、簡単な文を作ることができる。
- siak 形と -ak 形の人称代名詞の特徴と使い方を理解し、正しく使うことができる。

会話 / Dialogo

3-1

Naomi:	Naimbag a bigatyo. Kumustakayo? Siak ni Naomi. Ania ti naganyo?
Emma:	Kasta met kenka Naomi. Nasayaatkami met. Emma ti naganko. Isuna met ni Isko.
Isko:	Wen, siak ni Isko. Asawak ni Emma. Taga-anoka, ken ania ti trabahom, Naomi?
Naomi:	Taga-Japanak. Estudianteak iti Osaka University. Dakayo ngay, apo?
Emma:	Dakami ket taga-Vigan, Ilocos Sur. Naimbag a panag-aammotayo.
Naomi:	Dios ti agngina, apo. Ala kastan apo, agpakadaakon. Agkikitatayonto manen.

和訳 / Panangipatarus iti Hapones

尚美： おはようございます。お元気ですか？ 私は尚美です。あなた方のお
　　　名前は何ですか？

エマ： こちらこそおはようございます、尚美さん。私たちも元気ですよ。
　　　私の名前はエマです。彼はイスコです。

イスコ： はい、私はイスコです。エマは私の妻です。尚美さん、あなたはど
　　　こから来ましたか？ それと、あなたの仕事は何ですか？

尚美： 日本から来ました。私は大阪大学の学生です。皆さんは？

エマ： 私たちはイロコス・スル州のビガン出身です。お目にかかれて嬉し
　　　いです。

尚美： ありがとうございます。それではまた。失礼します。また会いまし
　　　ょう。

語彙 / Bokabulario

3-2

Naimbág a bigát.	おはよう	wén	はい
naimbág	良い、幸せな	tagá-	〜出身、〜から来た
á/ngá	繋辞（リンカー）	tagá-anó	どこ出身（疑問詞）
bigát	朝	kén	〜と、それに
-yó	あなた方の	trabáho	仕事
kumústa	いかがですか	-mó (-m)	あなたの
-kayó	あなた方は	estudiánte	学生、生徒
siák	私は	tí, ití	〜の
ní	〜（人名）は	dakayó	あなた方は
aniá	何（疑問詞）	ápo	丁寧、敬意の小辞
tí	〜は	dakamí	私たちは
nágan	名前	két	倒置詞
kastá	同様に	panag-aammó	知り合う <ammó
mét	〜もまた	-tayó	私たちは
kenká	あなたに	Diós ti agngína.	ありがとうございます
nasayáat	元気である	Diós	神様
-kamí	私たちは	agngína	価値があるものにする
-kó	私の	Ala kastán.	それではまた
isúna	彼は、彼女は	Agpakádaakón.	では失礼します
tátang	父さん、爺さん	-n	もう、既に

agkíta	会う	manén	再び
-nto	動詞の未来形を示す語		

文法 / Gramatika

3.1　基本的な挨拶

3.1.1　Naimbag nga/a ＋の表現

　naimbag は「良い」、「気持ちの良い」、「幸せな」という意味を持つ形容詞であり、以下の例のように、挨拶文によく用いられる。なお、nga/a は繋辞（リンカー）であり（第４課参照）、形容詞 naimbag と後に続く名詞とをつなぐ役割を担っている。

Naimbag a bigat!	朝	おはよう。
Naimbag a malem!	昼	こんにちは。
Naimbag a rabii!	夜	こんばんは。
Naimbag nga aldaw!	日（1 日）	こんにちは。
Naimbag a parbangon!	早朝	おはよう。
Naimbag nga agsapa!	朝の早い時間	おはよう。
Naimbag a sardam!	夕方	こんばんは。
Naimbag nga oras!	時間	こんにちは。
Naimbag nga isasangpet!	到着、来訪	ようこそ。
Naimbag a panag-aamotayo!	知り合うこと	お目にかかれて嬉しいです。
Naimbag a Paskua!	クリスマス	クリスマスおめでとう。
Naimbag a panagkasangay!	誕生日	誕生日おめでとう。

bigat、malem、rabii、aldaw は一般的に以下の時間帯に用いられる。

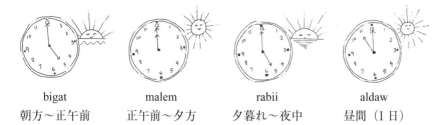

3.1.2　丁寧に表す際に用いる apo、-yo / kadakayo

1) **apo**
挨拶文の最後に apo を加えると丁寧な表現となる。

2) **-yo, kadakayo**
相手が1人で目上や年上の人の場合、2人称複数の代名詞 yo を用いると丁寧に表すことができる。相手が複数の場合、2人称複数の代名詞の別の形である kadakayo を用いることもできるが、yo を用いる方が一般的である。
　　a) Naimbag a bigat, apo!
　　b) Naimbag a bigatyo, apo!
　　c) Naimbag a bigat kadakayo, apo!

3.1.3　Kumustaka?

Kumustaka? という挨拶は初対面の人に対しても知人に対してもよく用いられる。相手の調子や気分を尋ねる表現だが、会話を始めるきっかけともなる。年上、目上、初対面の人に対しては、ka の代わりに kayo（ka の複数形）を用いると丁寧な表現となり、文末に apo も加えると、さらに丁寧に表すことができる。
　以下は Kumusta を用いた挨拶とその返答の例である。返答の Nasayaat に付加されている -ak と -kami はそれぞれ1人称単数と1人称複数の代名詞である（3.5.2参照）。

a）Kumustaka?　　　　　　　元気ですか？

　　- Nasayaat met.　　　　　　– 元気です。

　　- Nasayaatak met.　　　　　– 私は元気です。

b）Kumustakayo, apo?　　　　お元気でいらっしゃいますか？

　　- Nasayaat met, apo.　　　　– 元気にしております。

　　- Nasayaatkami met apo.　　– 私たちは元気にしております。

3.1.4　その他　挨拶

以下の挨拶もよく使われる。

Kablaaw（kadakayo apo）!　　　おめでとう／こんにちは。
　　　　　　　　　　　　　　　　　（手紙の冒頭などに用いる）

Dios ti agngina（apo）!　　　　ありがとうございます。

Agyamanak（apo）!　　　　　　ありがとうございます。

Awan ti aniamanna（apo）!　　どういたしまして。

Ala kastan（apo）.　　　　　　また（次の機会まで）。

Agpakadaakon（apo）!　　　　では、失礼します。

Pasensiakan（apo）!　　　　　すみません／ごめんなさい。
　　　　　　　　　　　　　　　　　（相手が1人の場合）

Pasensiakayon（apo）!　　　　すみません／ごめんなさい。
　　　　　　　　　　　　　　　　　（相手が複数の場合）

Agbiag（kayo apo）!　　　　　万歳！

3.2　名詞

　名詞とは、人・物・事・場所などを表す語である。例えば、Naomi「尚美」、bato「石」、trabaho「仕事」、ili「町」、bigat「朝」などは名詞であり、固有名詞（人名、地名など）と普通名詞（一般名詞）とに分けられる。

　イロカノ語には文法的性、例えば男性名詞、女性名詞、中性名詞のような分類はない。ただし、人や動物を表す名詞は、語によって男女を区別して表されるものもある。

	男性		女性	
人	lalaki	男性	babai	女性
	manong	お兄さん	manang	お姉さん
	uliteg	伯父／叔父	ikit	伯母／叔母
	baro	男子	balasang	女子
動物	kawitan	雄鶏	upa	雌鶏
	bula	雄豚	takong	雌豚
	bulog	雄	kabayan	雌
	barako	繁殖雄	pangganakan	繁殖雌豚

　男性か女性か、雄か雌かが区別できない人や動物を表す単語の性別を特定する場合、名詞に a lalaki または a babai を後置するか、lalaki nga または babai nga を前置する。lalaki や babai を付加する名詞には、職業・人の呼称・動物が多い。家畜には、bulog nga または kabayan nga を用いることもある。

asawa	配偶者	asawa a lalaki	夫	asawa a babai	妻
aso	犬	lalaki nga aso	雄犬	babai nga aso	雌犬
baka	牛	bulog a baka	雄牛	kabayan a baka	雌牛

　イロカノ語には、特にスペイン語からの借用語が多い。スペイン語の名詞には男性名詞と女性名詞が存在するため、一般的に語そのもので性別を区別することができる。性別を区別できない名詞の場合には、上記と同様に、a lalaki/lalaki nga などを付加することもある。

maestro	男性教師	maestra	女性教師
prinsipe	王子	prinsesa	王女、姫
kompadre	教父	kumadre	教母
toro	雄の牛	kabra	雌の山羊

　男女の区別がある語を用いて自分の職業を伝えたい場合、話し手の性に合わせて男性名詞か女性名詞かを選ぶ。例えば、話し手が女性で教師であれば、Maestraak.「私は（女性の）教師です」と表現する。

3.3 標識辞（主格）ti, dagiti, ni, da

イロカノ語では、文の主題となる名詞（句）の前に標識辞が必要である。標識辞は、普通名詞か人名か、単数か複数かによって使い分ける。

名詞	単数	複数
普通名詞	ti	dagiti
人名	ni	da

3.3.1 ti/dagiti＋普通名詞

a）ti estudiante　　　　　学生
b）dagiti mannalon　　　　農民たち

baket「高齢女性」、babbaket「高齢女性たち」のように、普通名詞には名詞自体で複数を表す形もあるが（第4課参照）、単数の形に dagiti をつけるだけでも複数を表すことができる。

3.3.2 ni/da＋人名

a）ni Katrina　　　　　　　カトリナさん
b）da Fred　　　　　　　　フレッドさんたち
c）da Hiroshi ken Juan　　博さんとホアンさん

1人の人の名前に da が用いられる場合には、その人を含む複数の人を指す。一般的に ni と da は人名に用いられるが、親族名称や公職、親近感を持つ人や、ペットの名前にも用いることがある。この場合、名詞の語頭の文字は、大文字で表記されることが多く、特定の人などを示していることを表す。

a）ni Tatang　　　　　　　お父さん
b）da Ading　　　　　　　弟・妹たち
c）ni Gobernador　　　　　知事さん
d）ni Whitey　　　　　　　（猫の）ホワイティーちゃん

3.4　基本構文

3.4.1　基本構文の語順

イロカノ語の基本構文は「述部＋主部」である。
- a）Estudiante ni Lilia.　　　　　リリアさんは学生です。
- b）Nasayaat dagiti mannalon.　　農民たちは元気です。

3.4.2　主部と述部の構成要素

　主部は基本的に「標識辞＋名詞（句）」や代名詞で表される。ここでは標識辞が用いられる主部を以下の例文で示す。述部には、名詞、代名詞、形容詞、動詞などが用いられる。

述部の品詞	述部	主部（標識辞＋名詞）	
a）名詞	Billit	ti kali.	鷹は鳥です。
	Hapones	da Eri ken Ken.	エリさんとケンさんは日本人です。
b）代名詞	Siak	ti nars.	看護師は私です。
	Isuna	ni Tatang.	お父さんは彼です。
c）形容詞	Naimas	ti empanada.	エンパナダはおいしいです。
	Lima	da Sophia.	ソフィアさんたちは5人です。
d）動詞	Aglagto	dagiti koneho.	ウサギは飛びます。
	Nagtugaw	da Manong.	兄貴たちは座りました。
f）疑問詞	Ania	ti naganmo?	名前は何ですか？
	Sinno	ni Jay?	ジェイさんは誰ですか？
e）前置詞	Aginggana ti bigat	ti tudo.	雨は朝までです。
	Taga-Vigan	da Emma.	エマさんたちはビガン出身です。
g）副詞	Inaldaw	ti trabaho.	仕事は毎日です。
	Manmano umay	da Manang.	お姉さんたちはめったに来ません。

3.5 人称代名詞（主格）

3.5.1 siak 形

述部に人称代名詞を用いる場合には、以下の表に示した siak 形を用いる。

人称	非複数		複数	
1人称	siak	私	dakami	私たち（排除形）
1、2人称	data	あなたと私	datayo	私たち（包含形）
2人称	sika	あなた	dakayo	あなたたち
3人称	isu, isuna	彼／彼女	isuda	彼ら／彼女ら

【文型】**siak 形の人称代名詞＋主部（標識辞＋名詞）**
　　siak 形の代名詞は文頭に置かれ、単体で述部となる。
　　a）Siak ni Fidel.　　　　　　私はフィデルです。
　　b）Isuna ni Kapitan.　　　　 村長さんは彼です。
　　c）Sika ti arkitekto.　　　　 建築家はあなたです。
　　d）Isuda dagiti propesor.　　教授たちとは彼らのことです。

3.5.2 -ak 形

主部に人称代名詞を用いる場合には、以下の表に示した -ak 形を用いる。

人称	非複数		複数	
1人称	-ak	私	-kami	私たち（排除形）
1、2人称	-ta	あなたと私	-tayo	私たち（包含形）
2人称	-ka	あなた	-kayo	あなたたち
3人称	isuna	彼／彼女	-da	彼ら／彼女ら

　-ak 形は主部として機能し、述部の語尾に結び付いた形で表される。ただし、3人称単数の isuna だけは文中に単独で置かれる。
　　【文型】**述部＋-ak 形の人称代名詞**

述部の品詞		例文	
a ）名詞	Ilokano isuna.	彼はイロカノ人です。
	Pilotoda.	彼らはパイロットです。
b ）形容詞	Napintasta.	あなたと私は美しいです。
	Naglaingkayo.	あなたたちは賢い／上手です。
c ）動詞	Agbatiak.	私は残ります。
	Mapanta.	（あなたと私は）行きましょう。
d ）前置詞	Ingganatayo/Agingganatayo ti malem.	我々は昼までいます。
	Taga-Manila isuna.	彼女はマニラ出身です。
e ）副詞	Kanayonkami nga agkararag.	我々はいつもお祈りをします。
	Itattaak nga aglako ti bagas.	私は今日お米を売りにいきます。

3.6   疑問詞 ania「何」、taga-ano「どこから」

相手の名前、職業、出身地などを尋ねる場合、疑問詞の ania「何」、taga-ano「どこから」を用いる。

【文型】**Ania ＋標識辞＋名詞（句）（＋ -ko 形の人称代名詞）?**

（-ko 形の人称代名詞については第 4 課を参照）

a) Ania ti naganmo? あなたの名前は何ですか？

- Sonia ti naganko. 私の名前はソニアです。

b) Ania ti apelyidoda? 彼らの姓は何ですか？

- Tanaka ti apelyidoda. 彼らの姓は田中です。

c) Ania ti trabahom? あなたの仕事は何ですか？

- Komersianteak. 私は自営業者です。

a）と b）の疑問文に対する返答の文型は、ania の部分を答となる名詞（句）に置き換え、名詞の語尾に -ko 形の人称代名詞が結び付いた形を用いるのが一般的である。ただし、c）のように職業を尋ねる疑問文の場合、Komersiante ti trabahok「私の仕事は自営業です」という返答も可能だが、「名詞（職業）＋ -ak 形の人称代名詞」の文型を用いる方が自然である。

【文型】**Taga-ano ＋標識辞＋名詞（句）？**
Taga-ano ＋ -ak 形の人称代名詞？

a）Taga-ano ni Artemio?　　　　　　　アルテミオさんはどこ出身ですか？
　　- Taga-Ilocos isuna. Filipino isuna.　彼はイロコス出身です。フィリピン人です。
b）Taga-anokayo?（丁寧な表現）　　　あなたはどこのご出身ですか？
　　- Taga-Japanak.　　　　　　　　　　私は日本から来ました。

taga- という接頭辞は「～から」という意味を表し、taga-ano の疑問詞を用いると、出身地、出身校、居住地といった場所を尋ねることができる。それに対する返答の文型は「Taga- ＋場所＋標識辞＋主題（人名／-ak 形の人称代名詞）」である。

（3.7） 職業や生き物を表す名詞

3.7.1　職業を表す名詞

職業を表すためによく用いられる普通名詞には以下のようなものがある。

arkiteko	建築家	retratista	写真家
abogado	弁護士	padi	神父
inhiniero	エンジニア	madre	シスター
propesor	教授	barbero	理髪師
doktor	医師	karpintero	大工
dentista	歯科医	mannalon	農家
empliado	社員	mangngalap	漁師
politiko	政治家	sastre/modista	仕立て屋
empliado ti gobierno	公務員	kusinero/paraluto	料理人
pulis	警察官	panadero	パン職人
bombero	消防士	katulong/kadua	家政婦
soldado	軍人、兵士	manikurista	ネイリスト
mannurat	作家	agnananteng	野菜を売る人
artista	芸能人	agkakarne	肉を売る人

3.7.2 　生き物を表す名詞

生き物を表すためによく用いられる普通名詞には以下のようなものがある。

aso	犬	uleg	蛇（噛み殺すもの）
pusa	猫	beklat	蛇（絞め殺すもの）
nuang	水牛	tukak	蛙
baka	牛	lames/ikan	魚
baboy	豚	kuros	エビ（淡水）
kabalio	馬	pasayan	エビ（海水）
kalding	山羊	rasa	カニ（大きいもの）
karnero	羊	kappi	カニ（小さいもの）
billit	鳥	pugita	タコ
manok	鶏	pusit	イカ
kalapati/pagaw	鳩	balat	ナマコ
agila	鷲	baliena	クジラ
kuago	フクロウ	pating	サメ
pato	鴨	kulibangbang	蝶、蛾
pabo	七面鳥	kuton	蟻
gansa	ガチョウ	lamok	蚊
bao	ネズミ（大きいもの）	ngilaw	蠅
bukat	ネズミ（小さいもの）	lawwalawwa	クモ
ugsa	鹿	ipis	ゴキブリ
kuneho	兎	ararawan	ケラ
sunggo	猿	kundidit	蝉
gorilia	ゴリラ	kulalanti	蛍
tigre	ライオン	tuwato	トンボ
leon	トラ	uyokan	ミツバチ
elepante	ゾウ	alumpipinig	スズメバチ
panniki	コウモリ	barairong	カブトムシ
alutiit	ヤモリ	dudon	バッタ
alibut	トカゲ	kuritat	コオロギ
bayawak	オオトカゲ	alimbubudo	芋虫
buaya	ワニ	igges	ミミズ、虫
pag-ong	亀		

練習問題

1. 以下のそれぞれの絵が表す表現として適切なものを、読み上げられるAまたはBから1つずつ選びなさい。

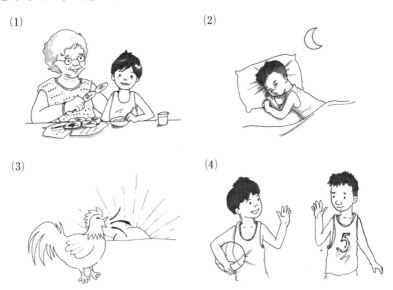

2. 以下の各文の日本語を表す文になるように、空欄に主格の標識辞を入れなさい。

　(1) Piloto ＿＿＿＿＿＿＿ lalaki.　　男性はパイロットです。
　(2) Napintas ＿＿＿＿＿＿＿ prinsesa.　お姫様たちは美しいです。
　(3) Naglaing ＿＿＿＿＿＿＿ Sonia ken Lilia.
　　　　　　　　　　　　　　　　ソニアさんとリリアさんはとても上手です。
　(4) Mannurat ＿＿＿＿＿＿＿ Juana.　ホアナさんは作家です。

3. siak形の人称代名詞を用いて、以下の各文をイロカノ語に訳しなさい。
　(1) 彼女はリリアさんです。
　(2) 農民は彼らです。
　(3) 教師はあなたたちです。
　(4) 私はイスコです。
　(5) 建築家はあなたです。

4．-ak 形の人称代名詞を用いて、以下の各文をイロカノ語に訳しなさい。

(1) 彼らは看護師です。

(2) あなたたちは日本人です。

(3) 彼はマニラ出身です。

(4) 私たち（包含形）は学生です。

(5) 私たち（排除形）は元気です。

5．本課の会話文に関する以下の各文のうち、本文の内容と合うものには○、合わないものには×と答えなさい。

(1) Estudiante ni Naomi.

(2) Estudiante met ni Isko.

(3) Taga-Ilocos ni Naomi.

(4) Taga-Vigan da Emma ken Isko.

COLUMN 1

イロカノ・ディアスポラ

Frieda Joy Angelica Olay Ruiz

イロカノの人びとは主にフィリピン北部に居住する民族言語集団で、移住する人びととして特徴付けられます。彼らは回復力があり、機知に富み、強い共同体意識を持つことで知られてきました。そしてこれらの資質が移住様式を促進してきました。出身地の近隣地域だけでなく、フィリピン南部のミンダナオ島に至るまで移動しています。イロカノの人びとはまたアメリカ合衆国で、特にハワイとカリフォルニアにかなりの人口を擁しています。

イロカノの人びとは20世紀初頭、サトウキビ農園で働くためにハワイに移住し始めました。時を経るにつれ、次の世代のハワイへの移住が続き、コミュニティーを拡大し、教育、ビジネス、政治を含むさまざまな分野で影響力を及ぼしました。現在、ハワイのイロカノの人口は州内で最大のフィリピン人下位集団のうちの1つです。

ハワイ州の公式発表やウェブページで用いられる言語にイロカノ語が含まれることは、州が同州の大規模なイロカノコミュニティーを認めていることの表れです。多くの年齢層が高い世代の移民とその家族にとって、イロカノ語は依然として主要なコミュニケーション言語です。公式にイロカノ語を認め、含めることにより、ハワイのイロカノの人びとは、言語の壁なく、健康に関する助言、法的通知、政府サービスなどの重要な情報に完全にアクセスできます。これは適時の正確な情報が人命を救う、公衆衛生上の緊急事態、緊急警報、災害対応といった状況下で特に重要です。

イロカノの人びとの広範な移住、特にアメリカ合衆国のハワイやカリフォルニアへの移住は、フィリピン人ディアスポラの形成に貢献しただけでなく、アメリカ合衆国における重要な労働運動の基盤を築きました。1913年にフィリピンのパンガシナン州ルンバンで生まれたラリー・イトリオンがその一例です。イトリオンは移民労働者の権利を主張し、特にカリフォルニアの農場労働者の労働条件の改善、公正な賃金、公民権を求めて戦いました。

イトリオンの農場労働者擁護活動は、移民や移住者のエンパワーメントと深く結びついていました。彼が組織した労働者の多くは、20世紀初頭に農場で働くためにアメリカ合衆国に連れてこられたフィリピン人移民でした。これらの労働者は、過酷な労働条件だけでなく、人種差別や社会的周縁化にも直面していました。加えて、彼にはフィリピン人やメキシコ人など、異なる民族集団を団結させる力がありました。この団結と移民の権利擁護は、移民のエンパワーメントに影響を及ぼし、集団行動が真の変化をもたらす可能性があることを示しました。

イロカノの人びとの移住の歴史は、フィリピン国内および国外の両方における彼らのコミュニティーの形成に不可欠なものでした。20世紀にハワイに移住した初期の頃から、カリフォルニアで存在感を増すに至るまで、イロカノの人びとは新しい故郷の文化的、経済的な骨組み作りに絶えず貢献してきました。彼らの強いアイデンティテ

ィーと機知は、移住の課題を乗り越えるのに役立っただけでなく、社会的運動、政治的運動、また労働運動において大きな進歩を遂げる力を与えました。ラリー・イトリオンのような人物たちは、移民コミュニティーの回復力の証であり、集団行動と連帯がいかにして意味のある変化を起こせるかを示しています。イロカノの人びとが何世代にもわたって繁栄を続ける中、彼らの移住の遺産と労働者の権利擁護は、誇りとインスピレーションの永続的な源であり続けています。

4 これらは稲ですか？
Pagay dagitoy?

> 課のねらい / Gandat ti leksion

- -ko 形の人称代名詞の特徴と使い方を理解し、正しく使うことができる。
- リンカー（nga/a）の特徴と使い方を理解し、正しく使うことができる。
- 主格と属格の指示詞を正しく使うことができる。
- 名詞の複数形や形容詞の特徴と使い方を理解する。
- 肯定文、否定文、疑問文の基本的な構文を理解し、簡単な文を作ることができる。

> 会話 / Dialogo

4-1

Biday:	Daytoy ti taltalon ni Tatangmi.
Naomi:	Naglawa ti taltalonyo. Pagay dagitoy?
Biday:	Wen, pagay dagita.
Naomi:	Mulayo met dagiti kaykayo?
Biday:	Wen, mulami. Kaniami met dagita kayo ti mangga, salamagi, lumboy ken dadduma pay.
Naomi:	Ay, bunga ti salamagi daytoy, saan kadi?
Biday:	Saan a salamagi dayta, damortis dayta.
Naomi:	Tarakenyo dagiti kalding?
Biday:	Wen, tarakenmi. Tarekenmi met dagiti kawitan.
Naomi:	Ney, ania dagiti ayup nga atiddog ti sarana? Baka?
Biday:	Saan a baka, nuang dagidiay.
Naomi:	Malagipkon, adda met nuang iti Okinawa.

和訳 / Panangipatarus iti Hapones

ビダイ：	これは私たちの父の田んぼです。
尚美：	あなた方の田んぼはとても広いですね。これらは稲ですか？
ビダイ：	はい、それらは稲です。
尚美：	木々もあなたたちが植えたものですか？
ビダイ：	はい、私たちが植えたものです。マンゴー、タマリンド、ムラサキフトモモや他の木も私たちのものです。
尚美：	あ、これはタマリンドの実ですよね？
ビダイ：	いいえ、それはタマリンドではなく、キンキジュです。
尚美：	ヤギたちはあなた方の家畜ですか？
ビダイ：	はい、私たちの家畜です。雄鶏もです。
尚美：	ねぇねぇ、角が長いその動物たちは何ですか？　牛？
ビダイ：	牛ではなく、あれらは水牛です。
尚美：	思い出しました。沖縄にも水牛がいます。

語彙 / Bokabulario

daytóy	これ、この	saán kadi?	〜ですよね？〜ではないのですか？
taltálon	田（tálon の複数形）		
-mí	私たちの	saán	いいえ、〜ではない
nagláwa	とても広い <láwa	daytá	それ、その
págay	稲	damortís	キンキジュ
dagitóy	これら、これらの	tarakén	家畜、ペット
dagitá	それら、それらの	kaldíng	ヤギ
múla	植物	kawítan	雄鶏
kaykáyo	木（káyo の複数形）	néy	ねぇ（間投詞）
kaniámi	私たちのもの	áyup	動物
káyo	木	atiddóg	長い
manggá	マンゴー	sára	角
salamági	タマリンド	-na	彼／彼女の
lumbóy	ムラサキフトモモ	báka	牛
daddúma	他の、その他	nuáng	水牛
páy	まだ、もっと（小辞）	dagidiáy	あれら、あれらの
áy	あ、あら（感嘆詞）	malagíp	思い出す <lagíp（対象焦点）
búnga	実	addá	ある、いる、持っている

文法 / Gramatika

4.1　人称代名詞（属格）-ko 形

-ko 形の人称代名詞は所有を表し、被所有物（被修飾語）の末尾に結び付いた形で用いられる。

人称	非複数		複数	
1人称	-ko, -k	私	-mi	私たち（排除形）
1、2人称	-ta	あなたと私	-tayo	私たち（包含形）
2人称	-mo, -m	あなた	-yo	あなたたち
3人称	-na	彼／彼女	-da	彼ら／彼女ら

所有者は所有されている物や人（被所有物）の後ろに置かれる。所有者が人名や普通名詞の場合と人称代名詞の場合の文型はそれぞれ以下のとおりである。

4.1.1　所有者が人名や普通名詞の場合

名詞（句）＋<u>主格の標識辞＋名詞（句）</u>
（被所有物）　　　　（所有者）

a）taraken ni Lucy　　ルーシーさんのペット
b）taltalon ti lakay　　高齢男性の田んぼ

主格の標識辞は3.3で学習したものと同様で、所有者である人名や普通名詞の前に置かれる。

4.1.2　所有者が人称代名詞の場合

名詞（句）＋<u>人称代名詞の -ko 形</u>
（被所有物）　　　（所有者）

a）gayyemko　　　私の友だち
b）balayda　　　　彼らの家
c）imata　　　　　私とあなたの手
d）rupam　　　　　あなたの顔

単数の1人称および2人称では、人称代名詞が結び付く被修飾語の語尾が子音の場合には -ko または -mo を用い、母音の場合には -k または -m を用いる。

4.2 リンカー（繋辞）nga/a

　リンカーは文の要素などをつなぐ役割を持つ。一般的に、後ろに置かれる語の語頭が子音の場合には a 、母音の場合には nga が用いられる。ただし口語の場合、後ろに置かれる語の語頭の音に関係なく、nga が用いられることが多い。

4.2.1 形容詞（句）または動詞（句）と名詞（句）とをつなぐ修飾語と被修飾語、または、被修飾語と修飾語の間に置かれる。

a）bassit nga ubing　　　　　小さい子ども
b）balay a dakkel ni Uliteg　　伯父／叔父さんの大きい家
c）sika a natagari　　　　　　やかましいあなた
d）pobre a sikami　　　　　　貧しい私たち
e）sapatos nga adda ditoy　　ここにある靴　　（存在の表現は第6課参照）
f）Jenny nga agkankanta　　歌っているジェニー（動詞は第11課以降参照）

4.2.2 否定文において、否定語の saan と否定される要素との間に置かれる。

a）Saan a nangina ti lasona.　タマネギは高くありません。
b）Saanak a makaturog.　　　私は眠れません。
c）Saan nga isuna ti doktor.　医者は彼ではありません。

4.2.3 強意表現において、繰り返される語同士をつなぐ。（第19課参照）

a）Tudo nga tudo idiay bantay.　　山では雨ばかりです。
b）Selpon nga selpon ni Marites.　マリテスさんは携帯電話ばかり触っています。
c）Taray nga taray ni Tatang.　　お父さんはよく走っています。

4.2.4 複文において、従属節と主節とをつなぐ。

a）Ammok a maestro isuna.　彼が教師だということを私は知っています。
b）Kayatko nga agsalaka.　　あなたに踊ってほしいです。

4.3 指示詞（主格、属格）

イロカノ語で人物や事物を指し示す指示詞は以下の表のとおりである。これらは主格としても属格としても用いられる。

		単数		複数	
現場	近称	daytoy	これ、この	dagitoy	これら、これらの
	中称	dayta	それ、その	dagita	それら、それらの
	遠称	daydiay	あれ、あの	dagidiay	あれら、あれらの
文脈	近時称	daytay	それ、その	dagitay	それら、それらの
	遠時称	daydi	あれ、あの	dagidi	あれら、あれらの

4.3.1 指示詞の機能

イロカノ語の指示詞は現場指示と文脈指示とで使い分けられる。

現場指示とは、話し手と聞き手がいる空間に存在する、両者が直接認識できる対象を指し示す場合で、文脈指示とは、会話中や文中の対象や話題を指し示す場合である。会話の現場や文脈中における対象までの距離と対象の数に応じて、どの指示詞が用いられるかが決まる。

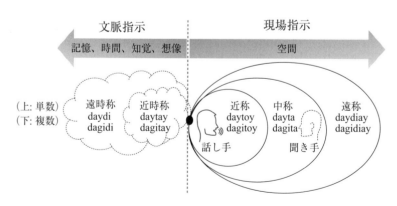

各指示詞と対象との関係

4.3.2 指示詞の用い方

　指示詞は文中で主格として単独で用いられる場合と、名詞（句）の前に置かれて形容詞的に用いられる場合とがある。それぞれの場合の文型と例文は以下のとおりである。

1）指示詞が主格として用いられる場合：述部＋指示詞

- a）Luganmi dayta.　　　　　それは私たちの車です。
- b）Mulana dagita niog.　　　それらのココナッツは彼が植えたものです。
- c）Ania daytay naganna?　　彼女の（その）名前は何でしたか？

2）指示詞の形容詞的用法：述部＋指示詞＋リンカー（**nga/a**）＋名詞

- a）Tarakenda daytoy a pusa.　この猫は彼らのペットです。
- b）Maestratayo dayta a babai.　その女性は私たちの先生です。
- c）Ania dagidiay a prutprutas?　あれらの果物は何ですか？

4.4　名詞の複数形

　複数形を表す場合、複数を表す標識辞を用いる方法もあるが、複数であることをより強調したい場合には、音節の重複を用いて表すこともできる。

4.4.1　音節の重複による複数形

　語根の語頭の子音 – 母音 – 子音（CVC、英語の Consonant-Vowel-Consonant の頭文字）を語根の前に付け加えて重複させ、複数であることを表す。

単数	複数	
kayo	kaykayo	木
bantay	banbantay	山
bato	batbato	石
prutas	prutprutas	果物
pinggan	pingpinggan	皿
kapilia	kapkapilia	教会
tinapay	tintinapay	パン
ngilaw	ngilngilaw	ハエ
alutiit	al-alutiit	ヤモリ
abut	ab-abut	穴

　pinggan や ngilaw に含まれる ng は 1 文字であるため、1 音である。prutas のように、特に借用語の場合、語頭が CCV である場合もあるが、CC（prutas の場合の pr）は 1 音とみなす。

　表記上母音始まりの語は、語頭の母音の前に発音上は声門閉鎖音（子音）が存在するため、語頭の音節は CVC である。重複部分と語根との間にはハイフン（-）を挿入する。

4.4.2　表記上子音－母音（CV）で始まる語の複数形

　語根の語頭が表記上子音－母音（CV）で始まる語の場合、その語頭の CV を語根の前に付け加えて重複させ、複数であることを表すが、発音上は V の後に声門閉鎖音が存在するため、CVC を重複させていることになる。

単数	複数	
niog	niniog	ココナッツ
nuang	nunuang	水牛

4.4.3　親族名称の複数形

　親族名称の場合、語頭の音節の種類にかかわらず、名詞の頭の音節である子音－母音（CV）を名詞の前に付け加える。

単数	複数	
kabsat	kakabsat	兄弟
kasinsin	kakasinsin	いとこ
kabagian	kakabagian	親戚
kaar(r)uba	kakaar(r)uba	隣人
kabagis	kakabagis	仲間
kailian	kakailian	同郷人
kaanakan	kakaanakan	甥／姪
kadua	kakadua	仲間、同伴者
katugangan	kakatugangan	義理の親
manugang	mamanugang	義理の子
uliteg	uuliteg	伯母／叔母
ikit	iikit	伯父／叔父
gayyem	gagayyem	友人

4.4.4　不規則な複数形

不規則な複数形が用いられる名詞には人物の呼称が多い。

単数	複数	
anak	annak	（自分の）子
apoko	appoko	孫
asawa	assawa	配偶者
lalaki	lallaki	男性
babai	babbai	女性
ubing	ubbing	子ども
baket	babbaket	婦人、高齢女性、お婆さん
lakay	lallakay	紳士、高齢男性、お爺さん
balasang	babbalasang	女の子
baro	babbaro	男の子
tao	tattao	人

50

4.5 相互関係を表すAGKA-接辞の名詞

KA- は共同を表す接辞で、人間関係を表す語根によく用いられる。AGKA- が用いられると、相互関係を表す名詞となる。語根が KA- で始まる場合には AG- のみを付加する。

kabsat	兄弟	agkabsat	兄弟同士
kasinsin	いとこ	agkasinsin	いとこ同士
kaar(r)uba	隣人	agkaar(r)uba	隣人同士
kabagis	仲間	agkabagis	仲間同士
katugangan	義理の親	agkatugangan	義理の親と義理の子ども同士
kaklase	クラスメート	agkaklase	クラスメート同士
kaapa/kalaban	ライバル	agkaapa/agkalaban	ライバル同士
gayyem*	友人	aggayyem*	友だち同士

*gayyem の語頭の ka は省略され、AG- のみが付加されることが一般的である。

4.6 形容詞

形容詞とは人・物・事・場所等の性質や状態を表す語である。例えば、bassit「小さい」、napintas「美しい」などであり、接辞を伴わない単純形容詞と、接辞をとる形容詞とに分けられる。

4.6.1 形態

1) 単純形容詞

接辞を伴わない形容詞の形は語根と同様である。単純形容詞には、基本的な形容詞や、身体的な特徴を表す語が多い。

基本的な形容詞	baro	新しい	daan	古い
	dakkel	大きい	bassit	小さい
	atiddog	長い	ababa	短い
	adalem	深い	ababaw	浅い
	alisto	素速い		
身体的な特徴	bagtit	気が触れた	tuleng	耳が聞こえない
	sarang	立ち耳の	bulsek	目が見えない
	kabbab	歯がない	bulding	片目が見えない
	tammi	しゃくれ顎の	duling	斜視の

*イロカノ語には身体的な特徴を表す語が豊富に存在し、それらの語を単に人の身体的な特徴を形容するに留まらず、日常的に比喩的な意味で用いるところにイロカノの人びとの文化的特徴の一端を見いだすことができる。その反面、他人に不快な感情を喚起しかねない語でもあり、不用意に用いることはできず、文化的なコンテクストを共有しない人が使用すべきではない。

2）NA- 形容詞

　形容詞を形成する接辞は多様であり、用いられる接辞によって語根に付加される意味合いが異なる。ここでは一般的な NA- 形容詞を取り上げる。NA- は語根の頭に付加され、語根が示すものが豊富であることを表し、精神的・物理的な特質を示す。形容詞については、数詞（第5課）、形容詞を形成するその他の接辞（第8課他）、比較級・最上級等の表現（第8課）も参照のこと。

よく用いられる NA- 形容詞

	語根		NA- 形容詞	
pudot	暑さ、熱さ	napudot	暑い、熱い	
lamiis	寒さ、冷たさ	nalamiis	寒い、冷たい	
singpet	道徳	nasingpet	親切な	
tangsit	厳しさ	natangsit	厳しい、（性格が）きつい	
gaget	真面目さ	nagaget	真面目な	
sadut	怠惰	nasadut	怠惰な	
lawa	広さ	nalawa	広い	
ilet	狭さ	nailet	狭い	
tadem	（刀先の）鋭さ	natadem	鋭い	
mudel	鈍さ	namudel	鈍い	
siling	艶	nasiling	艶がある、光沢がある	
kirsang	粗さ	nakirsang	粗い	
ngato	上	nangato	高い	

tayag	身長	natayag	背が高い
rabaw	表面	narabaw	浅い
lukmeg	太さ	nalukmeg	太い
kuttong	細さ	nakuttong	細い
puskol	厚さ	napuskol	厚い
ingpis	薄さ	naingpis	薄い
laing	才能	nalaing	賢い、上手な
rigat	苦労	narigat	難しい
kapsut	弱さ	nakapsut	弱い
pigsa	力	napigsa	強い
pintas	美しさ	napintas	美しい
dalus	掃除	nadalus	清潔な、衛生的な、きれいな
rugit	汚れ	narugit	汚い
dungrit	（体の）汚れ	nadungrit	不潔な、汚れている
pigket	糊	napigket	べたつく
uyong	狂気、怒り	nauyong	怒りっぽい
bangad	頑固	nabangad	頑固な
anos	我慢、忍耐	naanos	我慢強い
lukneng	柔らかさ	nalukneng	柔らかい
tangken	硬さ	natangken	硬い
rasi	脆さ	narasi	脆い
lamuyot	柔らかさ	nalamuyot	柔らかい
laka	安さ、易しさ	nalaka	安い、易しい
ngina	高価さ、貴重さ	nangina	高価な
tagari	騒音	natagari	騒々しい、やかましい
ringgor	騒音	naringgor	騒々しい、やかましい
ulimek	静けさ	naulimek	静かな
bayag	時間の経過	nabayag	遅い、時間がかかる
partak	速さ	napartak	速い
sapa	早さ	nasapa	早い
ladaw	遅い、遅延	naladaw	遅い
sudi	純潔、価値、純潔	nasudi	高潔な、有名な、著しい
uyaw	侮辱	nauyaw	批判的な、決めつけすぎる
sipnget	闇	nasipnget	暗い
lawag	光	nalawag	明るい
gasat	運	nagasat	運が良い
angin	風	naangin	風が強い
pitak	泥	napitak	泥だらけの
danum	水	nadanum	水っぽい、水のような

　1) や 2) のような性質を表す形容詞には、masirib（賢明な）、masakit（病気の）といった、接辞 MA- を伴うものもある。

色や味や匂いの感覚の表現にはNA-形容詞が用いられることが多い。

色 （maris/kolor）

	語根	NA- 形容詞	
labbaga	赤	nalabbaga	赤い
puraw	白	napudaw, napuraw	白い
ngisit	黒	nangisit	黒い
duyaw	黄色	naduyaw	黄色い
langto	緑、新鮮	nalangto	（植物のように）緑色の
siling	輝き	nasiling	輝いている

味 （raman）

	語根	NA- 形容詞	
sam-it	甘さ	nasam-it	甘い
alsim	酸っぱさ	naalsim	酸っぱい
apgad	塩分	naapgad	塩辛い
pait	苦味	napait	苦い
adat	辛さ	naadat	辛い
gasang	辛さ	nagasang	辛い
sugpet	渋さ	nasugpet	渋い
nanam	うま味	nananam	うま味がある
imas	おいしさ	naimas	おいしい
tamnay	無味	natamnay	味がない、味が薄い

匂い （angot）

	語根	NA- 形容詞	
banglo	良い香り	nabanglo	香ばしい、香りが良い
sayumusom	芳香	nasayumusom	香ばしい、香りが良い
bangsit	悪臭	nabangsit	臭い
angdod	悪臭（人間や動物）	naangdod	体が臭い、動物臭い、かび臭い
angsig	尿の匂い	naangsig	尿臭い
angpep/ampep	生臭さ	naangpep/naampep	生臭い
langsi	生臭さ（魚、肉）	nalangsi	生臭い
banaal	少しの大便の匂い	nabanaal	少し大便臭い

4.6.2　形容詞の複数形

　被修飾語である名詞が複数の場合、形容詞も複数形にして、数の一致をさせることがある。単純形容詞の場合も NA- 形容詞の場合も、語根の頭の CV 音節を語根の前に置いて重複させる。

語根	複数形	
dakkel	dadakkel	大きい
bassit	babassit	小さい
napudot	napupudot	暑い
nalawa	nalalawa	広い

a）Dadakkel dagitoy manggak.　　私のマンゴーは大きいです。

b）Nakakapsot dagita atleta.　　その選手たちは弱いです。

c）Nasisingpet dagiti kakaanakak.　　私たちの甥／姪たちはやさしいです。

4.6.3　形容詞の用法と文中での位置

　形容詞は文の述部や、主部等における名詞（句）となる（第20課参照）他、名詞、形容詞、動詞を修飾する。

1）述部となる場合
　形容詞が述部に置かれ、単独で述部として機能する。

　【文型】述語（形容詞）＋主部

　a）Napudot ti digo.　　スープは熱いです。

　b）Bulding daydiay pirata.　　海賊は片目が見えません。

2）名詞（句）となる場合
　形容詞が標識辞を伴うなどして名詞化され、名詞（句）として機能する。

　【文型】述語（名詞、形容詞、動詞等）＋主部

　a）Ni Maria ti natayag.　　背が高いのはマリアさんです。

　b）Nalaing ti anak ti napintas.　　（その）美しい人の子は賢い。

3）限定用法

形容詞がリンカーを伴って名詞の前に置かれ、名詞を修飾する。述部として機能する場合も、主部として機能する場合もある。

【文型】述語／述部＋主部（形容詞＋ nga/a ＋名詞）

述部（形容詞＋ nga/a ＋名詞）＋主語／主部

a）Nalabbaga daytoy a baro a badok.　この新しい服は赤いです。

b）Nasingpet nga ubing ni Toto.　トトさんは親切な子です。

(4.7)　疑問文と答え方

4.7.1　一般疑問文

wen「はい」または saan/haan/di「いいえ」で答えられる一般疑問文は、肯定文の文末を上昇させるだけで作ることができ、文型を変化させる必要はない。表記上は肯定文の文末に疑問符「？」を付けるだけでよい。

a）Taga-Osaka ni Naomi.　尚美さんは大阪出身です。

→ Taga-Osaka ni Naomi?　→ 尚美さんは大阪出身ですか？

b）Maestroda.　彼らは教師です。

→ Maestroda?　→ 彼らは教師ですか？

一般疑問文には小辞 aya（第9課参照）、kadi、ngata（第10課参照）が伴われることが多い。小辞は文の要素の2番目の位置に置かれ、-ko 形の人称代名詞とともに用いられる場合には人称代名詞の後に置かれる。

a）Taga-Osaka ni Naomi.　尚美さんは大阪出身です。

→ Taga-Osaka kadi ni Naomi?　→ 尚美さんは大阪出身ですか？

b）Maestrada.　彼らは教師です。

→ Maestrada kadi?　→ 彼らは教師ですか？

1）肯定の応答

肯定の応答では Wen「はい」を文頭に用いる。

a）Taga-Osaka ni Naomi?　尚美さんは大阪出身ですか？

- Wen, taga-Osaka isuna.　– はい、彼女は大阪出身です。

b）Nasayaatka?　　　　　　　あなたは元気ですか？
　　- Wen, nasayaatak.　　　　　－はい、私は元気です。

2）否定の応答

否定の応答では Saan「いいえ」を文頭に用いる。

　　a）Taga-Vigan ni Naomi?　　　　尚美さんはビガン出身ですか？
　　　- Saan, saan isuna a taga-Vigan.　－いいえ、彼女はビガン出身ではありま
　　　　　　　　　　　　　　　　　　せん。
　　b）Maestrada?　　　　　　　彼女たちは教師ですか？
　　　- Saan, saanda a maestra.　　　－いいえ、彼らは教師ではありません。

4.7.2　否定疑問文

「〜ではありませんか？」という否定疑問文は、否定文の文末を上昇させるだけで作ることができ、文型を変化させる必要はない。表記上は否定文の文末に疑問符「？」を付けるだけでよい。否定疑問文に対しては、質問の内容が正しいか誤っているかに基づいて答えればよいが、「はい」「いいえ」の後に続く応答文が肯定文ならば Wen、否定文ならば Saan で答えることも可能である。

　　a）Saan（kadi）a nasayaat ni Emma?　エマさんは元気ではないですか？
　　　元気ではない場合
　　　Wen, saan isuna a nasayaat.　　はい、彼女は元気ではありません。
　　　Saan, saan isuna a nasayaat.　　はい、彼女は元気ではありません。
　　　元気である場合
　　　Saan, nasayaat isuna.　　　　いいえ、彼女は元気です。
　　　Wen, nasayaat isuna.　　　　いいえ、彼女は元気です。
　　b）Saanda（kadi）nga estudiante?　彼らは学生ではないですか？
　　　学生ではない場合
　　　Wen, saanda nga estudiante.　　はい、彼らは学生ではありません。
　　　Saan, saanda nga estudiante.　　はい、彼らは学生ではありません。
　　　学生である場合
　　　Saan, estudianteda.　　　　いいえ、彼らは学生です。
　　　Wen, estudianteda.　　　　　いいえ、彼らは学生です。

4.7.3　付加疑問文

　肯定文の文末に saan kadi? または haan kadi? を加えると、「〜ですね？」と相手に情報を確認したり、念を押したり、同意を引き出したりする疑問文を作ることができる。付加疑問文に対しては、質問の内容が正しいか誤っているかに基づいて答えればよい。

　　a）Propesorda, saan kadi?　　　　　彼らは教授ですよね？
　　　- Wen, propesorda.　　　　　　　 － はい、彼らは教授です。
　　b）Taga-Manilakayo, saan kadi?　　　 あなた方はマニラ出身ですよね？
　　　- Saan, saankami a taga-Manila.　　 － いいえ、私たちはマニラ出身では
　　　Taga-Vigankami.　　　　　　　　　　ありません。ビガン出身です。

4.8 　小辞 met

　小辞 met には様々な意味合いがあり、以下のような場合に用いられる。

4.8.1　情報を付け加え、「〜も」、「〜もまた」、「同様に〜」の意味で用いる。

　　a）Taga-Isabelaak met.　　　　　　　私もイサベラ出身です。
　　b）Siak met.　　　　　　　　　　　　私も。
　　c）Naimbag a malem met.　　　　　　こちらこそ、こんにちは。

4.8.2　話題や対象を転換する。

　　a）Sino ti taga-Kobe ditoy?　　　　　ここで神戸出身の方はどなた？
　　　- Sikami.　　　　　　　　　　　　私たちです。
　　　Sino met ti taga-Osaka?　　　　　　じゃあ、大阪出身の方は？
　　b）Nalpasak nga aglaban, sikayo metten.　私は洗濯が終わったので、次はあな
　　　　　　　　　　　　　　　　　　　　た方どうぞ。

4.8.3　表現に込められた感情を強調する。

　　a）Nagrigat met daytoy.　　　　　　　これはとても難しいですね。

b）Awanda pay met. 彼らはまだいませんよ。

c）Nag-cute met ti anakmon. あなたの子どもは大変可愛いですね。

4.8.4 相手の発言に対し「〜というわけがない」と否定的・批判的態度を表す。

a）Awan bayadna daytoyen？ これをおまけにしてくれ。

- Saan met a, awan ti ganansiakon. できるわけがないよ。儲からないよ。

b）Awan met ti itlog ditoy. ここに玉子があるわけないよ。

4.8.5 gayam と組み合わせて met gayam の形で用い、期待外れや意外な発見を表す。

a）Kunak no natayag isuna, saan met gayam. 彼は背が高いと思ったけど、違ったな。

b）Naimas met gayam ti poqui poqui. ポキポキ（料理名）っておいしいんですね。

met を用いた会話の例

A さん： Adda aya Filipino ditoy? ここにフィリピン人はいるでしょうか？

B さん： Siak. 私です。

A さん： Sino met ti Hapones? じゃあ、日本人は？（用法 4.8.2）

C さん： Siak met Filipino. 私もフィリピン人です。（用法 4.8.1）

A さん： Sika met nagladaw ti sungbatmo. さあ、返事が遅かったね。（用法 4.8.3）

C さん： Ayna, nag-istriktoka met. あなたは厳しすぎますね。（用法 4.8.3）

A さん： Saan met. そんなわけないですよ。（用法 4.8.4）

C さん： Kunak no agbirbirokka pay ti Filipino ngem nalpas met gayamen. まだフィリピン人を探しているかと思っていたら、それは終わったんですね。（用法 4.8.5）

4.9 果物を表す名詞

果物を表すためによく用いられる普通名詞には以下のようなものがある。

mangga	マンゴー	abokado	アボカド
saba	バナナ	salamagi	タマリンド
papaya	パパイヤ	damortis	キンキジュ
bayabas	グアバ	atis	釈迦頭（バンレイシ）
pinya	パイナップル	guyabano	トゲバンレイシ
buko	若いココナッツ	santol	サントル
niog	ココナッツ	rambutan	ランブータン
langka	ジャックフルーツ	kaimito	スターアップル
pitaya	ドラゴンフルーツ	mangosteen	マンゴスチン
durian	ドリアン	lanzones	ランソネス
mansanas	りんご	longgan	リュウガン
ubas	ぶどう	pias	ナガバノゴレンシ
strawberry	いちご	makopa	レンブ
kahel	オレンジ	lomboy	ムラサキフトモモ
sandia	スイカ	lubeg	ナガハアデク
melon	メロン	tsiko	サポジラ
peras	洋ナシ	tsesa	カニステル（クダモノタマゴ）
kalamansi	カラマンシー	sarguelas	ホコテ
dalayap	ライム	mabolo	ケガキ
daldaligan	青みかん	katmon	ビワモドキ
satsuma	温州みかん	littuko	ラタンフルーツ
sua	ポメロ	saraisa	ナンヨウザクラ
perante	ペランテオレンジ	karamay	アメダマノキ
ponkan	ポンカン	bugnay	ビグネイ
kiat-kiat	キンカン		

練習問題

1. 以下のそれぞれの絵について説明する文が3つずつ読まれます。適切なものをA〜Cから1つずつ選びなさい。

(1)

(2)

(3)

(4)

2. 以下の各文をイロカノ語に訳しなさい。
    (1) 尚美さんは彼の学生です。
    (2) あなたの仕事は何ですか？
    (3) 私の父は元気です。
    (4) これらは彼らの田んぼですか？
    (5) それはあなたたちのヤギではありません。

3. 以下の各文を日本語に訳しなさい。
    (1) Napintas ti dakkel a kapilia.
    (2) Bassit ti balay ti lakay.

⑶ Nalalaing dagiti annak ni Frank.

⑷ Daytoy ti Osaka.

⑸ Saan a nasingpet daydiay nga ubing.

4．本課の会話文に関する以下の質問にイロカノ語で答えなさい。

⑴ Nalawa kadi daydiay taltalonda Biday?

⑵ Ania dagiti mula iti taltalon?

⑶ Ania dagiti tarakenda Biday nga ayup?

⑷ Atiddog ti sara ti nuang?

イロカノの著名人

Frieda Joy Angelica Olay Ruiz

　フィリピンの歴史を通して、イロカノの人びとは重要な歴史の瞬間に最前線に立ってきた。たとえば、植民地支配に対する革命の主導から国の文化や政治の土台の構築まで、イロカノは強い影響力を持っていた。このコラムでは、偉大なイロカノである戦争の英雄、革命家、芸術家、政治家を紹介する。

芸術家
フアン・ルナ（Juan Luna）
1857年10月23日～1923年2月4日／イロコス・ノルテ州バドック出身
　フアン・ルナ（Juan Luna）は、最も著名なイロカノの画家で、19世紀のフィリピン美術に多大な貢献をした。彼は、Spoliarium（1884年）という作品で最も知られている。この作品は国際的に高く評価され、フィリピンを世界のアートシーンに定着させた。彼の作品は歴史的、社会的問題のテーマを描いていることが多い。彼の芸術への情熱は、フィリピンの芸術復興を鼓舞された重要な要素の1つだと言われている。

レオナ・フロレンティーノ（Leona Florentino）
1849年4月19日～1884年10月4日／イロコス・スル州ビガン出身
　レオナ・フロレンティーノは、「フィリピン女性文学の母」と呼ばれている。フロレンティーノはイロカノ語で作品を書き、出版した初のイロカノ女性である。彼女はスペイン語でも作品を書いた。彼女はイロコス・スル州ビガンの裕福な名家に生まれ、若い頃からイロカノ語で詩を書き始めた。その将来性にもかかわらず、彼女は女性であることを理由に大学への進学を許されなかった。そのため、母親と家庭教師が代わりに彼女を指導した。彼女は後に、フィリピンの労働運動主義の擁護者とフィリピン独立教会（Iglesia Filipina Independiente）の創設者であるイサベロ・デロス・レイエスの母となる。

イサベロ・デロス・レイエス（Isabelo delos Reyes）
1864年7月7日～1938年10月10日／イロコス・スル州ビガン出身
　イサベロ・デロス・レイエスは、多くの作品を残した作家で、熱烈な民族主義者であった。また、彼はフィリピンの民俗学と民族誌研究の先駆者でもある。幼い頃から文化的・知的な伝統を重んじる環境に恵まれ、早くから文学と社会科学に興味を持った。サン・フアン・デ・レトラン大学、サント・トーマス大学で教育を受け、1889年に国内初の現地語新聞『El Ilocano』を創刊した。1922年にはフィリピンの上院議員にもなった。政界を去った後、彼は同じイロカノ人であるグレゴリオ・アグリパイ（Gregorio Aglipay）とともにフィリピン独立教会（アグリパイ教会とも呼ばれる）を設立した。

革命家

ガブリエラ・シラン（Gabriela Silang）
1731年3月19日〜1763年9月20日／イロコス・スル州サンタ出身

　ガブリエラ・シランはスペインの植民地支配に対する大胆不敵な革命家である。彼女はボロと呼ばれる鉈のような刃物を振り回す姿で描かれることが多く、フィリピンのジャンヌ・ダルクとも呼ばれる。夫のディエゴ・シラン（Diego Silang）とともにスペイン支配に対するイロカノの反乱を率いた彼女は、夫がスペイン軍に暗殺された後も闘争を続け、フィリピンを代表する女性革命家の１人となった。

アルテミオ・リカルテ（Artemio Ricarte）
1866年10月20日〜1945年7月31日／イロコス・ノルテ州バタック出身

　アルテミオ・リカルテはスペイン語教師として働いていた。スペインと戦った革命団体であるカティプナン（Katipunan）に参加し、また米比戦争で重要な役割を果たしたイロカノの将軍であった。米比戦争の敗北後、1915 年に日本の横浜に亡命した。日本占領下の 1944 年には、ガナップ党（旧サクダル党）のベテラン革命家の仲間たちとともに、アメリカ軍と戦うための親日武装民兵組織 MAKAPILI（Kalipunang Makabayan ng mga Pilipino、「フィリピン人の愛国同盟」）を設立した。日本とのつながりがあることから、横浜の山下公園に 1971 年、リカルテ将軍記念碑が建立された。

政治家

エルピディオ・キリノ（Elpidio Quirino）
1890年11月16日〜1956年2月29日／イロコ・スル州ビガン出身

　エルピディオ・キリノは 1948 年から 1953 年まで第 6 代大統領を務めた。第二次世界大戦後、フィリピンの経済と制度を再建したことで知られる。日米間の激戦となったマニラ市街戦で、彼は妻と 3 人の子を失ったが、その 8 年後、彼は大統領として、フィリピンに拘留されていた日本の戦犯に恩赦を与え、彼らを日本に帰国させるという驚くべき決定を下した。フィリピンの再建と変革の時期に、彼の主導により国家は安定した。2016 年、キリノ大統領を記念する顕彰碑が東京の日比谷公園に建てられた。

フェルディナンド・E・マルコス（Ferdinand E. Marcos）
1917年9月11日〜1989年9月28日／イロコス・ノルテ州サラト出身

　1965 年から 1986 年にかけて約 20 年間、第 10 代大統領を務めたフェルディナンド・E・マルコスは、1972 年に戒厳令を布告したことで知られる。2022 年には、息子のフェルディナンド「ボンボン」・マルコス・ジュニアが第 17 代フィリピン大統領に選出された。

　これらの人びとの物語は、イロカノの不朽の精神を反映しているだけでなく、フィリピンに永続的な影響も及ぼしている。自由のための戦いにおける勇気から、統治や芸術における卓越性まで、これらの人物は国家の歴史に消えることのない足跡を残した。

（原文 英語、翻訳 栗村ドナルド）

イロコス地方の世界遺産

サン・アグスティン教会
(イロコス・ノルテ州パオアイ)

サンタ・マリア教会
(イロコス・スル州サンタ・マリア)

ビガン歴史都市
(イロコス・スル州ビガン)

© 矢元貴美

伯父さんと叔母さん
Ni Uliteg ken ni Ikit

> 課のねらい / Gandat ti leksion

- 数詞とその使い方を理解し、正しく使うことができる。
- kukuak 形の人称代名詞の特徴と使い方を理解し、正しく使うことができる。
- 疑問詞 akin-、akinkua、mano を用いた疑問文を作り、それらの疑問文に答えることができる。

> 会話 / Dialogo

5-1

Naomi: Akinkua daytoy a photo album?
Biday: Kukuak dayta.
Naomi: Kukuam? Sinno dagiti dua a tao ditoy retrato?
Biday: Ni Uliteg ken ni Ikitko dagita. Ading ni Nanangko ni Ikitko. Isu ti buridekda. Maikapat isuna kadagiti agkakabsat.
Naomi: Mano ti tawen ni Ikitmon?

66

Biday:	53 ti tawennan.
Naomi:	Kasla met saan a Filipinas ti ayanda.
Biday:	Wen. Balayda diay Hawaii dayta.
Naomi:	Kasinsinmo ngarud dagitoy lima nga ubbing?
Biday:	Daytoy dua ket kasinsinko. Daytoy maysa met ket kaanakak a babai. Daytoy nabati a dua met ket gayyemda ken adingna a lalaki.
Naomi:	Nag-cuteda amin.

和訳 / Panangipatarus iti Hapones

尚美：	このアルバムは誰のものですか？
ビダイ：	それは私のものです。
尚美：	あなたの？ この写真にいる2人は誰ですか？
ビダイ：	私の伯父と叔母です。叔母は母の妹で、末っ子です。きょうだいの4番目です。
尚美：	叔母さんは今おいくつですか？
ビダイ：	もう53歳です。
尚美：	彼らがいるのはフィリピンではなさそうですね。
ビダイ：	はい。それは彼らのハワイの家です。
尚美：	それでは、この5人の子どもたちはあなたのいとこですか？
ビダイ：	この2人は私のいとこです。もう1人は姪です。残りの2人は彼らの友人と彼の弟です。
尚美：	彼らは皆とても可愛いですね。

語彙 / Bokabulario

5-2

akinkuá	誰の	áding	弟、妹
photo album	アルバム［英語］	nánang	母
kukuák	私のもの	burídek	末っ子
kukuám	あなたのもの	maikapát	第4、4番目
sinnó	誰（疑問詞）	kabsát	きょうだい
duá	2	agkakabsát	きょうだい同士（3人以上）
retráto	写真	manó	いくつ、いくら（疑問詞）
ulitég	伯父、叔父	manó ti tawen	何歳
íkit	伯母、叔母	tawén	年、年齢

kaslá	〜のようだ、〜みたいだ	két	倒置を表す接続詞
Filipínas	フィリピン	maysá	1
ayán	どこ（疑問詞）	kaanakán	甥、姪 <anák
baláy	家	babái	女性
Hawaii	ハワイ	nabáti	残りの
kasinsín	いとこ	gayyém	友人
ngarúd	強調や確認を表す小辞	laláki	男性
limá	5	nag-cute	とても可愛い <cute［英語］
ubbíng	子ども（ubíng の複数形）	ámin	すべて、みんな

文法 / Gramatika

5.1 疑問詞 Akin-、Akinkua

　「誰のもの」や「誰の」という所有の尋ね方には複数あるが、ここでは接頭辞の akin- と疑問詞 akinkua を中心に取り扱う。

5.1.1 Akin-

　Akin- は「誰の」という意味を持ち、被所有物に接頭辞として付加され、疑問詞として用いられる。文型は、akin- 被所有物 + 主題であり、主題には斜格が用いられる。被所有物が複数の場合、主題に用いられる指示詞も複数となる。akin- は、子音の b/m/p で始まる語の前に付けられる場合には音韻変化を起こし、akim- になる。斜格の標識辞と指示詞は以下の通りである。

1）斜格の標識辞

	単数	複数
人名以外	iti	kadagiti
人名	kenni（ken ni）	kada

2) 斜格の指示詞

	単数		複数	
近称	kadaytoy	これ、この	kadagitoy	これら、これらの
中称	kadayta	それ、その	kadagita	それら、それらの
遠称	kadaydiay	あれ、あの	kadagidiay	あれら、あれらの

a) Akimbalay iti dayta? それは誰の家ですか？
b) Akinaso iti daytoy? これは誰の犬ですか？
　 Akinaso kadaytoy?
c) Akinaso kadagitoy? これらは誰の犬ですか？
d) Akimbado kadagita? それらは誰の服ですか？

akin- は責任を表す接頭辞としても用いられる。

Akimbasol iti aksidente? 交通事故は誰の罪ですか？
Akimproyekto iti Bangui Wind Farm? バンギ風力発電所は誰の事業ですか？

akin- の文の被所有物が人物の場合、Sinno ti akin- を用いる方が適切だが、普段の会話では Sinno ti の部分が省略されることもある。

Sinno ti akininang kenni Teresa? テレサさんは誰のお母さんですか？
Akininang kenni Teresa?

所有を尋ねる接頭辞には makin-/makim- もあり、akin- と同じように用いられる。

Makinaritos kadagitoy? これらは誰のピアスですか？

5.1.2 Akinkua

Akinkua（akinkukua, makinkua, makinkukua）は akin- と所有を表す kukua が結合した語であり、単独の疑問詞として用いられる。被所有物には斜格が用いられ、文型は「akinkua ＋斜格の標識辞＋被所有物」または「akinkua ＋指示詞＋リンカー（nga/a）＋被所有物」である。

a) Akinkua kadagiti retrato? この写真は誰のですか？
b) Akinkua iti dayta a balay? その家は誰のですか？
c) Akinkua kadagidiay a lugan? あれらの車は誰のですか？

一般的に口語では akinkua ではなく、akin の後に被所有物を付加した形が用いられる。また口語では、斜格の標識辞が省略されることが多い。

 a）Akinlugan（iti）daytoy? これは誰の車ですか？
 b）Akintaraken（iti）dagita? それらは誰のペットですか？
 c）Akinretrato（ka）daytoy? これは誰の写真ですか？
 d）Akinsapatos（ka）dagitoy? これらは誰の靴ですか？

Akinkua には所有を表す kukua が含まれているため、被所有物が生き物である場合、社会的に弱い立場にある人や動物についてのみ用いることができるということには注意が必要である。より適切な尋ね方は、Sinno ti akinkua であるが、口語では Sinno ti の部分が省略されることもある。

 a）Sinno ti akinkua kadaytoy nga ubing? この子どもは誰のですか？
 b）Sinno ti akinkua kenni Onesimo a tagibi? 隷属民のオネシモは誰ですか？

5.2 所有を表す kukua

「〜のもの」という所有を表すには kukua を用いる。

5.2.1 kukua ＋主格の標識辞＋所有者＋所有物

 a）Kukua ti kaaruba dayta. それは隣人のものです。
 b）Kukua da Emma dagitoy. これらはエマさんたちのです。
 c）Kukua ti pamiliana daytoy a lugan. この車は彼の家族のです。

5.2.2 kukuak 形の人称代名詞

人称代名詞を用いる場合には、kukua の後に -ko 形の人称代名詞を付加する。

人称	非複数		複数	
1人称	kukuak	私の	kukuami	私たちの（排除形）
1、2人称	kukuata	あなたと私の	kukuatayo	私たちの（包含形）
2人称	kukuam	あなたの	kukuayo	あなたたちの
3人称	kukuana	彼／彼女の	kukuada	彼らの／彼女らの

a）Kukuada dayta.　　　　　　　　それは彼らのものです。

b）Kukuak daytoy a bado.　　　　　この服は私のです。

c）Kukuami dagidiay a mangga.　　あれらのマンゴーは私たちのです。

5.3　その他の所有表現

人称代名詞（斜格）の kaniak 形（第7課参照）を用いて「～のもの」を表すこともできる。

a）Kaniada daytoy a balay.　　　　その家は彼らのものです。

b）Kaniak kadagitoy a kalding.　　これらのヤギは私のものです。

c）Kaniami kadagita a trabaho.　　それらの仕事は私たちのものです。

Makimbagi を用いた所有の尋ね方もあり、それに対しては、bagi ＋所有者で答える。

a）Makimbagi kadagitoy nga aritos?　これらのピアスは誰のものですか？

　-Bagik（dagitoy nga aritos）.　（これらのピアスは）私のものです。

b）Makimbagi iti libro?　　　　　本は誰のものですか？

　-Bagi ni Kris.　　　　　　　　クリスさんのものです。

5.4　数え方

5.4.1　基数詞

イロカノ語の数詞には十進法が用いられ、アラビア数字を用いて表記する。スペイン語の基数詞も一般的に用いられる。

位	百万	十万	万	千	百	十	一
桁	10^6	10^5	10^4	10^3	10^2	10^1	10^0
単位	riwriw	（以下参照）	laksa	ribo	gasut	pulo	0〜9

一桁

0	ibbong/awan	5	lima
1	maysa	6	innem
2	dua	7	pito
3	tallo	8	walo
4	uppat	9	siam

二桁　　十の位の数*1 + リンカー*2 + pulo + ket + 1〜9

10	sangapulo	44	uppat a pulo ket uppat
11	sangapulo ket maysa	50	limapulo
12	sangapulo ket dua	60	innem a pulo
20	duapulo	88	walopulo ket walo
33	tallopulo ket tallo	99	siam a pulo ket siam

三桁　　百の位の数*1 + リンカー*2 + gasut + 十の位以下

100	sangagasut	500	limagasut
101	sangagasut ket maysa	600	innem a gasut
200	duagasut	888	walogasut walopulo ket walo
400	uppat a gasut	900	siam a gasut

四桁　　千の位の数*1 + リンカー*2 + ribo + ken*3 + 百の位以下

1,000	sangaribo
1,983	sangaribo ken siam a gasut walopulo ket tallo

五桁以上

10,000	sangalaksa
100,000	sangapulo a laksa
1,000,000	sangariwriw

*1 10 以上は、maysa が sa に変化する。
*2 前の数が子音で終わる場合には、リンカーは a を用いる。
*3 1,000 以上は、百の位以下を ken「〜と」で区切る。

基数詞で名詞を修飾する場合にはリンカー（nga/a）を用いる。

a）limapulo a pisos 　　　　　　　　　　　 50 ペソ
b）siam a gasut ket siam a nalabbaga a lobo 　 99 つの赤い風船
c）tallo nga anak 　　　　　　　　　　　　　 3 人の子

5.4.2　序数詞

　序数詞は、順序、日付、行政区分などを表す場合に用いられる。基数詞に接頭辞 maika- が付加されれば序数詞となる。3、4、6 の場合には、maika- が付加されると、音と綴りが変化する。

1 番目、第 1	umuna	6 番目、第 6	maikanem
2 番目、第 2	maikadua	7 番目、第 7	maikapito
3 番目、第 3	maikatlo	8 番目、第 8	maikawalo
4 番目、第 4	maikapat	9 番目、第 9	maikasiam
5 番目、第 5	maikalima	10 番目、第 10	maikasangapulo

　基数詞の場合と同様に、名詞を修飾する際にはリンカー（nga/a）を用いる。日付は「序数詞＋標識辞＋月」で表される。

a）maikapat a distrito ti Isabela 　　　　　　 イサベラ州の第 4 区
b）maikasangagasut nga anibersario 　　　　 100 周年
c）maikasangapulo ket pito a presidente ti Filipinas 　 フィリピン第 17 代大統領
d）maikasiam ti Septiembre 　　　　　　　　 9 月の 9 日目＝ 9 月 9 日

（5.5）　疑問詞 mano「いくつ」、「いくら」

　疑問詞 mano は数量、年齢、価格などを尋ねる際に用いられる。文型は「Mano ＋主題」である。

a）Manotayo ditoy kuarto? 　　　　 私たちはここの部屋に何人いますか？
b）Mano ti tawenmon? 　　　　　　 あなたは今何歳ですか？
c）Mano ti sabam? 　　　　　　　　 あなたのバナナは何本ですか？

　「何番目」と尋ねたい場合には、疑問詞 mano の前に maika- をつけた maikamano

を用いる。人称代名詞（属格）の -ka 形は、maika- もしくは名詞の後ろに付加される。

  a）Maikamano nga anakmo ni Ben?　　ベンはあなたの何番目の子どもですか？
　　Maikamanom nga anak ni Ben?
  b）Maikamanom dayta a platon?　　　あなたはそのお皿でもう何杯目ですか？
　　Maikamano daytoy a platomon?

5.6　接続詞 ket（数詞の接続、倒置、従位接続詞）

接続詞 ket は 5.4 で学習した数詞を表す場合に用いられる他、倒置を示す場合にも用いられる。

述部の品詞	基本構文	倒置文
a）名詞	Julio ti naganko. 私の名前はフリオです。	Naganko ket Julio. 私の名前はフリオです。
b）形容詞	Napigsa ti tudo. 雨が強いです。	Ti tudo ket napigsa. 雨が強いです。
c）動詞	Agbuya ti TV ni Kana. 香奈さんはテレビを見ます。 Uminomak ti danum. 私は水を飲みます。	Ni Kana ket agbuya ti TV. 香奈さんはテレビを見ます。 Siak ket uminom ti danum. 私は水を飲みます。
d）副詞	Kadamaika-15 ti sueldo. 給料は毎月 15 日です。	Ti sueldo ket kadamaika-15. 給料は毎月 15 日です。
e）前置詞	Taga-Haponak. 私は日本出身です。	Siak ket taga-Hapon. 私は日本出身です。

ただし、-ak 形が siak 形＋ket に変化している c）と e）の倒置文は、意味は通じるものの、自然な表現ではない。

ket は節と節、または文と文をつなげて「〜すると／〜したら／〜して」という意味を表し、文の前半で示されている原因と、文の後半で示されている結果との間の因果関係を表す働きも持つ。

a）Nabaltog ti ulok ket nagdaran.　　私の頭がぶつかって出血しました。
b）Ti ulbod nga ubing ket saan a mapan　嘘つきの子は天国に行きません。
　　iti langit.

5.7 接続詞 ken

ken は等位接続詞で、語と語、節と節、文と文をつなげる働きを持つ。
a）Nasingpet ni Uliteg ken ni Ikit.　　伯父／叔父と伯母／叔母は親切です。
b）Tarakenda ti kalding ken kawitan.　ヤギと雄鶏は彼らの家畜です。
c）Estudiante ni Yuka ken maestrana ni　尚美さんは学生で、リンダ先生は彼女
　　Ma'am Linda.　　　　　　　　　の先生です。

5.8 小辞 ngarud

ngarud は表現を強調したり、語調を和らげたりする。

5.8.1 疑問文の強調

確認したいことを強調し、相手の気持ちや考えなどを引き付ける。
a）Ania ngarud ti naganmo?　　　　それじゃあ、君の名前って何？
b）Kasanoak ngarud nga agadal ti Ilokano?　だから、私はどうやってイロカノ
　　　　　　　　　　　　　　　　　　語を勉強すればいいの？

5.8.2 表現の緩和、譲歩や心変わりの表現

文の意味合いを和らげたり、譲歩や心変わりを表したりする。この用法には、
小辞 -en を伴うこともある。
a）Sige, ngarud(en).　　　　　　　じゃあ、それでいいよ。
b）Inta ngarud(en) diay Bolinao.　　なら、後でボリナオに行こうかね。

5.8.3　確認・確言

文意を確認したり、はっきりと言い切ったりする際に用いられる。

　a）Wen, ngarud.　　　　　　　　　まさにそうです。
　b）Sika ngarud ti nalaing.　　　　　君は賢いですものね。

5.9　副詞 amin「すべて」、「みんな」

amin は「すべて」、「みんな」といった意味を表す。

　a）Kayatko amin ti putahe ti Hapones.　日本料理が全て好きです。
　b）Kukuak amin dagita.　　　　　　それはすべて私のです。
　c）Adu laeng amin.　　　　　　　　どうでもいいです。

5.10　自然の風景や自然現象を表す名詞

自然の風景や自然現象を表すためによく用いられる普通名詞には以下のような
ものがある。

lubong	地球、世界	puro	島
planeta	惑星	baybay	海
init	太陽	karayan	川
bulan	月	danaw	湖
bituen	星	bantay	山
langit	空	bulkan	火山
ulep	雲	danum	水
angin	風、空気	apoy	火
tudo	雨	daga	土
niebe	雪	bato	石
kimat	稲妻	mula	植物
gurruod	雷鳴	kayo	木
bagyo	台風、嵐	sabong	花
gingined	地震	ruot	草

5.11　場所を表す名詞

場所を表すためによく用いられる普通名詞には以下のようなものがある。

eskuela/eskuelaan	学校	garahe	駐車場
kolehio	大学	restauran	レストラン
tiendaan/paggatangan	店	hotel	ホテル
merkado/palengke	市場	dalan	道
mall	ショッピングモール	rangtay	橋
kapilia	教会	paggasolinaan	ガソリンスタンド
munisipio	役所	palasio	宮殿
kapitolio	州庁舎	kastilio	城
estasion ti pulis	警察署	balay	家
museo	博物館	banio/kasilias	トイレ
bangkag	畑	kusina	キッチン
taltalon	田	salas	リビング
estasion	駅	pagturogan	寝室
terminal ti bus	バスターミナル	hardin	庭
sangladan dagiti eroplano	空港		

5.12　身の回りでよく使われる物を表す名詞

身の回りでよく使われる物を表すために用いられる普通名詞には以下のようなものがある。

ridaw	扉	bado	服
tawa/bintana	窓	pantalon	ズボン
atep	屋根	pandiling	スカート
bobeda	天井	bidang	巻きスカート
adigi	柱	t-shirt	Tシャツ
diding	壁	brip	ブリーフ
datar	床	panti	ショーツ
dalikan	コンロ	kallugong	帽子
lababo	シンク	punggos	シュシュ、ヘアゴム
langdit	まな板	aritos	イアリング、ピアス
buneng	包丁	kuentas	ネックレス

palanggana	水盤	diaket	ジャケット
malukong	椀	coat	コート
kaldero	鍋	antiokos/sarming	眼鏡
kaserola	鍋	medias	靴下
tapayan	陶器の壺	sapatos	靴
bote/botelia	瓶	sandal	サンダル
lata	缶	sinelas	ビーチサンダル
kutsara	スプーン	libro	本
tinidor	フォーク	papel	紙
buneng/kutsilio	ナイフ	notbuk	ノート
baso	グラス	kompyuter	パソコン
tasa	カップ	selpon	携帯電話
makan	食べ物	telepono	電話
mainum	飲み物	pangisaksakan	コンセント
agas	薬	silaw	電灯
tugaw	椅子	relos	腕時計
lamisaan	テーブル	TV	テレビ
pagbasuraan	ごみ箱	radio	ラジオ
pagorasan	時計	electric fan	扇風機
masetas	植木	refrigerator	冷蔵庫
altar	祭壇	panurat	ペン
aparador	クローゼット、タンス	lapis	鉛筆
kurtina	カーテン	pangbura/borrador	消しゴム
sabon	石鹸	pagpigket	糊
sagaysay	くし	kartib	はさみ
sepilio/tutbras	歯ブラシ	pisara	黒板
shampoo	シャンプー	bag	かばん
tualia	タオル	sako	袋
sarming	鏡	supot	ビニール袋
tabo	手桶	maleta	スーツケース
timba	バケツ	karton	段ボール
baniera	大きいたらい	dagum	針
pungan	枕	sinulid	糸
ules	ブランケット	plantsa	アイロン
kama/pagiddaan	ベッド	liting	紐
pigad	ラグマット	tali	縄
ikamen	ござ	lansa	釘
payong	傘	ragadi	鋸

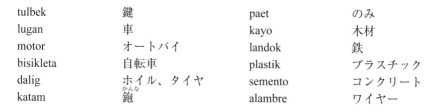

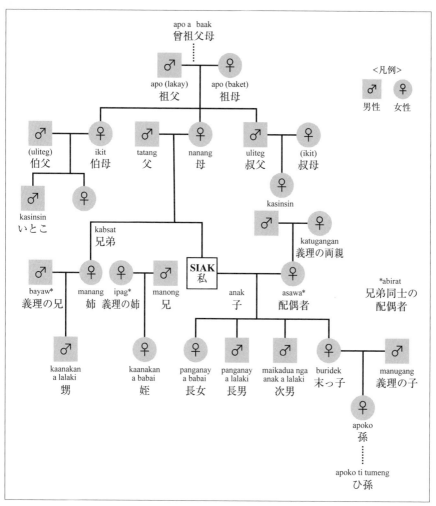

家系図（panagsinggapo）

練習問題

1. 上の絵について説明する文(1)〜(5)が読まれます。各文が絵の説明として正しければ○、正しくなければ×と答えなさい。

5-3

2. 上の絵について(1)〜(4)の質問にイロカノ語で答えなさい。

5-4

3. 以下の各文をイロカノ語に訳しなさい。
   (1) あなたの子どもは何人ですか？
   (2) 日本は柔道で2位です。
   (3) これは誰のですか？
   (4) あの大きな雄鶏は彼のものです。
   (5) 彼らは全部で6人です。

4．以下の各文を日本語に訳しなさい。

　　（1）Akinretrato kadaytoy?

　　（2）Akinkua kadagita nuang?

　　（3）Kukua ni Lakay Bianong dagitoy baka.

　　（4）Kukuatayo dagidiay a lamesa.

　　（5）Saanna a kukua daytoy kalding.

5．本課の会話文に関する以下の質問にイロカノ語で答えなさい。

　　（1）Akinkua iti photo album?

　　（2）Sinno dagiti dua a tao iti retrato?

　　（3）Mano nga agkakabsat ti ikit ni Biday?

　　（4）Mano ti tawen ni ikit ni Biday?

　　（5）Kasinsin ni Biday dagiti lima nga ubbing? Sinno isuda?

6 安くしてくれませんか？
Awan ti tawarnan?

課のねらい / Gandat ti leksion

- 存在詞 adda/awan の特徴と使い方を理解し、正しく使うことができる。
- 数量表現 adu/bassit の特徴と使い方を理解し、正しく使うことができる。
- 疑問詞 sagmamano を用いた疑問文を作り、それらの疑問文に答えることができる。
- 疑似動詞 kayat の特徴と使い方を理解し、正しく使うことができる。
- 接続詞 ngem や、よく用いられる小辞を使って表現できるようになる。

会話 / Dialogo

6-1

Naomi:	Ania ti kayatmo a pangaldawta?
Biday:	Kayatko kuma ti sidaen a nateng.
Naomi:	Kayatko met ti nateng. Diak kayat ti karne.
Biday:	Aglutotayo ti dinengdeng. Gumatangtayo ti laokna diay merkado.
	(Uneg ti merkado)
Naomi:	Manong, sagmamano ti pariam?
Agnananteng:	Mano a kilo ti kayatmo, ading?
Naomi:	Bassit laeng. Pagkapat ti maysa a kilo.
Agnananteng:	20 a pisos ading.
Naomi:	Adda bulong ti marunggayyo?
Agnananteng:	Awan ti marunggaymin, ngem adda ti saluyotmi ken sabong ti karabasa. Naimas dagitoy.
Naomi:	Ah isu? Maysa man ngarud a reppet a saluyot.
Agnananteng:	Awan pay ti uong ken lasonam?
Naomi:	Addan, manong. Adu ti uong ken lasonak diay balay. Mano amin ti ginatangko?
Agnananteng:	50 a pisos amin.
Naomi:	Nagnginan. Awan ti tawarnan?

82

和訳 / Panangipatarus iti Hapones

尚美：	お昼ご飯は何がいいですか？
ビダイ：	野菜のおかずが欲しいな。
尚美：	私も野菜がいいです。肉は好きではありません。
ビダイ：	ディネンデンを作ろう。市場で材料を買いましょう。
	（市場の中）
尚美：	お兄さん、ニガウリは1個いくらですか？
青果店の店員：	お嬢さん、いくつほしいですか？
尚美：	少しだけです。四分の一キロです。
青果店の店員：	20ペソです。
尚美：	モリンガの葉はありますか？
青果店の店員：	モリンガの葉はもうないですが、モロヘイヤとカボチャの花は あります。おいしいですよ。
尚美：	あ、そうですか？ じゃあ、モロヘイヤを1束ください。
青果店の店員：	キノコとタマネギもいかが？
尚美：	お兄さん、もうあるんですよ。キノコとタマネギは家にたくさ んあります。私が買ったものは全部でいくらですか？
青果店の店員：	全部で50ペソです。
尚美：	高いですね。安くしてくれませんか？

語彙 / Bokabulario

6-2

agnanaténg	青果店の店員、野菜売り	unég	～の中で
kayát	欲しい、好きである	mánong	お兄さん（年上の男性への呼びかけ）
pangaldáw	昼食	sagmámanó	1つあたりいくら
kumá/komá	～だといいなあ	pariá	ニガウリ
sidáen	おかず	pagkapát	四分の一
naténg	野菜	kílo	キログラム
kárne	肉	áding	性別を問わず年下への呼びかけ
aglúto	料理する <lúto	bassít	少し、小さい
dinengdéng	ディネンデン（料理名）	láeng	～だけ（小辞）
gumátang	買う <gátang	píso(s)	ペソ
laók	材料（特に食材）	addá	ある
merkádo	市場	bulóng	葉

marunggáy	モリンガ	reppét	束
awán	ない	úong	タマネギ
ngém	しかし、〜だが	lasoná	キノコ
salúyot	モロヘイヤ	adú	たくさんある
sábong	花	ginátang	買ったもの <gátang
karabása	カボチャ	nagngína	大変高価な <ngína
naímas	おいしい	táwar	値引き
mán	〜してください		

文法 / Gramatika

　人や物の存在や所有を表すには adda や awan を用いる。どちらも、存在する人や物、被所有物の有生性（生きているものかどうか）にかかわらず用いることができ、また、具体的な人や物のみならず、抽象的な物に対しても用いられる。動詞と組み合わせて用いる方法は第 20 課で取り扱う。

6.1 　存在と所有の表現

6.1.1　存在表現

　存在表現では、adda または awan の後に存在する人や物を置く。不特定のものである場合にも、特定のものである場合にも用いることができる。

【文型】**Adda/Awan ＋標識辞＊＋名詞（句）**

　　　＊特定のものが主題となる場合、一般的に、名詞（句）の前には標識辞を伴う。不特定の主題には標識辞を伴わない使い方もあり、文の意味合いが若干変わる。

a）	Adda ni Maria iti uneg ti merkado.	マリアさんは市場の中にいます。
b）	Adda da Sir Santos iti airport.	サントス先生たちは空港にいます。
c）	Awan daytay tulbekko.	私の鍵がありません。
d）	Awan ti danum a napudot.	お湯がありません。
e）	Adda ti namnama iti masakbayan.	未来には希望があります。
f）	Awan ti ragsak no awanka.	あなたがいない時、幸せはありません。

g）Ney, adda ti anay!　　　　　　ほら、シロアリがいます！
（シロアリを実際に目にして、その存在を表す場合）
Adda anay!　　　　　　　　シロアリがいる（でしょう）ね！
（周りの様子から判断し、シロアリの存在を表す場合）
h）Awan daydi bado a puraw.　　この前の白い服がありませんでした。
（気に入っていた白い服がなくなったことを表す場合）
Awan ti bado a puraw.　　　　白い服はありませんでした。
（たくさんの服の中で、白いものはなくなったということを表す場合）

【文型】Adda/Awan ＋ -ak 形の人称代名詞
a）Addatayo iti Filipinas.　　　私たちはフィリピンにいます。
b）Awan isunan.　　　　　　　彼はもういません。

6.1.2　所有表現

　「持っている」、「持っていない」という所有表現も adda/awan を用いて表すことができる。日本語では「ある」「いる」と表現されるものでも、所有者を伴う場合には所有表現で表す。文型は「adda/awan ＋被所有物（標識辞＊＋名詞（句））＋所有者」である。所有者には普通名詞や人名の属格や、-ko 形の人称代名詞が用いられる。　　　　　　　　　　　　　　　　　　　　＊6.1.1 の説明を参照

a）Adda ti tulbek ni Atong.　　　アトンさんは鍵を持っています。
b）Adda ti tallo a pusak.　　　　私は3匹の猫を飼っています。
c）Awan pay ti ticketko.　　　　私はチケットをまだ持っていません。
d）Awan ti kuartam?　　　　　　あなたはお金を持っていないのですか？
e）Adda ti anakna.　　　　　　　彼には子どもがいます。
f）Adda ti paitna daytoy a bulong.　この葉は苦味があります。
g）Awan ti ramanna.　　　　　　（それは）味がありません。
h）Awan ti tawarna?　　　　　　（それは）値引きがありませんか？

6.2 不特定数量表現 adu「多い」、bassit「少ない」

存在している人や物、被所有物の数や量について、大まかに「多い」や「たくさん」、「少ない」や「少しだけ」と表したい場合には adu や bassit を用いる。

a）Adu ti tao iti Manila.　　　　　マニラでは人が多いです。
b）Adu ti kuarta ni Chav.　　　　チャヴさんはお金をたくさん持っています。
c）Bassit ti estudiante.　　　　　学生は少ないです。
d）Bassit laeng ti sabongda.　　　彼らの花は少しだけです。

6.3 標識辞 diay

標識辞の ti、dagiti、iti、kadagiti などは、それらを包括的に表す diay という標識辞に入れ替えて用いることが一般的である。ただし、標識辞 diay が伴われた名詞（句）は、発言者の位置または記憶から比較的距離があることを示す。

a）Daytoy aya ti relosmo?　　　　　　　　　これはあなたの時計ですか？
　　Daytoy aya diay relosmo?
b）Nabanglo ti bangbanglo iti dayta a tiendaan.　その店の香水は香りが良い。
　　Nabanglo diay bangbanglo diay dayta a tiendaan.

　a）の文では ti と diay は入れ替えることができるが、ti が用いられている文では、発言者は現場で初めて時計を見て、相手にそれを確認するために尋ねているという意味合いが含まれる。diay が用いられている文では、相手の時計のことが発言者の記憶に残っており、その事実を確認するために尋ねている。

　香水についての事実は発言者が既に知っているため、b）の文では ti/iti と diay を入れ替えても通じる。文脈によっては、こちらの diay は口語で用いられることが多い。

6.4 疑問詞 sagmamano「1 ついくら」

物の価格を一単位でいくらか尋ねる時に sagmamano が用いられる。文型は「sagmamano ＋主題（標識辞＋名詞（句）や、指示代名詞等）」である。

a) Sagmamano ti pariam?　　　　　あなたのニガウリは1個いくらですか？
- 20 a pisos（ti maysa a kilo.）　　－（四分の一キログラム）20 ペソです。
b) Sagmamano ti saluyotyo?　　　　あなた方のモロヘイヤは（1束）いく
　　　　　　　　　　　　　　　　　　らですか？
- 15 a pisos（ti maysa a reppet.）　　－（1束）15 ペソです。
c) Sagmamano dagitoy?　　　　　　これらは1ついくらですか？
- 200 a pisos（ti maysa）.　　　　　－（1つ）200 ペソです。
d) Sagmamano dagita sapatos?　　　それらの靴は1組いくらですか？
- 5,000 nga yen（ti maysa a pares.）　－（1組）5,000 円です。

6.5　疑似動詞 kayat「欲しい」、「好きである」

　kayat は文の行為者が欲しい、または好きな物事を表す。kayat の行為者には主
格ではなく属格が用いられる。文型は「kayat ＋［標識辞＋人名／普通名詞の行為
者 または -ko 形の人称代名詞］＋［標識辞＋物事 または 指示詞等］」である。kayat
の文を否定する場合には saan を用いる。動詞と組み合わせて用いる方法は第13
課で取り扱う。

a) Kayat ni Kate dayta karabasa.　　ケイトさんはそのカボチャが欲しいです。
b) Kayatmi ti dinengdeng.　　　　　私たちはディネンデンが好きです。
c) Saan a kayat ni Lucas ti nateng.　ルカスさんは野菜が好きではありません。
d) Saanda a kayat ti longganisa.　　彼らはロンガニーサが好きではありません。

6.6　接続詞 ngem「しかし」、「〜だが」

　ngem は逆接の接続詞で、句同士や文同士をつなぎ、「しかし」や「〜だが」と
いった意味を表す。

a) Awan ti kuarta ni Amy ngem　　エイミーさんはお金がありませんが、
　　 adu ti sapatosna.　　　　　　　　靴をたくさん持っています。
b) Napintas isuna ngem nasadut.　　彼女は美人ですが、怠け者です。
c) Nangina daytoy ngem naimas.　　これは高いけれどもおいしいです。

6.7　小辞 laeng「〜だけ」、「〜しか」

a）Bassit laeng ti kayatko a kape.　私はコーヒーが少しだけ欲しいです。
b）Ni Apo Dios laeng ti pudno.　真実は神のみです。
c）Danum laeng ti adda.　あるのは水だけです（水しかありません）。

6.8　小辞 kuma「〜だといいなあ」

a）Adda kuma ti keyk.　ケーキがあるといいなあ。
b）Sika kuma ti nangabak.　買ったのはあなただと良かったですね。
c）Sapay kuma.　そうだといいのですが。

6.9　小辞 pay「まだ」、「もっと」、「さらに」

a）Addaak pay ditoy eskuelaan.　私はまだ学校にいます。
b）Adu pay ti sidaen.　おかずはまだたくさんあります。
c）Awan pay ti tawarnan?　もっと安くしてくれませんか？

数とともに用いられると、「もう」、「さらに」という意味にもなる。
a）Kayatko pay ti maysa.　もう１つ欲しいです。
b）Dua pay man a reppet a saluyot.　モロヘイヤはもう２束お願いします。

ken maysa pay の表現で用いられると、「また」、「その上」、「さらに」という意味になる。
a）Saanko a kayat ti karne.　私は肉が好きではありません。
　　Ken maysa pay, nangina ti karne.　その上、肉は高いです。
b）Adda ti lasona. Ken maysa pay,　タマネギがあります。それに、私は
　　adda met ti uongko.　キノコも持っています。

6.10 野菜・穀物・海藻を表す名詞

野菜・穀物・海藻などを表すためによく用いられる普通名詞には以下のような ものがある。

tarong	ナス	broccoli	ブロッコリー
kamatis	トマト	cauliflower	カリフラワー
okra	オクラ	utong	豆、ササゲ
karot	ニンジン	kardis	キマメ
lasona	タマネギ	patani	リママメ
kalabasa	カボチャ	parda	フジマメ
patatas	ジャガイモ	pallang	シカクマメ
kamote	サツマイモ	gisantes	サヤエンドウ
tugi	トゲドコロ	bituelas	インゲン豆
ubi	紅山芋	garbanzo	ヒヨコ豆
aba/gabi	タロイモ	soya	大豆
kamoteng kahoy	キャッサバ	balatong	緑豆
sayote	ハヤトウリ	mani	落花生
pipino	キュウリ	singkamas	クズイモ
kabatiti	ヘチマ	toge	もやし
tabungaw	ヒョウタン	bagas	米
paria	ニガウリ	trigo	麦
sugod-sugod	ナンバンカラスウリ	mais	トウモロコシ
bell pepper	ピーマン	kwantong/kalkalunay	アマランサス
sili	唐辛子	katuday	シロゴチョウ
bawang	ニンニク	bagbagkong	トンキンカズラ
laya	ショウガ	alukon	ヒンババオ
rabanos	辛味大根	sabunganay	バナナの花
petsay	チンゲンサイ	uong	キノコ
saluyot	モロヘイヤ	rabong	タケノコ
mustasa	からし菜	gamet	海苔
balangig	空心菜	ar-arusep	海ブドウ
marunggay	モリンガ	pukpuklo	モツレミル
kubay	ツルムラサキ	ballaiba	セキショウモ
repolio	キャベツ	guraman	もずく
letsugas	レタス		

練習問題

1. 以下の絵に関する質問 (1)〜(4) にイロカノ語で答えなさい。

2. 以下の各文を、kayat を用いてイロカノ語で書きなさい。
   (1) あなたたちはニガウリが好きかしら？
   (2) 彼のお父さんは牛が好きではありません。
   (3) あなたが欲しいのは何ですか？
   (4) 私が欲しいのはその靴だけです。

3. 以下の各文をイロカノ語に訳しなさい。
   (1) マリオはまだ子どもですが、彼は背が高いです。
   (2) このマンゴーは1個いくらですか？
   (3) あなたにはいとこがいますか？
   (4) 彼らが親切だといいなあ。

4. 本課の会話文に関する以下の質問にイロカノ語で答えなさい。
   (1) Ania ti kayatda Naomi a pangaldaw?
   (2) Kayat kadi ni Naomi ti karne?
   (3) Sagmamano ti maysa a kilo ti paria ti agnanateng?
   (4) Adda ti marunggay ti agnanateng?

バギオのアートとマーケット

三見春菜

　バギオは、マニラからバスで5時間ほど北上したところにある、標高1,500mの山間部に位置する、コルディリエラ地域の中心都市です。気温は年間を通して20度前後ととても過ごしやすく、フィリピン各地から多くの観光客が避暑に訪れます。バーンハム公園（Burnham Park）という大きな公園と、そのそばにあるセッション通り（Session Road）という大通りの周辺が町の中心部であり、曜日を問わず1日中多くの人でにぎわいます。アメリカの占領下で開拓された都市であるためアメリカの影響が色濃く、カラフルな街並みも魅力の1つです。

　まず、バギオの中心部にある市場、シティマーケットを紹介します。フィリピンには各地にローカルマーケットがありますが、バギオのマーケットにも、それらと共通する活気もありつつ、バギオに特徴的なお店もあって興味深いです。

シティマーケットの入口

　マーケットではさまざまな種類の生鮮食品が販売されており、売り子さんたちはそれぞれのお店の前に立って、通りすがりのお客さんに声をかけています。広い野菜コーナーの中にも多くの店があり、どこで買えば良いか迷うので、私はいつも声をかけてくれたお店で買うことにしています。生鮮食品の品質には注意する必要がありますが、立派な野菜がたくさん並んでいます。最近はいつも声をかけてくれて、「タガログ語上手だね〜！」と言ってくれるおばさんのお店で買うようにしています。

　バギオに来て、空港のお土産物屋さんで手に入る物よりも、もっとローカルなお土産がほしいという場合には、マーケットがお勧めです。おびただしい数のお土産が壁や天井にぶら下がっているお土産物コーナーは、歩いているだけでもテンションが上がります。有名なお土産は、コルディリエラ地方の伝統的な布織物や木彫りの置物、Good Shepherdという修道院で作られたウベ（紅山芋）ジャムなどです。

　古着を安くたくさん買いたいときにも、マーケットは最適です。古着がびっしり

多くの店が並ぶマーケットの内部

布織物が並ぶ店頭

木彫りの土産物が並ぶ店頭

40ペソで販売されている古着のズボン

並んだコーナーが野菜コーナーのすぐ横にあるのには驚きました。ズボン1枚40ペソ（2025年2月時点のレートで約100円）など、日本では考えられない値段設定も面白い点の1つで、状態もそれなりに良いものが多いです。

バギオを訪れた際には、ぜひシティーマーケットに足を運んでみてください。地域の人々の日々の暮らしぶりが分かるはずです。

次に、バギオのアートスポットを3つ紹介します。バギオはアートの街としても売り出されており、有名なアーティストがたくさん活躍している地域でもあります。

●イリ・リクハ・アーティスト・ビレッジ
（Ili-Likha Artists' Wateringhole）

iliはイロカノ語の「町」に当たる語で、likhaはタガログ語で「創造」を意味します。バギオ出身の映画監督・芸術家であるキドラット・タヒミック（Kidlat Tahimik）氏が設計したアートスペースです。中にはハンドメイドのアクセサリーやお土産を売るお店、イロカノ料理が食べられるカフェなどがあります。空間全体に木の根が張り巡らされたような独特な内装で、ジブリ映画のような世界観に没入できます。

イリ・リクハ・アーティスト・ビレッジの入口

私はピニクピカン（pinikpikan）というスープ料理をいただきました。コルディリエラ地域の料理で、細切れにした鶏を野菜と一緒に煮込んだスープだそうです。味付けはしょっぱめでおいしかったです。

ピニクピカンと野菜サラダ

● オー・マイ・グーライ（Oh My Gulay）

　こちらもキドラット・タヒミックがデザインしたレストランで、タガログ語で野菜を意味する gulay という言葉が入っている店名の通り、サラダやパスタ、オムレツ等、野菜を使った料理が提供されています。店内には先住民のラタン（籐）などで編まれたかごやアクセサリー、お米の守り神のブロル（bulol）などがたくさん飾られています。

オー・マイ・グーライの店内

キドラット・タヒミックの木彫りの肖像

籐などで編まれたかご

ブロルの像

● ベン・カブ美術館（BenCab Museum）

　フィリピン人アーティストである Benedicto Reyes Cabrera（通称 BenCab）が、バギオの町はずれに建てた美術館です。彼自身の作品の他、コルディリエラ地域の先住民の作品や、フィリピンの現代アートなどのコレクションが展示されています。見どころは、大小さまざまなブロルが所狭しと飾られた展示室です。日本庭園にも似た、きれいに手入れされた中庭もあり、鴨や鯉が泳ぐ池を眺めながら、ゆったりとした時間を過ごすことができます。

　コルディリエラ地域でアートを推進していくことには、若い世代がコルディリエラの伝統文化を身近に感じられるようにすることや、伝統工芸技術の保護、観光客の誘致といった点で意義があると考えます。

鴨や鯉が泳ぐ池

ブロルの展示室

　複数のアートスポットがあり、道路脇の壁や乗り合いジープもカラフルに彩られているので、視覚からでも楽しめる街だと普段から感じています。避暑地としてフィリピン中から多くの観光客が訪れますが、気候だけではないバギオの良さをアートによって引き出すことができていると思います。（写真はいずれも © 三見春菜）

我々の地方
Ditoy rehionmi

課のねらい / Gandat ti leksion

- kaniak 形の人称代名詞の特徴と使い方を理解し、正しく使うことができる。
- 場所・位置を示す指示詞や、よく用いられる語句の特徴と使い方を理解し、正しく使うことができる。
- 疑問詞 ayan の使い方を理解し、場所・位置を尋ねる疑問文を作ることができる。
- 時を表す語の特徴と使い方を理解し、正しく使うことができる。

会話 / Dialogo

7-1

> Bitla ti maysa nga estudiante maipanggep ti rehion ti Ilocos
>
> Naimbag nga aldaw kadakayo amin. Manipud itatta, kayatko ti agsarita maipanggep ti rehion ti Ilocos – iti makuna a Kailokuan.
> Adda uppat a probinsia ditoy rehionmi – Ilocos Norte, Ilocos Sur, La Union ken Pangasinan. Itatta, addatayo ditoy Ilocos Norte.
> Dita mapa, makitayo a dita amianan ket napalawlawan ti Lingat Luzon. Idiay laud met ti Baybay Laud Filipinas. Ditoy daya met makita ti Banbantay ti Cordillera.
> Ti Pangasinan ket nakadisso idiay abagatan ti rehion, isu ti makimbaba a probinsia dita mapa. Kaabayna ti Zambales, Tarlac ken Nueva Ecija. Dagitoy ti probinsia iti Tengnga ti Luzon.
> Kangrunaan a pagsapulan ditoy rehion ket agrikultura. Kas pagarigan, panagmumula ti bawang, tabako, mani ken dumaduma pay. Maammuan met ti rehion ti suka a basi, bugguong, ken produkto a naggapu ti karne ti baboy – kas pagarigan, bagnet ken longganisa. Asin, bangus ken mangga met ti kangrunaan a produkto idiay Pangasinan.

和訳 / Panangipatarus iti Hapones

イロコス地方についての学生のスピーチ

　皆さん、こんにちは。今から、イロコス地方、いわゆる「カイロクアン」についてお話ししたいと思います。

　ここ、我々の地方には、イロコス・ノルテ、イロコス・スル、ラ・ウニオン、パンガシナンという4つの州があります。今、我々はイロコス・ノルテ州にいます。

　その地図で、北部はルソン海峡に囲まれていることが見て取れます。一方、西部は西フィリピン海です。こちら東部の方にはコルディリエラ山脈が見られます。

　パンガシナン州は地方の南部にあり、地図で下の方の州です。サンバレス、タルラック、ヌエヴァ・エシハが隣接しています。これらは中部ルソン地方の州です。

　この地方の主な産業は農業です。例えば、ニンニク、タバコ、落花生などが栽培されています。この地方はサトウキビ酢、アンチョビソース、それに、豚肉加工品——例えば、バグネットやロンガニーサでも知られています。パンガシナン州の方の主な産物は、塩、虱目魚とマンゴーです。

ルソン島北部の第Ⅰ～第Ⅲ地方

語彙 / Bokabulario

bitlá	スピーチ	makímbaba	下の方、下側 <bába
maipanggép	〜について <panggép	kaábay	隣 <ábay
rehión	地方	tengngá	真ん中、中央
kadakayó	あなた方へ	kangrunáan	主な <ngrúna
manípud	〜から <sípud	pagsapúlan	生業、産業 <sápul
itattá	今	agrikultúra	農業
agsaríta	話す <saríta	kás	〜のような
makuná	いわゆる <kuná	kás pagárigan	例えば <árig
Kailokuán	カイロクアン <Ilóko （＝イロコス地方）	panagmumúla	栽培、植えること <múla
		báwang	ニンニク
probínsia	州	tabáko	タバコ
ditóy	ここ	maní	落花生
ditá	そこ	dúmadúma	様々な <dúma
mápa	地図	dúmadúma pay	〜など
makíta	見える <kíta（対象焦点）	maammuán	知られる <ammó
amiánan	北 <amián	suká a bási	サトウキビ酢
napalawláwan	囲まれている <lawláw	buggúong	アンチョビソース
lingát	海峡	prodúkto	商品、名物
idiáy	あそこ	naggapú	由来する <gapú
láud	西	karné ti báboy	豚肉
baybáy	海	bagnét	バグネット
dáya	東	longganísa	ロンガニーサ
banbantáy	山脈 <bantáy	asín	塩
nakadissó	位置している <dissó	bangús	虱目魚（サバヒー）
abagátan	南 <abágat		

文法 / Gramatika

7.1 人称代名詞（斜格）kaniak 形

　kaniak 形の人称代名詞は斜格の代名詞であり、人に対する方向を指したり、誰かのためにといった意味を示したりする。一般的な文型は「述部＋主部＋ kaniak 形」である。

kaniak 形の代名詞を人名に置き換える場合、名詞（句）の前に斜格の標識辞や指示詞を用いる。

人称	非複数		複数	
1人称	kaniak	私に	kadakami, kaniami	私たちに（排除形）
1、2人称	kadata, kaniata	私たち（あなたと私）に	kadatayo, kaniatayo	私たちに（包含形）
2人称	kenka, kaniam	あなたに	kadakayo, kaniayo	あなたたちに
3人称	kenkuana, kaniana	彼／彼女に	kadakuada, kaniada	彼ら／彼女らに

述部（品詞）		例文	
a）名詞	Tsokolate kaniak.		私にはチョコレートを（ください）。
b）代名詞	Nasingpet isuna kaniada.		彼女は彼らに親切です。
c）形容詞	Naimbag nga aldaw kadakayo amin.		皆さん、おはようございます。
	Dakkel ti pantalon kaniak.		私にはズボンが大きいです。
d）動詞	Itedko ti kuarta kaniayo madamdama.		私はあなたたちに後でお金を渡します。（第15課参照）
e）存在詞	Adda ti tulbek kaniana.		鍵は彼のところにあります。
f）その他	Kasta met kenka.		あなたの方もね。

7.2　位置を表す指示詞 ditoy「ここ」、dita「そこ」、idiay「あそこ」

　話し手または聞き手からの距離に基づいて位置を表す際には、ditoy、dita、idiay を用いる。文中で単独で用いられる場合もあり、行為が行われる場所や、主題が存在する場所を表す語に前置し、組み合わせて用いることもできる。

近称	ditoy	ここ
中称	dita	そこ
遠称	idiay	あそこ

ditoy、dita、idiay が用いられるのは、話し手にとって既知の場所や身近な場所についてである。そうではない場合には、ditoy、dita、idiay は用いられず、場所を示す名詞の前に iti が置かれる。文中で場所を表す語（句）は主題の後に置かれることが多い。

  a）Awan ti bakami dita?　　　　　　　私たちの牛はそこにいませんか？
  b）Adda uppat a probinsia ditoy rehionmi.　ここ我々の地方には4州あります。
  c）Mano ti pusa idiay sirok ti tugaw?　　椅子の下に猫が何匹いますか？
  d）Adu ti tukak idiay taltalon.　　　　田んぼに蛙がたくさんいます。

7.3　位置を表す語

kannigid 左

kannawan 右

sango 前

likod 後ろ

sikig 横

tengnga 真ん中

asideg 近くに   adayo 遠くに

ngato 上   baba 下

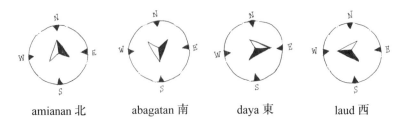

amianan 北   abagatan 南   daya 東   laud 西

7.4 疑問詞 ayan「どこ」

　ayan は物や人の場所や位置を尋ねる際に用いられる疑問詞で、ayanna の形で用いられることが一般的である。名詞（句）や -ko 形の人称代名詞を伴う場合には ayan の後に付加される。名詞（句）が用いられる場合、その前には主格の標識辞が置かれる。

　　a）Ayanmo?　　　　　　　　　　　君はどこにいるの？
　　　　- Addaak ditoy karayan.　　　　僕はここの川にいます。
　　b）Ayanna ti balay ni Kapitan Santos?　サントス村長の家はどこですか？
　　　　- Daydiay sango ti puraw a poste　彼の家は、あちら、白い柱の前にあり
　　　　　ti balayna.　　　　　　　　　ます。
　　c）Ayanna ti pitakam?　　　　　　　あなたの財布はどこにありますか？
　　　　- Adda iti（diay）uneg ti maleta.　スーツケースの中にあります。

7.5 時を表す語（句）

7.5.1 前、今、後

　「今」、「先ほど」、「以前の」といった時を表す語には次のようなものがあり、単独でも修飾語としても用いられるものと、修飾語としてのみ用いることができるものとがある。

		単独での使用	修飾語としての使用
itattay	先、先ほど	可	可
itay	先の、先ほどの	不可	可
idi	以前、前、昔	可	可
itatta	今、現在、今日	可	可
ita	今の、現在の	不可	可
inton(o)	次の、今後の	不可	可

itattay、itay は少し前のことを表し、idi はかなり前のことを表す。

時を表す表現は文末に置かれることが多いが、文中や文頭に置かれることもある。

　a） Sabado itatta nga aldaw.　　　　今日は土曜日です。

　b） Eksamenmi ita a lawas.　　　　今週は私たちの試験です。

　c） Itattay ti misa.　　　　　　　　ミサは少し前でした。

　d） Itay tengnga ti aldaw ket nagpudot.　正午はとても暑かったです。

　e） Napintas ti panawen idi kalman.　昨日は晴天でした。

　f） Adda isuna iti opisina itatta.　　今、彼は事務所にいます。

7.5.2　時を表す語（句）を組み合わせた表現

　より具体的な時を表すために、「今」、「先ほど」、「以前の」といった語と「朝」、「夜」、「年」といった語（句）を組み合わせて用いることもある。起点によって使い分ける必要があり、用いられるリンカーや表現方法も異なる。

　例えば bigat「朝」の場合、起点によって、次のように使い分けられる。

起点	例文	
itattay	Adda ti pulis dita itattay bigat.	今朝、そこに警察がいた。
itay	Adda ti pulis dita itay bigat.	（既に朝は終わっている場合）
idi	Adda ti pulis dita idi bigat ti Lunes.	月曜日の朝、そこに警察がいた。 （idi は特定の曜日や日付と組み合わせる）
itatta	Adda ti pulis dita itatta a bigat.	今朝、そこに警察がいた。
ita	Adda ti pulis dita ita a bigat.	（今はまだ朝の場合）
inton (o)	Adda ti pulis dita intono bigat.	明日の朝、そこに警察がいるだろう。

　rabii「夜」の場合には、起点によって、次のように使い分けられる。

起点	例文	
idi	Awanda idi rabii.	昨夜、彼らはいなかった。（itattay/itay rabii ではない。昨夜は比較的長い時間であるため、idi が用いられる。）
itatta	Awanda itatta a rabii.	今夜、彼らはいないだろう。
ita	Awanda ita a rabii.	（今が既に夜の場合）
inton (o)	Awanda intono rabii.	今夜、彼らはいないだろう。 （夜はこれからやってくる場合）

kalman「先日」は比較的遠い過去を表すため、用いることができるのは idi のみである。

Bassit ti estudiate diay eskuelaan idi kalman.　昨日、学校に学生が少なかった。

様々な時を表す語（句）の組み合わせ方、用いられるリンカー、表現方法は以下のとおりである。

1) segundo「秒」、minuto「分」

(1) itattay/itay/idi napalabas a[*1] segundo（minuto）　さっきの瞬間
(2) itattay/itay/idi napalabas a dua a minuto　2分前
(3) itatta/ita a segundo（minuto）　この瞬間
(4) intono/inton sumaruno nga[*2] uppat a（minuto）　4分後

2) oras「時間」

(1) itattay/itay/idi napalabas a maysa nga oras　1時間前
(2) itatta/ita nga oras　この時間
(3) intono/inton sumaruno nga innem nga oras　6時間後

3) parbangon「早朝」

(1) itattay/itay/idi parbangon　今日の早朝（既に早朝が終わった場合）
(2) itatta/ita a parbangon　今日の早朝（今が早朝の場合）
(3) intono/inton（sumaruno a）parbangon　明日の早朝／次の早朝

4) agsapa「朝の早い時間」

(1) itattay/itay/idi agsapa　今朝の早い時間（既に朝が終わった場合）
(2) itatta/ita nga agsapa　今朝（今が朝の場合）
(3) intono/inton agsapa　明日の朝の早い時間

5) bigat「朝」

(1) itattay/itay/idi bigat　今朝（既に朝が終わった場合）
(2) itatta/ita a bigat　今朝（今が朝の場合）
(3) intono/inton bigat　明日の朝

6) **tengnga ti aldaw**「正午／昼」/ **tengnga ti rabii**「真夜中」
  (1) itattay/itay/idi tengnga ti aldaw/rabii 今日の正午（既に正午が終わった場合）
  (2) itatta/ita tengnga ti aldaw/rabii 今日の正午（今が正午の場合）
  (3) intono/inton tengnga ti aldaw/rabii 今日の夜中（これからやってくる夜中）

7) **malem**「昼」
  (1) itattay/itay/idi malem 今日の昼（既に昼が終わった場合）
  (2) idi malem ti Lunes[*3] 月曜日の昼（今週の月曜日が終わっている場合）
  (3) itatta/ita a malem 今日の昼（今が昼の場合）
  (4) intono/inton malem 今日の昼（今が朝の場合）
  (5) intono/inton malem ti Biernes[*3] 次の金曜日の昼
  (6) intono/inton malem ti maikadua ti Enero[*3] 次の1月2日の昼

8) **rabii**「夜」
  (1) idi rabii[*4] 昨夜
  (2) itatta/ita a rabii 今夜（今が夜の場合）
  (3) intono/inton rabii 今夜（これからやってくる夜）

9) **aldaw**「日／日中」
  (1) itattay/itay aldaw さっきの日中（今が夜の場合）
  (2) idi maysa nga aldaw 昨日
  (3) itatta/ita nga aldaw 今日
  (4) intono/inton maysa nga aldaw 明後日

10) **kalman**「1 日前」
  (1) idi（maysa a）kalman 昨日

11) **lawas/dominggo**「週」
  (1) idi[*4] napalabas a tallo a lawas/dominggo 3週間前
  (2) itatta/ita a lawas 今週
  (3) intono/inton sumaruno/umay a[*2] dua a lawas 2週間後
  (4) intono/inton sumaruno a lawas 来週

12）**bulan**「月」

(1) idi[*4] maysa a bulan 先月
(2) idi napalabas a dua a bulan 2カ月前
(3) itatta/ita a bulan 今月
(4) intono/inton sumaruno a bulan 来月

13）**tawen**「年」

(1) idi[*4] maysa a tawen 去年
(2) idi napalabas a kagudua a tawen 半年前
(3) itatta/ita a tawen 今年
(4) intono/inton sumaruno a bulan 来年

[*1] napalabas nga/a「経過した〜」
[*2] sumaruno nga/a または umay nga/a「次の〜」「今度の〜」
[*3] (2)、(5)、(6) は 3)、4)、5)、6)、8) でも同じように用いることができる。
[*4] 期間が長い lawas/dominggo、bulan、tawen などには、itattay/itay より idi が用いられる。

練習問題

7-3 1. 以下のAの絵についての説明文(1)と(2)、Bの絵についての説明文(3)と(4)、Cの絵についての説明文(5)と(6)が読まれます。それぞれの絵の説明として正しければ○、正しくなければ×と答えなさい。

A

Lorna　　Ken　　Masing　　Flor

B

C

2．以下の各文の日本語を表す文になるように、空欄に ditoy, dita, idiay のいずれかを入れなさい。

(1) Addaka aya ＿＿＿＿＿＿？　　あなたはそこにいらっしゃいますか？
(2) Awan ＿＿＿＿＿＿ ti Paoay Church.　ここにパオワイ教会はありません。
(3) Nalamiis ti kuarto ＿＿＿＿＿＿．　あそこの部屋は涼しい。

3．以下の各文をイロカノ語に訳しなさい。

(1) 先月は暑かった。
(2) 今日の午後、彼らの間食はこれでした。
(3) 今夜、町は静かです。
(4) 先ほどここにモリンガはありませんでした。

4．本課のスピーチ文に関する以下の質問にイロカノ語で答えなさい。

(1) Mano ti probinsia ti rehion ti Ilocos?
(2) Ania dagiti probinsia ti rehion ti Ilocos?
(3) Ania ti probinsia a kaabay ti Zambales, Tarlac ken Nueva Ecija?
(4) Ania ti kangrunaan a pagsapulan iti Ilocos?
(5) Ania ti baybay iti abay ti Ilocos Norte?

カガヤン――私にとって大切な故郷の谷

Genesis Mariano Egipto

カガヤン・バレーへのイロカノ・ディアスポラ

　カガヤン州は、自分が成長した場所なので、私が故郷だと考える唯一の州です。私はイロカノ語を話し、イロカノ人に囲まれて育ちました。ハイスクール*に入ると、イタウェス（Itawes）の人たちに出会って友人になり、大学に入ると各地出身の多くの民族集団の学生と出会いました。これらの違いは、互いにより深い関係を築く妨げにはなりませんでしたが、自分の祖先はどこから来たのだろうという問いは長い間私を悩ませています。

　私の曽祖父はイロコス・ノルテ州出身の牧師で、1900年代初頭にカガヤン州に研修の一環として派遣されたということを最近知りました。彼はそこで私の曽祖母と出会い、永久にとどまることを決めました。しかし、私の曽祖父の話はカガヤン州へ移住したイロカノ人たちの話とはかなり異なります。1900年代初頭のイロカノ人の大半は、家族により良い生活を提供できるように、より広い耕作地を見つける、という経済的理由から移住しました。イタウェス（Itawes）とイバナグ（Ibanag）の人びとはカガヤンの先住民で、これらの先住民たちが親切で寛大に受け入れてくれたおかげで、イロカノ人たちは制限されることなく土地を手に入れ耕すことができたのです（Tamayao, 2009）。現在、カガヤン州のイロカノ人たちは、これらの民族集団の人口を既に上回り、人口の半数以上を占めると言われています。

　しかし、言語や民族集団にかかわらず、カガヤン州は常に、先住民やイロカノの移住者たちの温かさ、寛大さ、思いやり、順応性で1つになってきましたし、これからもそうであるでしょう。

トゥゲガラオ市――フィリピンで最も暑い町

　"Nakapudpudut manin, agipapudut kayuman ti danum ta agkape tayu. （また暑すぎるので、コーヒーを飲むためにお湯を沸かしてください）" 夏の暑さが頂点に達すると父がよく頼むことです。彼らは暑さには暑さをもって立ち向かいなさいと言い、それはカガヤン州の人びと（Cagayanos）が暑い気候に対処する一般的な方法でもあります。しかし、暖かい気候は世界で最も温かい人々を、そしてその地域で最も美味しいパンシットをもたらしています。

　イロカノ人の父はルーティーンの人です。毎週日曜日、父の好みの料理はいつも、カガヤン州の州都トゥゲガラオ市のご馳走である、パンシット・バティル・パトゥン（pansit batil patung）です。パンシットを提供する店を指すパンシテリア（panciteria）やパンシタン（pansitan）は町の至る所に見られます。どのような立場の人たちもこの代表的な料理が大好きです。水牛の肉、ソーセージ、野菜、ポーチドエッグといっ

た典型的な材料はすべて「ミキ（miki）」と呼ばれる麺の上に盛り付けられます。しかし何故パンシット・バティル・パトゥンと呼ばれるのでしょうか？パンシットは麺を指し、バティルは添えられているスープに注がれている泡立てられた卵、そしてパトゥンは麺の上に乗せられたポーチドエッグのことです。父は新鮮なみじん切りのタマネギ、カラマンシーの絞り汁、赤唐辛子が入った醤油をかけて食べるのが大好きです。パンシット・バティル・パトゥンの早食い競争が毎年パブルルン・アフィ祭の間に開催されます。

パブルルン・アフィ祭……イバナグでは、パブルルンは「連帯感」、アフィは「火」を意味します。このイベントは普段、8月第2週か第3週の間に1週間にわたって開催されるお祝いです。私が大学生だった時、この大きなイベントに備えて、私たちの大学はストリートダンスコンテストへの参加が課されました。実を言うと、祭りに向けて準備することは大変な努力と多くの犠牲を伴いましたが、成長し、自分の文化とのつながりを強め、自分の伝統へのより強い誇りを養うことに役立つ、やりがいのある経験でした。そう、祭りの間にマーク・ローガン（バギオ出身でジャーナリストとして活躍する有名人）にも会えたので、焼け焦げそうな暑さの下での様々な犠牲は間違いなくそれだけの価値がありました。

パンシット・バティル・パトゥン
© Cagayan's Valley Best Panciteria

パブルルン・アフィ祭 © Pegz Padernal

カガヤン川

　毎年夏に私と母は祖父母の故郷を訪れます。カガヤン川を渡る時にはいつも恐ろしいと感じます。交通手段は小さな船（bangka）だけで、川の小さな波で簡単に揺れるからです。私の不安を和らげるため、母はいつも、通学のために川を渡ったり、カワボラ（ludong）を獲ったり、川のそばで暮らしていた時に甚大な洪水を経験したりした、子どもの頃の話をしてくれました。そう、500km以上にわたって流れるカガヤン川はフィリピンで最も長く最も流域面積が大きい川です。

　スペイン植民地であった時代、アパリ（Aparri）から流れ出すカガヤン川はガレオン貿易の重要な港でした。当初カガヤン川はマニラへの主要な輸送手段としての役割を果たしました。現在はカガヤン・バレーの命の源であり、米、トウモロコシ、バナナ、ココナッツ、柑橘類、タバコを生産する近隣の肥沃な地帯へ水を供給しています（Castaneda, 2020）。

　私の母のカワボラを獲る話にはいつも魅了させられます。「大統領の魚」として知ら

れる淡水魚のカワボラはカガヤン川の源流が原産です。この魚は一生のほとんどを淡水で送り、繁殖のために海へ出ます。フィリピンで最も高価な魚で、一般的にキロ当たり 4,000 〜 6,000 ペソで販売されます（Viray, 2019）。カガヤン州で育った者として、この珍しく高価な魚を私は一度も見たことも食べたこともないというのは皮肉なことです。

カガヤンの賛歌

　フィリピン国歌の後にカガヤンの賛歌を歌うことは、今となっては遠い記憶ですが、賛歌のメッセージは今でも私の中で深く響いています。

Cagayan, my valley home is dear to me,	カガヤン、私にとって大切な故郷の谷
Though from her my footsteps far stray,	私の歩みが遠く彼女から逸れていても
Over mountains, plains, beyond the deep blue sea,	山脈、平原、深く青い海を越え
I shall love her ever be where'er I may.	私はどこにいても彼女のことを愛するでしょう

　故郷を懐かしく思う時はいつも、最初の一連をいつも口ずさむのですが、思い出して大切にしてくれるのを待っていたかのように、子どもの頃や若い時の思い出が駆け巡ります。この歌は子どもの頃の異なる感情や思い出、慣れ親しんでいた生活、味わっていた、そしていつも渇望する食べ物、祖先を歓迎してくれた場所を呼び起こしました。

（原文 英語、翻訳 矢元貴美）

＊フィリピンの中等教育は、2013 年に教育課程が改正されるまでは、4 年間のハイスクールのみでした。現在は、中等教育前期 4 年のジュニア・ハイスクールと後期 2 年のシニア・ハイスクールの合計 6 年間です。

参考文献

Castañeda, F. F. (2020). *The mighty Cagayan river*. Aparri Schools of Arts and Trades. https://asat- edu.com/index.php/2021/01/18/1570/#:〜:text=Historically%2C%20the%20Cagayan%20River%20served,thoroughfare%20of%20transportation%20to%20Manila

Tamayao, A. I. (2009). Ilocano diaspora to Cagayan: A historical account and framework for understanding Ilocano inter-provincial mobility. *Philippine Population Review*, *8*(1), 73-88. https://pssc.org.ph/wp-content/pssc-archives/Philippine%20Population%20Review/2009/09_Ilocano%20Diaspora%20to%20Cagayan.pdf

Viray, J. M. (2019, May 24). *The Cagayan river*. The Maritime Review: The Online Edition of the Maritime League's Maritime Review Magazine. https://maritimereview.ph/the-cagayan-river/

Yaw i Tuguegarao. (n.d.). *Pavvurulun Afi Festival*. https://tuguegaraoyaw.wordpress.com/afi-festival/

特徴的な野菜と果物

カボチャの花
(sabong ti karabasa)

バナナの花
(sabunganay)

シロゴチョウ
(katuday)
© Natividad C. Calpatura

キンキジュ
(damortis)
© Julienne C. Calpatura

ホコテ
(sarguelas)
© Mark O. Almazan

ラタンの実
(littuko)
© Carmelo T. Castillo

イロカノ人は倹約家だそうです。
Nasalimetmet kano ti Ilokano.

課のねらい / Gandat ti leksion

- 形容詞の比較級と最上級、強意表現の特徴と使い方を理解し、正しく使うことができる。
- 疑問詞の apay、接続詞の wenno や gapu ta を正しく使うことができる。
- 副詞の kasla、前置詞 para を正しく使うことができる。

会話 / Dialogo

8-1

Agdengdengeg: Nakaskasdaaw ti bitlayo ading. Ti saludsodko ket kadaytoy mapa, ania ti kaadayuan nga ili iti amianan?

Estudiante: Ti kaadayuan nga ili ket Pagudpud, Ilocos Norte. Napintas ti baybay idiay kasla a Boracay.

Agdengdengeg: Para kaniayo, ania ti napinpintas nga ili, Laoag wenno Vigan? Ken apay?

Estudiante: Para kaniak ket napinpintas ti Vigan ngem ti Laoag. Gapu ta kaykaytko ti dadaan nga arkitekto. Adu a balbalay idiay manipud pay idi panawen ti Kastila.

Agdengdengeg: Kadagidiay produkto a makan kadagitoy probinsia ti rehion, ania ti kaimasan?

Estudiante: Siempre, ti sikat nga empanada ti Ilocos Norte ti kaimasan para kaniak.

Agdengdengeg: Nasalimetmet kano ti Ilokano? Agpayso?

Estudiante: Depende ti tao. Adda gayyemko a naggastar unay ken nagngingina ti arwatenna.

和訳 / Panangipatarus iti Hapones

聴講者： あなたのスピーチはすばらしかったです。私の質問は、ここの地図では、北に一番遠い町は何という町ですか？
学生： 一番遠い町はイロコス・ノルテ州のパグッドプッドです。あそこの海はきれいで、ボラカイ島みたいです。
聴講者： あなたにとって、ラワグかビガンのどちらの方が美しい町ですか？そして、なぜですか？
学生： 私にとってビガンの方がラワグよりも美しいと思います。なぜなら、古い建築が大好きだからです。そこにはスペイン期からの家がたくさんあります。
聴講者： これらの州の物産の中で、一番おいしいのは何ですか？
学生： もちろん、私にとって、一番おいしいのはイロコス・ノルテ州で有名なエンパナダです。
聴講者： イロカノ人はとても倹約家だそうです。本当ですか？
学生： 人によります。私には大変贅沢な友人がいて、彼女が持っている物はとても高価なものです。

語彙 / Bokabulario

8-2

agdengdengég	聴講者、聴衆 <dengngég	Kastíla	スペインの、カスティリヤの
nakaskasdáaw	素晴らしい <siddáaw	kadagidiáy	あれらに、あれらの中で
saludsód	質問	makán	食べ物 <kaán
kadaytóy	これに、この中で	kadagitóy	これらに、これらの中で
kaadáyuan	最も遠い <adayó	kaimásan	最もおいしい <ímas
íli	町	siémpre	もちろん
Pagudpúd	パグッドプッド（地名）	sikát	有名な
Borácay	ボラカイ島	empanáda	エンパナダ（料理名）
pára	～にとって、のために	nasalimétmét	倹約家の、ケチな <salimetmét
napinpintás	napintás の優勢比較級	kanó	～だそうだ、～と言われる
wennó	または、～か～	agpáyso	本当に <paysó
gapú tá	なぜなら	depénde	～次第、～による
kaykayát	大好き <kayát	naggastár	とても贅沢な <gastár
dadáan	古い（複数形）<dáan	únay	とても、大変
arkitékto	建築	nangngingína	とても高い <ngína
balbaláy	家（baláy の複数形）	arwáten	所有物、備品 <arwát
panawén	時代、天気		

文法 / Gramatika

8.1 比較級形容詞

　比較級形容詞とは、2つの物や2人の人などを比べて「より～だ」と表す場合に用いる形容詞の形であり、もとの形容詞の語根の語頭の音節を重複させて作る。

8.1.1 単純形容詞

　接辞を伴わない単純形容詞の場合、語頭の CVC 音節を繰り返して語根の前につける。

　　a）dakkel「大きい」　　dakdakkel
　　b）atiddog「長い」　　atatiddog
　　c）daan「古い」　　　dadaan

8.1.2 NA- 形容詞

　NA- 形容詞の場合、接頭辞 NA- を外した語根の語頭の CVC 音節を、NA- と語根の間に繰り返す。

　　a）napudot「暑い」　　　　　　　　　　napudpudot
　　b）naungit「厳しい／怒りっぽい」　　　naungungit
　　c）nalaing「賢い／上手な／素晴らしい」　nalalaing

　比較級形容詞を用いた文型は「比較級形容詞＋主題＋ ngem ＋比較対象」である。主題や比較対象には名詞句や代名詞が用いられる。

　　a）Dakdakkel ti balayna ngem kadatayo.　　彼の家は私たちのよりも大きいです。
　　b）Atatiddog daytoy a longganisa ngem ti　　このロンガニーサはビガンのロンガ
　　　　longganisa ti Vigan.　　　　　　　　　ニーサより長いです。
　　c）Napinpintas ti Kyoto ngem ti Tokyo.　　京都は東京より美しいです。
　　d）Naungungit ni Ma'am Goto ngem ni　　後藤先生は渡辺先生より厳しいです。
　　　　Sir Watanabe.
　　e）Napudpudawak bassit ngem sika.*　　　私はあなたより少し肌が白いです。

*肌の色が「白い」、「浅黒い」という表現は、イロカノの人びとがよく用いる表現である。身体的な特徴に関する表現の使用には注意が必要であるが、それとともに、これらの表現のニュアンスが必ずしも日本語におけるニュアンスと一致していないこと、また、「白い」ということだけに価値が置かれているわけではないことにも留意が必要である。

8.2　同等比較

　2つの物や2人の人を比べて程度が同じであることを表したい場合には同等比較を用いる。同等比較で用いられる接辞はAGKA-であり、それぞれ単純形容詞またはNA-形容詞の語根につける。

a）duyaw「黄色い」　　agkaduyaw
b）nalawa「広い」　　agkalawa
c）naimas「おいしい」　agkaimas
d）napintas「美しい」　agkapintas
e）rupa「顔／見た目」　agkarupa

　AGKA-は比較される2つの物や2人の人の両方をまとめて主題として表すため、主題は複数である。

a）Agkalawa ti taltalon ni Rudy ken ni George. ルディの田んぼとジョージのは同じくらい広いです。

b）Agkaimas dagitoy makan. これらの食べ物は同じくらいおいしいです。

c）Agkarupa ni Marian ken ni Kristine. クリスティンとマリアンは同じくらい美しいです。

d）Agkaduyaw ti sapatosda. 彼女らの靴は同じくらい黄色いです。

8.3　最上級形容詞

　最上級形容詞は、3つ以上または3人以上の物や人を比べ、その中で「最も〜」「一番〜」な物や人を表す際に用いられる。最上級形容詞は、単純形容詞の場合もNA-形容詞の場合も、語根に接辞のKA-ANをつけて作る。

　　a）asideg「近い」　　　　　kaasidegan
　　b）nagagit「真面目な」　　　kagagitan
　　c）nalukmeg「太っている」　kalukmegan
　　d）nangisit「黒い」　　　　kangisitan

　最上級形容詞を用いた文型は「述部＋ti＋最上級形容詞（＋場所やグループ）」である。場所やグループには名詞句や代名詞が用いられ、人称代名詞の場合には一般的に斜格が用いられる。

　　a）Siak ti kangisitan kadakami.*　私たちの中で一番肌が黒いのは私です。
　　b）Daytoy ti kalukmegan nga uken.　一番太っている子犬はこれです。
　　c）Ania ti kaasidegan a mall ditoy?　ここに一番近いショッピングモールは何ですか？
　　d）Sinno ti kagagitan?　一番真面目なのは誰ですか？
　　　　*8.1の説明を参照のこと。

8.4　形容詞の強意表現

　主題の性質等を強調するために、形容詞の程度をより強めて表現する方法には複数ある。

8.4.1　Unay「とても」、「大変」

　形容詞の後にunayを置くことで形容詞の程度を強めることができる。

　　a）Dakkel unay ti balayda.　彼らの家はとても大きいです。
　　b）Nalamiis unay idiay Hokkaido.　北海道はとても寒いです。
　　c）Nasingpet unay ni Kenichi.　兼一さんはとてもやさしいです。
　　d）Narigat unay ti sao ti Hapones.　日本語はとても難しいです。

116

unay を用いた文を否定文にすると、形容詞の程度を緩和することができ、「あまり〜ではない」「それほど〜ではない」という意味になる。文型は「Saan（＋リンカー nga）＋ unay ＋リンカー（nga/a）＋形容詞＋主題」である。

a）Saan unay a napigsa ti signal.　　電波はあまり強くありません。
b）Saan unay a nalaka ti krudo.　　石油はあまり安くありません。
c）Saan unay nga atiddog ti rangtay.　　橋はあまり長くありません。

8.4.2　接頭辞 NAG-

単純形容詞または NA- 形容詞の語根に接頭辞 NAG- をつけることにより、形容詞の程度を強めることができる。

a）Nagrugit manen ti lamisaan.　　テーブルはまたなんと汚いことだ。
b）Nagangot ti bugguong.　　アンチョビの塩辛はなんて臭いんだ。
c）Nagbaknangka gayam.　　君はとてもお金持ちですね。
d）Nagtagari isuna.　　彼はとてもうるさい。

形容詞が修飾する名詞句が複数である場合、NAG- をつけた形容詞の語根の語頭の CV 音節を繰り返し、形容詞も複数形にする。

a）Ayanna dagiti nagdadakkel a lames?　　とても大きな魚はどこにいますか？
b）Adda dagiti nagbabassit a kamatisna.　　彼はとても小さなトマトを持っています。
c）Gagayyemko dagiti nagtatayag nga atleta.　　大変背が高い選手たちは私の友だちです。

8.4.3　接頭辞 NAKA- ＋ CVC 音節の重複

接頭辞 NAKA- をつけ、語根の頭の CVC 音節を繰り返すことによっても、形容詞の程度を強めることができる。

a）Nakabasbassit daytoy a mula. Bonsai daytoy?　　この植物はとても小さいな。これは盆栽ですか？
b）Nakaimimas ti empanada iti Batac.　　バタックのエンパナダはとてもおいしいです。
c）Nakatagtagarika!　　君はうるさすぎる！
d）Nakakatkatawa ti pabuya idi rabii.　　昨夜の番組はとても面白かったです。

8.5 接続詞 wenno「〜か〜」、「〜または〜」、「〜もしくは〜」

wenno は、語と語・句と句・節と節などをつなぎ、「〜か〜」、「〜または〜」、「〜もしくは〜」という意味を表す等位接続詞である。

8.5.1 選択肢を示す場合

a）Ania ti kayatmo, daytoy wenno dayta?　これかそれ、どちらが好きですか？

b）Siak wenno ni Auring ti mapan iti buniag ni Harry.　ハリーの洗礼式に行くのは私かアウリングさんです。

c）Agbiag wenno matay, daydiay ti saludsod.　生きるか死ぬか、それが問題だ。

d）Ania ti dakdakkel, ti Filipinas wenno ti Hapon?　フィリピンか日本か、どちらの方が大きいですか？

e）Ania a baybay ti asasideg ditoy, ti Pagudpod wenno ti San Juan?　パグッドプッドかサン・ホアンか、どちらのビーチの方がここに近いですか？

f）Sinno ti nagaggagit, ni Catriona wenno ni Pia?　カトリオナさんかピアさんかどちらの方が真面目ですか？

8.5.2 wenno saan「〜か否か」

肯定文では、文末に wenno saan を付加すると「〜か否か」という意味を加えることができる。存在・所有の文では、adda の文の場合には wenno awan、awan の文の場合には wenno adda を付加すると「〜か否か」という意味となる。

a）Diak ammo no pasado ni Ken wenno saan?　ケンさんが合格かどうか知りませんか？

b）Agpabakunaka wenno saan?　予防接種を受けるか受けないか？

c）Adda ngata ti agasna dayta wenno awan?　そこに薬があるかないか、どうだろう。

8.6 疑問詞 apay「なぜ」、「どうして」

理由や原因などを尋ねる場合には apay という疑問詞が用いられる。理由や原因を尋ねる疑問文に対しては、gapu ta（8.7 参照）などを用いて返答する。

a）Apay napinpintas ti Vigan ngem ti Laoag? なぜビガンはラワグよりも美しいのですか？

b）Apay adu ti tao ditoy? なぜここに人が多いのですか？

c）Apay nakangisngisit ti uging? なぜ炭はとても黒いのですか？

8.7 接続詞 gapu ta「なぜなら」、「というのは〜だから」

gapu ta または ta は原因・理由を示す従属接続詞であり、従属節を導く。

a）Katayagan ni Anne gapu ta natayag met ti nanangna. お母さんも背が高いので、アンさんは一番背が高いのです。

b）Nagbaknang isuna gapu ta nagaget isuna. 彼は働き者なので、大変裕福です。

c）Napudot unay ti Tuguegarao ta panawen ti tikag manen. また乾季なので、トゥゲガラオはとても暑いです。

8.8 副詞 kasla「〜のようだ」、「〜のように見える」

kasla は「〜のようだ」「〜のように見える」を表す副詞であり、リンカー（nga/a）を伴って、表したい事柄の前に置いて用いる。口語ではリンカーが省略されることもある。

a）Kaslaka nga ubing. 君は子どもっぽい。

b）Nalaing ni Pedro kasla a ni manongna. ペドロさんは彼のお兄さんのように賢いです。

c）Ania met dayta badom, kasla a panturog. そのあなたの服は何なの、寝まきみたい。

d）Apay kasla nga agsangsangitka? 君はなぜ泣いているようなのですか？（動詞は第 11 課以降参照）

8.9 前置詞 para「〜にとって」、「〜のために」

para はスペイン語からの借用語で、「〜にとって」、「〜のため」を表す前置詞である。人称代名詞を置く場合には斜格の kaniak 形を用い、名詞句の場合にも斜格の標識辞を伴う。

a）Para kaniak, napinpintas ti Vigan ngem　私にとって、ラワグよりビガンの
ti Laoag.　方が美しいです。

b）Adda saludsodko para kenni Hiroshi.　私は博さんに対して質問がある。

c）Para ti tattao ti probinsia daytoy a baybay.　この海は州の人々のためのものである。

8.10 意向や事情を表す表現 depende「〜による」、「〜次第である」

depende はスペイン語の動詞からの借用語であり、人の意向や物事の事情を表す。人称代名詞を置く場合には斜格の kaniak 形を用い、名詞句の場合にも斜格の標識辞を伴う。

a）Depende ti tao ti kaimasan nga　最もおいしいエンパナダとは人によって違う。
empanada.

b）Depende kaniam ti makan.　食べ物はあなた次第です。

c）Depende kadaytoy panawen no　私たちがボラカイに行くかどうかは天候次第だ。
mapanta ti Boracay.

練習問題

1. (1)〜(5)でそれぞれA〜Cの説明文が読まれます。以下の絵に描かれている人物の説明として適切なものをA〜Cから1つずつ選びなさい。

8-3

2. 以下の各文をイロカノ語に訳しなさい。
   (1) 彼らの中で一番賢いのはピアです。
   (2) ここに一番近い市場はあれです。
   (3) フィリピンで一番きれいな町は何ですか？
   (4) どちらの方がより厳しいですか？ イスコさん？ それともあなた？
   (5) このニガウリはあまり苦くありませんでした。
   (6) 明日は大変暑いみたいです。

3. 以下の各文を日本語に訳しなさい。
   (1) Depende kadakayo ti pangaldawtayo.
   (2) Para kenni Joy dagita a longganisa.

⑶ Kasla nga Ilokano isuna.

⑷ Nakaimimas dagiti bawangmi.

⑸ Napintas ti rupana, kasla a ni Angel.

⑹ Narigat aya ti Ilokano para kaniam?

4．本課の会話文に関する以下の質問にイロカノ語で答えなさい。

⑴ Ania ti kaadayuan nga ili iti amianan ti Ilocos Norte?

⑵ Kasla nga ania a baybay ti Pagudpod?

⑶ Apay napinpintas ti Vigan ngem ti Laoag para iti estudiante?

⑷ Ania ti kaimasan a makan para ti estudiante?

⑸ Ania kano ti ugali dagiti Ilokano?

COLUMN 5

フィリピン文化の語りを見つめ直す
――「イロカノ文化」と「イゴロット文化」

米野みちよ

　フィリピン北部の町村を 60 以上訪ねて調査してきた結果、低地と高地の文化にし
ばしば親密な関係を見出してきた。F. キーシング（Keesing）による『北部ルソンの
エスノ・ヒストリー』（1962）という古典的大著は、川ごとに上流域と下流域を結ん
だ文化圏の形成を論じていて、一番腑に落ちる文献である。北部の高地のいわゆるイ
ゴロット（Igorot）の先住民文化を、低地イロカノの低地キリスト教文化とは全く異
質なものとして区別する眼差しと語り口は、フィリピンでは一般的であるが、それは、
アメリカ期の植民政府が、高地を集中的に管理する大義名分づくりに用い、そして独
立後のフィリピン政府が、国家建設の際に規範化してきたものである。

　高地のサガダ（Sagada）行政区のある集落は、17 世紀ごろイロカノ語圏の西岸部
の街カンドン（Candon）からアブラ（Abra）川を伝って山地に移り住んだ人が開拓
した、と伝えられている。その地域の儀礼の多くは彼が伝えたらしい。また、サガダ
の方言には親族の呼称をはじめイロカノ語の語彙が多く含まれている。サガダやその
周辺の高地の人々は、20 世紀半ばごろまではカンドンとのゆるい血縁地縁関係を持ち
続けて、通婚や移住が行われ、冠婚葬祭の際に訪ねあったりしていた。

　色鮮やかな「ピナグパガン（pinagpagan）」紋様を織り込んだサガダ地方の正装用
の巻スカートが、マニラの博物館でイロコス地方のものとして展示されていたことが
ある。川の上流と下流での交流の証として興味深い。アメリカ人民族音楽学者 R. ガ
ーフィアス（Garfias）が 1960 年代に記録したイロコス地方の踊り「パンダンゴ
（pandanggo）」の映像は、サガダの、「タキック（takik）」と呼ばれるゴング・リズ
ムに伴う踊りとの関連を裏付ける。共に男女がペアで踊るが、肘を L 字型に曲げて両
手を上げる所作や、二人が向き合いつつも近づいては離れていく動線など、共通点が
多い。しかし、低地と高地の文化を「全く異なるもの」とみなす思考に慣らされてし
まうと、この共通点を見逃してしまう。高地―低地文化の語りにパラダイムシフトが
必要である。

参考資料

Keesing, F. M. (1962). *The ethnohistory of northern Luzon*. Stanford University Press.

朝食は何時ですか？
Ania nga oras ti pammigat?

課のねらい / Gandat ti leksion

- スペイン語起源の数の表し方を知る。
- 時刻、日付、頻度の尋ね方と伝え方を知る。
- 間投詞の特徴や意味を理解する。

会話 / Dialogo

9-1

Linda:	Masapatayo intono bigat, aya?
Naomi:	Wen, ma'am Linda. Alas-5 ti agsapa ti panagriing. Umay ti lugantayo ti alas-5:30 ken mapantayo a dagus.
Linda:	Ania nga oras ti pammigat?
Naomi:	Ti pammigattayo ket manipud ti alas-6:30 aginggana ti alas-7.
Linda:	Adda balontayon?
Naomi:	Wen ma'am, naisagana itattayen.

Linda:	Kaano ti panagsangpet idiay guest house?
Naomi:	Siguro sakbay ti tengnga ti aldaw malpas ti pangaldaw.
Linda:	Napaot a biahe aya? Ania ti petsa ken aldaw itatta, maika-12 ti Marso, Martes?
Naomi:	Saan ma'am, idi kalman ti a-12. A-13 ken Huebes itatta nga aldaw.
Linda:	Ayna, agkabawakon. Adda ti mitingko intono madamdama.

和訳 / Panangipatarus iti Hapones

リンダ：	明日、私たちは早いんでしたっけ？
尚美：	はい、リンダ先生。起床は朝5時です。迎えの車が5時半に着き、私たちはすぐに行きます。
リンダ：	朝食は何時ですか？
尚美：	朝食は6時半から7時までです。
リンダ：	お弁当はもうありますか？
尚美：	はい、先ほど既に準備できました。
リンダ：	ゲストハウスへの到着はいつですか？
尚美：	おそらく正午前、昼食の後だと思います。
リンダ：	長旅ですね。今日は何日？ 3月12日火曜日ですか？
尚美：	いいえ、先生。12日は昨日です。今日は13日で木曜日です。
リンダ：	あら、大変。忘れっぽくなったわ。後でミーティングがあるの。

語彙 / Bokabulario

masápa	早い、早期	agingána	〜まで
ayá	〜かしら、〜でしたっけ？（小辞）	bálon	弁当
alá/alás	〜時	naisagána	準備した <sagána（対象焦点、可能形、完了相）
panagriíng	起床 <riíng		
panág-	動名詞を表す接辞（第20課）	kaanó	いつ
umáy	来る <áy	panagsangpét	到着 <sangpét
lúgan	送迎車、ハイヤー	guest house	ゲストハウス［英語］
mapán	行く <pán	sigúro	おそらく
dágus	すぐ	sakbáy	〜（時間）の前に
óras	時間	malpás	終わる <leppás
manípud	〜から <sípud	pangaldáw	昼食 <aldáw
pammigát	朝食 <bigát	napáot	長時間の、長く続く <páot

biáhe	旅	ayná	あらら、まあ（間投詞）
pétsa	日付	agkábaw	忘れっぽい <kábaw
Márso	3月	míting	会議
Martés	火曜日	intonó	次の、今後の
Huébes	木曜日	madamdamá	後で、後ほど

文法 / Gramatika

9.1　スペイン語起源の数

時刻やお金や年齢を表す際にはスペイン語起源の数詞もよく用いられる。

1	uno	14	katorse	70	setenta
2	dos	15	kinse	80	otsenta
3	tres	16	disisais	90	nobenta
4	kuatro	17	disisiete	100	sien, siento
5	singko	18	disiotso	200	dos sientos
6	sais	19	disinuebe	300	tres sientos
7	siete	20	bainte	400	kuatro sientos
8	otso	21	bainte uno	500	kinientos
9	nuebe	22	bainte dos	600	sais sientos
10	dies	30	trainta	700	siete sientos
11	onse	40	kuarenta	800	otso sientos
12	dose	50	singkuenta	900	nuebe sientos
13	trese	60	sisenta	1,000	mil

9.2　時刻の尋ね方と伝え方

　時刻を尋ねる際には、Ania nga oras「何時」という表現を用いる。時刻を伝える際には主にスペイン語起源の数詞や表現を用いる。スペイン語起源の表現を用いるため、1時は単数で ala、2時以降は複数で s が付加され alas となる。1 は uno であるが、スペイン語で時間は女性名詞であるため、数詞の uno も性数一致の影響を受けて女性形 una となる。分を表す際には、1 ～ 59 の数をそのまま用いるこ

ともできるが、一般的に、15分は kuarto（四分の一）、30分は media（二分の一）で表される。時間の範囲は manipud「～から」と aginggana/inggana「～まで」を用いて表すことができる。

時	1時	ala una	1時は ala una、1時以外は alas ＋数
	2～12時	alas dos ～ alas dose	
分	15分	kuarto または kinse	
	30分	media または trainta	
	31分	traintay uno	
	45分	kuarentay singko	
	59分	singkuentay nuebe	

a) Ania nga oras ti trabahom? あなたの仕事は何時ですか？
- Manipud ti alas otso ti agasapa inggana 朝8時から夕方5時までです。
(aginggana) ti alas singko ti malem.

b) Ania nga oras ti tren? 電車は何時ですか？
- Ala una traintay tres ti tren. 1時33分です。

c) Ania nga oras ti panagrugi ti miting? 会議の開始は何時ですか？
- Eksakto alas dos ti malem. ぴったり午後2時です。

(9.3)　日付の尋ね方と伝え方

　日付を尋ねる際には Ania ti petsa という表現を、曜日を尋ねる際には、Ania nga aldaw/bulan/tawen という表現を用いる。曜日や月の名前にはスペイン語起源の名詞を用いる。日付を伝える際には、Maika- ＋イロカノ語／スペイン語の数＋ ti ＋月の名前、または A- ＋スペイン語の数＋ ti ＋月の名前で表す。

Bulan ti tawen　　月

Enero	1月	Hulio	7月
Pebrero	2月	Agosto	8月
Marso	3月	Septiembre	9月
Abril	4月	Oktubre	10月
Mayo	5月	Nobiembre	11月
Hunio	6月	Disiembre	12月

Nagan ti aldaw	曜日
Dominggo	日曜日
Lunes	月曜日
Martes	火曜日
Mierkoles	水曜日
Huebes	木曜日
Biernes	金曜日
Sabado	土曜日

a) Ania ti petsa itatta nga aldaw? 今日は何月何日ですか？
　 - Maikamaysa ti Abril. 4 月 1 日です。
b) Ania ti petsa ken aldaw agrugi ti あなた方の長期休暇は何月何日の何
　 attidog a bakasionyo? 曜日に始まりますか？
　 - Intono a-28（bainte otso）ti 12 月 28 日、水曜日です。
　 Disiembre, Mierkoles.
c) Ania a bulanka immay iti Nagoya? 名古屋に何月に来ましたか？
　 - Idi Marso. 3 月でした。

*b) と c) のように日付などを表す場合、idi や inton(o)と組み合わせることも可能である。

(9.4)　疑問詞 kaano「いつ」

　時刻や日付といった限定的な時ではなく、広く「いつ」と尋ねたい場合には
kaano を用いる。kaano で尋ねられた場合には、ある時点を答える以外に、頻度を
答えることもある。「〜年」を表すには、日付や月の後に tawen ti 〜を加える。

a) Kaano diay fiesta? お祭りはいつでしたか？
　 - Idi Abril 13. 4 月 13 日でした。
b) Kaano ti panagkasangay ホセ・リサールの誕生日はいつですか？
　 ni Jose Rizal?
　 - Maika-19 ti Hunio, tawen ti 1861. 1861 年 6 月 19 日です。
c) Kaano ti panagsangpetda ditoy? 彼らのここへの到着はいつですか？
　 - Intono bigat. 明日です。
d) Kaano ti Olympics? オリンピックはいつですか？
　 - Kada uppat a tawen. 4 年ごとです。

9.5 頻度の表現 kada「〜ごと」、「毎〜」、「〜おきに」

特に口語では、kaano を用いた疑問文に対して頻度を答えることがあるが、頻度についてはっきり尋ねたい際には kada-ano を用いる。kada-ano の文型は kaano と同様である。頻度を答える際には、接辞 -IN-、kada- または tunggal を用いる。

kada- または tunggal ＋時期の表現

kada-bigat / tunggal bigat	毎朝
kada-parbangon / tunggal parbangon	早朝ごと
kada-rabii / tunggal rabii	毎晩、毎夜
kada-aldaw / tunggal aldaw	毎日
kada-Lunes / tunggal Lunes	毎月曜日
kada-lawas / tunggal lawas	毎週
kada-bulan / tunggal bulan	毎月
kada-dua a bulan / tunggal dua a bulan	2か月ごと
kada-maysa a tawen / tunggal maysa a tawen	毎年
kada-oras / tunggal oras	毎時
kada-minuto / tunggal minuto	毎分
kada-segundo / tunggal segundo	毎秒

接辞 -IN- による表現

binigat	毎朝
minalem	昼ごと
rinabii	毎晩、毎夜
inaldaw	毎日
linawas	毎週
dinominggo	毎週
binulan	毎月
tinawen	毎年

a）Kada-ano ti pabuya a teleserye?　テレビドラマの番組はいつですか？

- Kada-alas-8 ti bigat, kada-aldaw.　毎日、朝 8 時です。

b）Kada-ano ti mitingyo?　あなた方の会議はどのぐらいの頻度ですか？

- Kada-Lunes ken Huebes, dinominggo.　毎週月曜日と木曜日です。

c）Kada-ano ti panagsangpet ti tren inoras?　電車の到着は 1 時間にどのくらいですか？

- Tunggal kinse minutos.　15 分ごとです。

d）Kada-ano ti ballasiw ti galleon manipud Acapulco inggana Manila idi?　昔、アカプルコからマニラまで、ガレオン船の渡航はどのくらいの頻度でしたか？

- Tunggal maysa a tawen.　毎年でした。

9.6　小辞 aya「〜かしら」、「〜でしたっけ」、「〜ですね」

aya は付加疑問のように用い、疑問や不思議に感じていることを表す。文中では一般的に文末または述部の後に置かれる。

a）Hapones ni Hiroshi aya?　博さんは日本人でしょうか？

　　Hapones aya ni Hiroshi?

b）Sumangepetda intono Pascua aya?　彼らは次のクリスマスに到着するかしら？

　　Sumangpetda aya intono Pascua?

9.7　間投詞

間投詞は感情や反応を表すために用いられる語（句）であり、文中では独立して用いられ、文の構造に対して文法上の影響を及ぼさない。よく用いられる間投詞には、ayna、ay、ney、alla などがある。

9.7.1 Ayna

驚きや喜びを表し、文頭に置かれる。

a）Ayna apo!   ああ、何なのよ！
b）Ayna nagrigat met daytoy nga eksamen!   えーっ、この試験は難しすぎる！
c）Ayna nag-cute!   まあ、なんてかわいいの！

9.7.2 Ay

驚きの意味が含まれ、何か間違えたり、失敗したりした際に用いられる。

a）Ay! Apay ania dayta?   ええっ、それは何だったの？
b）Ay! Nagtudo manen.   ああ、また雨が降った。

9.7.3 Ney

注意を引きたい場合によく用いられる。

a）Ney! Kitanyo ti dalanyo!   ほれ、道を見なさい。
b）Ney! Maikamanom nga ice cream   こら、食ってるそのアイスは何個
　　daytan?   目だ？

9.7.4 Alla

誰かに注意したり、がっかりしたりする時によく使われる間投詞である。

a）Allaka! Maungtanka dita.   おい、それは叱られるよ。
b）Alla! Aniaka metten.   ほら、あんたがひどいね。

9.7.5 Annay

痛みを表す時によく用いられる。

a）Annay pusok! Annay! Annay! Nasaem   心が痛い！ 痛い！ 痛い！ 傷はと
　　naut-ot la unay!   ても深く、チクチクしている。（イ
　　 ロカノ民謡 "Dungdungwenkanto"
　　 の歌詞より）
b）Annayko!   痛い！

━━━━━━━━━━━━━━━━━━━━━━━━━━━━━━━━
　　　　　　　　練　習　問　題
━━━━━━━━━━━━━━━━━━━━━━━━━━━━━━━━

1．読み上げられる時刻 (1) ～ (4) を表す写真を A ～ D から 1 つずつ選びなさい。

　　　時計（pagorasan）
　　　　　A　　　　　　　B　　　　　　C　　　　　　D

2．以下の各文をイロカノ語に訳しなさい。
　　(1) 今日は何月何日ですか？
　　(2) 明日は何曜日ですか？
　　(3) 私たちの会議は何時からですか？
　　(4) あなたのお母さんの誕生日はいつですか？
　　(5) この電車のマニラへの到着は何時ですか？
　　(6) あなたたちの旅はどのくらいの頻度ですか？

3．以下の各文を日本語に訳しなさい。
　　(1) Maika-14 ti Hulio, tawen ti 2024 idi kalman.
　　(2) Huebes aya itatta?
　　(3) Manipud ti alas-15:10 aginggana ti alas-16:40 ti maika-30 ti Septiembre ti eksamenko.
　　(4) Saan a Biernes ti Pascua daytoy/itatta a tawen.
　　(5) Maika-3 ti Pebrero ti piestada.
　　(6) Kada maysa a dominggo daytoy a pabuya.

4．本課の会話文に関する以下の質問にイロカノ語で答えなさい。
　　(1) Ania nga oras ti panagriing da Linda ken Naomi?
　　(2) Ania nga oras ti pammigat da Linda ken Naomi?

(3) Adda balondan?

(4) Kaano ti panagsangpetda idiay guest house?

(5) Ania nga aldaw ti biaheda?

COLUMN 6

"Igorotak（私はイゴロットだ）"
──偏見を超えて響く言葉

敖夢玲

　フィリピンのルソン島北部、コルディリエラ（Cordillera）行政地域に位置するバギオ（Baguio）は、「夏の首都」として知られるが、その魅力は観光地としての側面だけでなく、多様な文化と歴史にもある。もともとイバロイ（Ibaloi）やカンカナイ（Kankanay/Kankana-ey）などの「原住民」の居住地であったが、20世紀以降、アメリカ統治下で都市化や鉱山開発が進む中、低地からのイロカノ系住民の移住が進み、現在ではイロカノ語が共通語となっている。

　この歴史の中で注目されるのが "Igorotak" という言葉である。"Igorotak" は「私はイゴロットだ」を意味し、Igorot と ak（イロカノ語で「私」を意味する）が合体した言葉である。Igorot の語源は、gorot が「山」、i～が「～の人々、～から来た人々」を意味し（Scott, 1962, p.235）、その民族言語集団にはイバロイ、カンカナイ、イスネグ（Isneg）、イトゥネグ（Itneg）、カリンガ（Kalinga）、ボントク（Bontoc）、イフガオ（Ifugao）が含まれる（Scott, 1974/1982, p.2；鈴木・早瀬, 1992, p.60）。

　イゴロットという呼称は、もともとコルディリエラ山脈周辺の低地民が「山に住む人々」を指す他称だったが、スペインやアメリカの植民地統治を通じ、「野蛮人」「未開人」といったネガティブな意味を持つようになり、その影響は今日まで残っている。このため、長らく「原住民」はこの呼称を自称することに抵抗を感じていた。しかし、1980年代以降の自治運動や「原住民」の権利主張の中で、イゴロットは異なる民族言語集団の間で共有される集合的アイデンティティを象徴する呼称へと変化した。現在ではより多くの「原住民」がこの呼称を自称として用い、独特な文化やアイデンティティを主張する手段としている（Finin, 2005）。"Igorotak" という言葉は、このような変化を象徴し、偏見を乗り越えている自己肯定の表現である。最近では、バギオで衣料品や土産物を製作・販売しているブランドが "Igorotak" をデザインしたTシャツが販売されているほどである。

　さらに面白いのは、"Igorotak" という言葉が広東系住民とイバロイやカンカナイの「混血」の人々、いわゆる「半碌」（広東系住民が「混血」を指す呼称）や「マカオ」（イバロイやカ

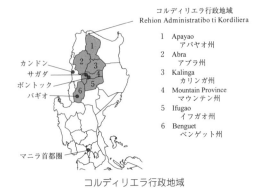

コルディリエラ行政地域
Rehion Administratibo ti Kordiliera

1　Apayao　アパヤオ州
2　Abra　アブラ州
3　Kalinga　カリンガ州
4　Mountain Province　マウンテン州
5　Ifugao　イフガオ州
6　Benguet　ベンゲット州

コルディリエラ行政地域

ンカナイが「混血」を含む広東系住民を指す呼称）と呼ばれる人々の間でも使われていることである。20世紀初頭、バギオでの鉱山開発や農業の発展とともに広東系住民の定住が進み、イバロイやカンカナイの女性との結婚を通じて新しい世代を形成した。「半碌」（bɔn³³ lək⁵⁵）*は広東語で長く伸びた棒状のものを半分に切った状態を意味し、どちらのルーツも完全に持たない存在という差別的ニュアンスを含む。一方、「マカオ」という呼称は、本来、早期に広東からフィリピンへ渡っ

広東省からバギオへの移動ルート

た広東系移民を指し、その多くがマカオ港から出航していたことに由来する（福建系住民が厦門港から移住してきたこととは対照的である）。しかし、イバロイやカンカナイの視点から見ると、「マカオ」という呼称は広東系のルーツそのものではなく、「移動」という行為、すなわち外部からの「よそ者」を指し、彼らの外来性を強調する意味合いを持っている。

　こうした背景から、「混血」たちは"Igorotak"を用いて自らのルーツを誇りとして示し、地域社会での立場を確立しようとした。この言葉は広東系とイゴロット系両方のルーツを肯定し、広東系住民の内部区分を超えたアイデンティティを強調する表現であり、「マカオ」という外来性を克服し「土着性」を訴える手段ともなった。

　バギオはフィリピンにおける多様性を象徴する都市である。異なる文化や背景を持つ人々が共に暮らし、新しい社会を築き上げている。"Igorotak"という言葉には、過去の偏見を乗り越え、自分たちのアイデンティティを肯定し、未来へ向かって進む力が込められている。それはバギオという土地に根付いた多様性の物語の一部であり、これからも地域社会に生きる人々の心をつなぐだろう。

　*広東語の発音表記における数字は声調を示している。33は中平調（中程度の高さで平らな調子）、55は高平調（高い声で平らな調子）を意味する。

　本コラムの内容は、筆者が以前に発表した論文「『イゴロット』を名乗る人たち——フィリピン・バギオ市における広東系住民の事例からみるエスニック境界」（2023年、『華僑華人研究』）の一部を基に編集・再構成したものである。

参考文献
敖 夢玲（2023）.「イゴロット」を名乗る人たち——フィリピン・バギオ市における広東系住民の事例からみるエスニック境界　華僑華人研究, 20, 69-80.
鈴木 静夫・早瀬 晋三（編）（1992）. フィリピンの事典　同朋舎
Finin, G. A. (2005). *The making of the Igorot: Contours of Cordillera consciousness*. Ateneo de Manila University Press.
Scott, W. H. (1962). The word Igorot. *Philippine Studies*, 10(2), 234-248.
Scott, W. H. (1982). *The discovery of the Igorots: Spanish contacts with the Pagans of northern Luzon*. New Day Publishers. (Original work published 1974)

町長の家を知っていますか？
Ammoyo ti balay ni Kapitan?

> 課のねらい / Gandat ti leksion

- 疑似動詞 ammo、am-ammo の特徴と使い方を理解し、正しく使うことができる。
- 疑問詞 sadino を正しく使うことができる。
- よく用いられる小辞を知り、適切に用いて表現の幅を広げることができる。

> 会話 / Dialogo

10-1

Linda: Awan sa met diay balay ni Kapitan ditoy. Sapay kuma adda ti tricycle. Agsaludsodkayo man, Naomi.
Naomi: Manong, ammoyo aya ti balay ni Kapitan?
Manong 1: Saanko ammo, ading. Saanak a taga-ditoy.

136

Naomi:	Dakayo ngay manong?
Manong 2:	Uray siak. Ngem ammon sa ti tao idiay. Agsaludsodkayo laengen idiay.
	(Kaasidegan a balay)
Naomi:	Apo, mabalin agsaludsod? Naiaw-awankami.
Manong 3:	Ania daydiay?
Naomi:	Ammoyo kano ti balay ni Kapitan Santos?
Manong 3:	A, dakayo ni Ma'am Linda ti Osaka University, saan kadi?
Linda:	Wen, agpayso. Daytoy ngata ti balay ni Kapitan?
Manong 3:	Adda isuna itattay. Balayna dayta batogmi.
Linda:	Agyamankami ti tulongyo.

和訳 / Panangipatarus iti Hapones

リンダ:	村長の家はここになさそうです。トライシクルがあるといいなあ。尚美さん、聞いてきてください。
尚美:	お兄さん、村長の家を知っていますか？
お兄さん1:	姉ちゃん、私は知らないよ。ここの者ではないんだ。
尚美:	お兄さん、あなたはどうですか？
お兄さん2:	私もです。でも、向こうにいる人は知っているかもしれません。そこで聞いてください。
	（一番近くの家で）
尚美:	ごめんください、伺ってもよろしいですか？ 道に迷ってしまって。
お兄さん3:	何でしょうか？
尚美:	サントス村長の家をご存じのようですが。
お兄さん3:	ああ、大阪大学のリンダ先生ですね？
リンダ:	はい、そのとおりです。こちらは村長のお宅でしょうか？
お兄さん3:	先ほど彼はここにいました。彼の家は私たちの向かいです。
リンダ:	助けていただき、ありがとうございました。

語彙 / Bokabulario

10-2

diáy	そこ	sápay kumá	～であるといいな
baláy	家	tricycle	トライシクル（交通機関の名称）［英語］
kapitán	村長		
sá	～だろうと思う（小辞）	agsaludsód	聞く、質問する <saludsód

ammó	知っている	kanó	～そうだ、～ようだ
ngáy	～は？（小辞）	Aniá daydiáy?	何でしょうか？
úray	～すら、～であっても（小辞）	ngatá	～でしょうか
ápo!	ごめんください	bátog	前、向かい、反対側
mabalín	～することができる	agyáman	感謝する <yáman
naiaw-awán	道に迷った <awán	túlong	助け、援助

文法 / Gramatika

10.1　疑似動詞 ammo、am-ammo「知っている」

　疑似動詞とは、動詞のような働きをするものの、活用はせず形容詞のように用いられる語のことである。節と組み合わせて用いられることや、動詞を伴って用いられることもある（第20課参照）。

　ammo と am-ammo はどちらも「知っている」を表すが、ammo は物事や場所や基本的な能力などについて、am-ammo は人物について用いる。ammo と am-ammo の行為者には属格が用いられる。

　文型は「ammo/am-ammo ＋［標識辞＋人名／普通名詞の行為者 または -ko 形の人称代名詞］＋［標識辞＋物事や人物 または 指示詞や動詞等］」である。ammo と am-ammo の否定文には saan/haan を用いる。1人称の場合には、madi（saan/haan の別の形）＋ ak の短縮形である diak を文頭に置いて作ることもできる。

- a）Ammom aya ti istoria ni Lam-ang? あなたはラム・アンの物語を知っていますか？
- b）Am-ammok ni Kapitan Santos. 私はサントス村長を知っています。
- c）Ammok dayta a kanta. 私はその歌を知っています。
- d）Am-ammok ti kabsatmo ta kaklasek isuna idi. あなたの兄弟を知っていますよ、なぜなら昔、彼は私のクラスメートだったので。
- e）Saanna nga ammo ti dinengdeng. 彼はディネンデンを知りません。
- f）Saan nga ammo ni Juan daytoy. フアンさんはこのことを知りません。
- g）Diak ammo. / Saanko nga ammo. 私は知りません／分かりません。

10.2 疑問詞 sadino「どこ」

sadino は場所を尋ねる際に用いられるが、ayan や ayanna とは異なり、一般的に動詞が含まれる文において、動作が行われる場所や動作の方向を尋ねる。

a) Sadino ti papananyo? あなたたちはどこに行きますか？
- Mapankami iti Kobe. 私たちは神戸に行きます。
b) Sadino ti nanganam ti pammigat あなたは京都のどこで朝食を食べまし
idiay Kyoto? たか？
- Idiay uneg ti estasion ti Kyoto. 京都駅の中です。
c) Sadino ti naggapuan ni Yuri? 百合さんはどこから来ましたか？
- Naggapu isuna ti Hapon. 彼女は日本から来ました。
d) Sadino kadi ti ayan ti Naha? 那覇はどこにあるのでしょうか？
- Okinawa ti ayanna. 那覇があるのは沖縄です。

10.3 小辞 -en「もう」、「既に」、「もはや」

-en は動作や状態が完了していることなどを表す。名詞、代名詞、形容詞、動詞、疑問詞、他の小辞などの後に付加され、前の語の語尾が母音である場合には -n のみが付加される。人称代名詞の -ak または siak と組み合わせて用いられる場合には、-en は -on に変化する。

a) Ammok ti nagannan. 私はもう彼の名前を知っています。
b) Awan latta metten diay tulbekko. 私の鍵はもうなくなりました。
c) Mabalin kadin a mangrugi? もう始めてもよいですか？
d) Addaakon ditoy Manila. 私はもうここマニラにいます。

10.4 小辞 ngata「〜だろうか」、「どうしようか」

ngata は一般的に疑問文に用いられ、不確実の意味を表す。相手の意見を引き出したいという意味合いも含まれる。

a) Isuna ngata ti baro a maestra? 新しい先生は彼女でしょうか？
- Wen, isuna. はい、彼女です。

b）Salamagi ngata daytoy?
　これはタマリンドだろうか？

　- Saan sa. Damortis dayta.
　違うと思う。それはキンキジュだよ。

c）Ania ngata ti mayat nga inumin?
　何を飲めばいいかな？

　- Kape ngata?
　コーヒーはどう？

(10.5) 小辞 sa「〜だと思う」、「〜のようだ」、「〜かもしれない」

　sa は推測や不確実を表し、ngata が含まれる疑問文への応答に用いられることが多い。sa に先行する語の語尾が母音である場合、sa は -n sa に変わり、-n は前の語の語尾に付加される。

a）Ilokanon sa ni Liza.
　リサさんはイロカノの人だと思います。

b）Saan sa a dayta ti sungbat.
　答えはそれではないだろうと思います。

c）Malem pay laeng, nagsipngiten.
　まだ昼なのに、もう空が暗いですね。

　- Wen, agtudon sa?
　- はい、雨がもう降るかもしれません。

(10.6) 小辞 ngay

　ngay は疑問文によく用いられ、情報を引き出したいという意味合いを表す。

a）Kasano ngay ti aldawyo?
　あなたたちの一日はどうなのですか？

b）Napanan ngay ni Nanang?
　母さんはどこに行っちゃったの？

c）Apay ngay nagbayagkan?
　どうしてあなたはそんなに遅くなったのよ？

(10.7) 小辞 manen「また」、「再び」

　manen は何かが繰り返し起こる時などに用いられ、「また」「再び」という意味を表す。

a）Apay kastaka manen?
　なぜ君はまたそうなんだい？

b）Agtudtudo manen.
　また雨が降っています。

c）Nabartek manen ni Mario.
　マリオさんがまた酔っぱらっている。

140

10.8　小辞 man「〜ください」

man は命令や依頼の表現を和らげる際に用いられる。
- a）Siak man met ti agayayam.　　　私は次に遊ばせてもらおう。
- b）Dalusanyo man ti lamlamisaanyo.　あなたたちのテーブルを掃除してくだ
　　　　　　　　　　　　　　　　　さいね。

10.9　小辞 gayam「〜とは知らなった」、「やはり〜なのか」、「そうか〜なのか」

　gayam は新しい情報や意外なことを発見し、驚いたということを表す。met laeng
と組み合わせて用いられることもある。
- a）Daytoy gayam ti pagdagusantayo.　私たちの宿泊する場所はこれなのか。
- b）Naggasang gayam daytoy.　　　　これは非常に辛いんだな。
- c）Sika gayam ti nangibus ti amin　　アイスを全部食べたのは君だったのか。
　　　a sorbetes.
- d）Ni Balongmo gayam daytoy nga　この子はあなたの息子か、大きくなっ
　　　ubing, dakkelen.　　　　　　　たね。
- e）Mabalin met laeng gayam ti　　　そこの川で泳げるんだね。
　　　agdigos idiay karayan.
- f）Kinnanmo met laeng gayam　　　やはり、あなたはごはんを食べてしま
　　　ti sidaen.　　　　　　　　　　ったんじゃないか。

10.10　小辞 latta

latta は状況や行為などが続いており、まだ終了していないことを表す。
- a）Kumustaka?　　　　　　　　　元気ですか？
　　　- Kastoy latta.　　　　　　　　　－今までと変わりません。
- b）Kanayonka latta nga agbasa　　　成績を維持するためにこのまま常に勉
　　　tapno nangato ti gradom.　　　　強し続けてください。

c）Awan latta ti sungbat ni Joy.　　ジョイさんの返事はまだまだありません。

d）Siak lattan.　　私に任せて。

10.11　小辞 kadi

kadi は疑問文や命令文などの中で細かい意味合いを付け加える。例文に動詞が含まれているものについては、第11課で取り扱う。

10.11.1　肯定文を疑問文に変える

a）Daytoy ti librona.　　彼女の本はこれです。

　→ Daytoy kadi ti librona?　　彼女の本はこれですか？

b）Isuna ti kabaknangan ditoy ilitayo.　　我々の町で一番裕福なのは彼です。

　→ Isuna kadi ti kabaknangan　　我々の町で一番裕福なのは彼ですか？
　　ditoy ilitayo?

10.11.2　mabalin とともに用いて、許可を求める

a）Mabalin kadi nga usaren ti　　飛行機の中でパソコンを使ってもいい
　kompyuter iti uneg ti eroplano?　　ですか？

b）Mabalin kadi nga agtabako ditoy?　　ここでたばこを吸ってもいいですか？

10.11.3　命令を念押しする

a）Maturogka kadin*.　　もう寝なさいよ。

b）Rumuarka kadin*, naladawkan.　　遅れているから、もう出かけなさいよ。

　　*kadin の代わりに ketdi が用いられることもある。

10.11.4　命令文を疑問文にすることによって伝え方を和らげる

a）Mangalaka kadi ti niog?　　ココナッツを取りに行く？

b）Agaramidka kadi ti leche flan?　　レチェフランを作る？

10.11.5　saan とともに用いて付加疑問文を作る

a）Naimas ti lutok, saan kadi?　私の料理はおいしいですよね？

b）Adda diay sueldotayon, saan kadi?　もう給料が入っているでしょうね？

10.11.6　相手の発言や意見などを否定する

a）Nakabayadka kadi ti utangmon,　本当に借金を払ったの？
agpayso?

b）Adda kadi ti al-alia, saanak　幽霊って存在するの？　私は信じない。
a mamati.

10.11.7　自分に関係する問に用いて、疑惑・不信などを表す

a）Siak laeng kadi ti ay-ayatem?　あなたが好きなのは私だけかしら？

b）Basolko kadi dayta?　それは私のせいなの？

(10.12)　小辞 kano「～そうだ」、「～のようだ」

kano は「～そうだ」、「～のようだ」と言った意味で、伝聞や間接話法（第 20 課参照）でよく用いられる。kano は疑問文に manen と組合わせて kano manen または manen kano の形で用いられる場合、問われている情報を再確認しようとしている意味合いが含まれる。

a）Ammoyo kano ti balay ni Kapitan.　あなたたちは村長の家を知っているそうだ。

b）Adda kano ti uleg dita uneg ti abut.　その穴の中に蛇がいるようだ。

c）Sinno kano manen ni Leona　レオナ・フロレンティーノさんは誰で
Florentino?　したっけ？

d）Ania kano manen ti balikasna　この語の発音は何でしたっけ？
daytoy a sarita?

(10.13) 小辞 uray 「〜でも」、「〜すら」、「〜さえも」

uray は「〜でも」、「〜までも」、「〜すら」、「〜さえも」といった意味を表す。

a）Uray siak met ket mabisin.　　　私でもお腹が空きました。

b）Uray iti Osaka ket napudot.　　　大阪ですらも暑いです。

c）Uray dagiti uong ket nagngina.　　タマネギまでもが高いです。

d）Uray ubing ket kayatna daytoy.　　子どもでさえもこれが好きです。

uray は他の小辞や疑問詞と組み合わせて用いられると、以下のように意味が変化する。

uray（no）ania	何でも、 何が〜ても	Kayak uray ania a trabaho. 私はどんな仕事でもできます。 Uray no ania ti mapasamak, ditoyak abaymo para kaniam. 何が起きても、私はあなたのためにあなたのそばにいます。
uray（no）kasano	どんなに〜でも、 どんなに〜ても	Uray no kasanoka kalaing ngem awan met baknangmo, narigat agbiag. どんなに賢くても裕福でなければ生活するのは難しい。
uray（no）kaano	どんな時でも、 いつでも	Mabalin ti ag-gym ditoy uray no kaano. どんな時でもこのジムは利用できます。
uray（no）siasino	誰でも 誰が〜でも	Uray no siasino ti mangabak, awan aginnapa. 誰が勝っても喧嘩にならないようにしてください。
uray（no）sadino	どこ（に）でも	Uray no sadinotayo mapan ket Ilokanotayo. 私たちはどこに行ってもイロカノ人である。
uray pay no uray man no uray no	〜であっても、 たとえ〜でも 〜かそれとも〜、 〜ていても	Uray pay no adu ti tattao, saan a natagari. たくさんの人がいても騒々しくありません。
uray … uray …	〜か〜か、 〜でも〜でも 〜にせよ〜にせよ	Uray balay, uray kaykayo, naanod ti "tsunami". 服でも木でも津波で流されました。

10.14 小辞 ngamin

ngamin は理由等の発言を強めたり、非難の意味合いを付け加える際に用いられる。疑問詞 apay とともに用いられることが多い。

a）Apay matmaturog pay laeng ni Ken?　　ケンさんはなぜまだ寝ているの？
　　- Adda ngamin ti sakitna.　　　　　　 – 彼は病気だからです。
b）Naungit ti Nanang itatta ta nagrugit　　 台所が汚いので、今日お母さんは
　　ngamin ti kusina.　　　　　　　　　　 とても怒りっぽいです。

10.15 小辞の基本的な語順

小辞が一文中に複数用いられる場合、一般的には以下の順に並べられるのが望ましい。同じ区分に分類されているものが複数用いられる場合には、表の上の方に書かれているものから順に並べるのが一般的である。

① 譲歩	② 間接	③ 付加	④ 限定	⑤ 理由	⑥ 疑問	⑦ 観察・推測	⑧ 完了	⑨ 丁寧
uray	kano	pay	laeng	ngamin	ngata	sa	-en	apo
	met	la			kadi	gayam		
	man	latta			aya	kuma		
			manen		ngay	ngarud		

a）Natayag met gayam isuna!　　　　　　彼も背が高いんですね！
b）Lapis laengen aya ti masapul daytoy　 この子どもが必要としているのは
　　nga ubing?　　　　　　　　　　　　鉛筆だけかしら？
c）Napudot pay laeng met gayam iti　　　今年の9月、北海道では依然とし
　　Hokkaido ti Septiembre itatta a tawen.　て暑かったんだな。
d）Uray ania kano a makanda ditoy Japan　彼らは日本で何を食べてもおいし
　　ket naimas latta.　　　　　　　　　　く感じるばかりだ。

練習問題

10-3

1. 読み上げられる (1) ～ (5) の各文を書き取り、それぞれの文を日本語に訳しなさい。

2. 以下の各文をイロカノ語に訳しなさい。
   (1) 彼女たちはそのことを知っています。
   (2) あなたたちはリンダさんを知っていますか？
   (3) 私はケンさんのお姉さんを知っています。
   (4) あなたはトライシクルを知っているかしら？
   (5) 彼はあなたの農場を知りません。

3. 以下の各文を日本語に訳しなさい。
   (1) Kaano ngata ti piesta ti San Antonio?
   (2) Saan sa a naimas ti luto ni Mayu.
   (3) Dakayo kadi ti kapitan ditoy?
   (4) Ayanna ngay ti pitakak?
   (5) Nakapudpudot manen itatta.
   (6) Asideg aya ti ospital manipud ditoy?
   (7) Ayna, awan manen ti kuartak.
   (8) Nagpintas gayam ti Bauang!

4. 本課の会話文に関する以下の質問にイロカノ語で答えなさい。
   (1) Sinno dagiti kadua ni Linda?
   (2) Ammo kadi dagiti manong ti balay ni Kapitan Santos? Apay?
   (3) Ammo kadi diay manong ti balay ni Kapitan Santos?
   (4) Ayanna ti balay ni Kapitan Santos?

苦みとその向こう側
—— イロカノの食事のよりよい味わい

Irma U. Danao

　フィリピンは異なる地域で構成されており、それぞれの地域は言語や文化のみならず、料理によっても識別される。地域にはそれぞれ風味の型、つまり食材や調味料の組み合わせがあり、ある地域を特徴づけ、別の地域と区別している。フィリピン北部にはイロカノの人びとが暮らしている。イロカノはフィリピンの大きな民族言語集団の1つで、主にイロコス・ノルテ州、イロコス・スル州、ラ・ウニオン州、パンガシナン州で出会うことができる。しかし、コルディリエラ行政地域（CAR）内の州であるアブラ州、第二地方にあるカガヤン州やイサベラ州にもイロカノの人びとは暮らしている。これらの州は生産物を同じくしていることに加え、風味の型も共有している。

　フェルナンデス（Fernandez）（2024）によると、フィリピン人の味覚には優位に立つ4つの風味、すなわち、塩辛さ、酸っぱさ、甘さ、苦さ、がある。一般にフィリピン人は、ご飯の無味に合う塩辛い食べ物が大好きな人たちである。塩辛さに加え、イロカノの人びとはニガウリ（ampalaya）、山羊、牛、水牛、魚の胆汁（apdo）のような苦み（pait）も好む（Tayag & Quioc, 2015）。イロカノ料理のいくつかに用いられる、苦みをもたらす他の不可欠な材料は草食動物から抽出される苦い汁（pespes）である（Polistico, 2016）。

　しかし、イロカノの食事には苦み以外のものがある。イロカノ料理は、その地理、豊かな歴史、文化に影響を受けた独特な材料から生まれる無数の風味で知られる。イロカノの人びとは倹約家（nasalimetmet）として知られる。この特徴は地理的な立地——国の交易の中心地から遠く離れているだけでなく、コルディリエラ山脈と南シナ海の間の痩せた土地と表現されていたところに位置しているということに起因して生まれたと言われる。そのような条件では、彼らはやりくり上手になり、入手可能なものを活用する必要がある。これが食文化や食事に表れている。コルデロ-フェルナンド（Cordero-Fernando）(1976)が述べているように、イロカノの人びとは「どのような野菜でも興味深い食事に」変えることができる。ディネンデン（dinengdeng）とピナクベット（pinakbet）は典型的な例である。ディネンデン（dinengdeng）またはイナブラウ（inabraw）は、発酵させた魚のペースト（bagoong isda/munamon anchovies）とともに茹でられた種々の野菜の料理であり、蛋白質のトッピング（sagpaw）として、焼き魚または燻製の魚が添えられることもある（Polistico, 2016）。季節に応じて、野菜の果実、花、若葉が用い

ディネンデン
© Carmelo T. Castillo

ピナクベット
© Natividad C. Calpatura

られる。一般的な材料は、ナス、モロヘイヤ（saluyot）、モリンガ（malunggay）の葉や果実、野生のトンキンカズラ（bagbagkong）の花、その他の土地固有の野菜であるが、この限りではない。ピナクベット（pinakbet）も発酵させた魚のペーストが用いられる料理である。語源は「縮んだ」や「しなびた」を意味するイロカノ語の「ピナケッベット（pinakebbet）」であり、沸騰しているスープの中で野菜がゆっくりと茹でられるにつれて如何に縮むかを表している（Baker, 2021）。ピナクベットに一般的に用いられる野菜はニガウリ、ナス、オクラ、トマト、ササゲである。イロコスの、カリっと揚げた豚バラ肉のバグネット（bagnet）またはディネンデン（dinengdeng）に入っているような焼き魚または燻製の魚とともに料理されることもある。イロカノの人びとのやりくりの上手さがよく分かる別の方法は、野菜料理に蛋白質のトッピングとして残り物の魚や肉を使うことである。

肉や魚介類もイロカノ料理に必要不可欠である。伝統的なイロカノの家庭では一般的に、胆汁（pespes）と、ナガバノゴレンシ（kamias）や、サトウキビの汁から抽出されるイロカノの酢（sukang iloko）といった、酸味を与える物質で風味づけされた、シナンラオ（sinanglaw）と呼ばれる牛肉と牛モツのスープで一日が始まる（Besa & Dorotan, 2012）。苦みを意味する

バグネット © 矢元貴美

パイット（pait）に由来するピナパイタン（pinapaitan）は胆汁が用いられるもう一つのイロカノ料理である。どういうわけかシナンラオと似ているが、山羊の臓物を用いる。イロカノの人びとは胆汁が健康を増す（mangpatibker）のに役立ち、体力をつけると言う（Jacob-Ashkenazi, 2021）。それゆえ、日々の骨が折れる仕事の後で、食事として、または、アルコール飲料のアテ（pulutan）としてそれを楽しむ。長い海岸線に接しているため、イロカノの人びとはそこからも日々の食料を得る。虱目魚（bangus、サバヒー）やその他の魚介類もまた、この地域に豊富にある。虱目魚はワタやウロコがついたままで、脂にも手をつけずに、イロカノ流に焼かれる。水揚げされたばかりのもの、または生産されたばかりのものを酢やシキキツ（kalamansi、四季橘）のような酸味を与える物質で纏わせた調理法であるキニラウ（kinilaw）もイロカノの人びとの間で人気がある。ジャンピング・シュリンプ（jumping shrimp）という料理には一般的に小さい川エビが使われ、とても新鮮な料理で、食べる直前に酸っぱさを加える。生きたエビにカラマンシーが搾られた途端、痛みでエビは跳ねるので

ある（Fernandez, 2024）。

米飯を意味する語（kanin）由来の、その土地のデザートや間食を指す総称カカニン（kakanin）なしにはイロカノ料理は完結しない（Besa & Dorotan, 2012）。トゥピッグ（tupig）、プト（puto）、パトゥパット（patupat）は米を作って作られるイロカノの伝統的な美味である。トゥピッグはバナナの葉に包んで炭火焼きにした餅米である。一方、プトは軽く甘味をつけた餅である（Cordero-Fernando, 1976）。

ピナパイタン
© Julienne C. Calpatura

パトゥパットは、甘味を付けた餅米を、若いバナナの葉で三角錐状（balisungsong）に包んで蒸したものである（Cagayan Tourism, 2022）。これらの澱粉質の料理は主に食間に軽食として食されるか、食後のデザートとしてご馳走されることもある。これらは普段、家庭で食すために小規模に作られるか、または、行商人の販売用に作られる。異なる町や地域の土産物（pasalubong）店が並ぶエリアで紹介される産物でもある。

イロカノの食事のレパートリーは単一の風味や料理名で表現できるものではない。ピナクベット以上の、また、ピナパイタン以上の、苦みを超えたものである。身体に栄養を与えるだけでなく満足ももたらし、イロカノ人やフィリピン人の食の文化と歴史に対する真価を与えるものでもある。

（原文 英語、翻訳 矢元貴美）

参考文献

Baker, L. (2021). *Meat to the side: A plant-forward guide to bringing balance to your plate.* Victory Belt Publishing.

Besa, A. & Dorotan, R. (2012). *Memories of Philippine kitchens. Stories and recipes from far and near.* Revised and Updated. Stewart, Tabori & Chang.

Cagayan Tourism. (2022). *Patupat.* https://visitcagayan.ph/destinations/patupat-delicacy/

Cordero-Fernando, G. (1976). *The culinary culture of the Philippines.* Bancom Audiovision Corporation.

Fernandez, D. G. (2024). *Tikim: Essays on Philippine food and culture.* Expanded and Updated Edition. ANVIL Publishing, Inc.

Jacob-Ashkenazi, J. R. (2021, April 26). *Beyond pulutan: What men really get out of papaitan and other bitter dishes, according to science.* ABS-CBN Lifestyle. https://www.abs-cbn.com/ancx/food-drink/features/04/26/21/beyond-pulutan-what-men-really-get-out-of-papaitan-and-other-bitter-dishes-according-to-science

Polistico, E. (2016). *Philippine food, cooking & dining dictionary.* ANVIL Publishing, Inc.

Tayag, C. & Quioc, M. (2015). *Linamnam: Eating one's way around the Philippines.* ANVIL Publishing, Inc.

11 コーヒーをどうぞ。
Agkapekayo pay.

課のねらい / Gandat ti leksion

- イロカノ語の動詞の基本的な特徴を理解する。
- 行為者焦点 AG- 動詞の特徴、活用、構文などを理解し、使えるようになる。

会話 / Dialogo

11-1

Linda: Agyamankami apo Kapitan ti pammalubosyo kadakami nga agresearch ditoy Baranggay San Juan.

Kapitan: Maragsakankami ta nadanonyo met ti barriomi. Agtugaw ken agkapekayo pay.

Linda: Maipanggep ti sukisokmi, kayatmi kuma nga aginterview ti mannalon ken mangngalap.

Kapitan: Aguraykayo biit ta agdamagak kenni Rosa, sekretaria ti baranggay. Rosa, agbirokka man ti tattao a mabalinda a kasarita.

Rosa: Wen, Kapitan. Agsubliak a dagus no adda ti sungbatda.

Linda:	Agyamankami Rosa. Kapitan, isuda dagiti estudiantek. Nalaingda nga ag-Ilokano.
Naomi:	Agsursuratkami ti libro maipanggep ti pagbiagan ti lokal a gimong.
Kapitan:	Napintas daytoy a gandatyo. Ngem kayayo ngata nga agpagna iti tambak ken agbangka?
Biday:	Barbareng ngarud Kapitan. Palubos ni Apo Dios.
Kapitan:	Saankayo nga agdanag. Agibaonak ti kaduayo.

和訳 / Panangipatarus iti Hapones

リンダ：	村長さん、サン・ホアン村での調査をお許しいただき、ありがとうございます。
村長：	我々の村まで足を運んでいただき、我々も大変嬉しく思います。まず、おかけになって、コーヒーをどうぞ。
リンダ：	私たちの調査について、農家の方と漁師の方にインタビューをしたいと思っているのですが。
村長：	ちょっと待ってください。村の秘書のロサに聞きますので。ロサさん、話ができる人を探してください。
ロサ：	はい、村長さん。彼らから返事があったら、すぐ戻ります。
リンダ：	ロサさん、ありがとうございます。村長さん、こちらは私の学生たちです。イロカノ語で話すのが上手です。
尚美：	私たちは地域社会の生活について、本を書いています。
村長：	あなた方の目的は素晴らしいです。しかし、あなた方は水田を歩き、船を漕ぐことができるでしょうか？
ビダイ：	本当にうまくいくと良いのですが。神様がお許しになる限りです。
村長：	心配しないでください。同行者に頼んでおきます。

語彙 / Bokabulario

11-2

pammalúbos	許可		完了相）
agrésearch	研究する <résearch［英語］	bárrio	バリオ（村）
baranggáy	バランガイ（町、村、地区）	agtugáw	座る <tugáw
maragsákan	嬉しく思う <rágsak（MA- + -AN）	agkapé	コーヒーを飲む <kapé
tá	～で、～のため（接続詞）	umuná	まず <uná
nadánon	到着できた（場所焦点、可能形、	agrugí	開始する <rugí

151

agsaríta	話す <saríta	agsursúrat	書いている（未完了相現在）<súrat
sukísok	研究		
kayát	～したい	líbro	本
agintérview	インタビューする <intérview［英語］	pagbiágan	生活 <biág
		lokál	現地、地域
mannálon	農家 <tálon	gímong	社会、団体
mangngálap	漁師 <ngálap	napintás	良い、素敵な <pintás
agúray	待つ <úray	gandát	目的
biít	少々、少し	káya	できる
agdámag	聞く、尋ねる <dámag	ngatá	～だろうか（疑問の小辞）
sekretária	秘書（女性形）	agpagná	歩く <pagná
agbírok	探す <bírok	tambák	水田
tattáo	人々（tao の複数形）	agbangká	船に乗る <bangká
mabalín	～することができる	barbáreng	うまくいけば
kasaríta	話し相手 <saríta	palúbos	許し <lúbos
agsublí	戻る <sublí	Ápo Diós	神様
dágus	すぐ	agdánag	心配する <dánag
sungbát	答え	agibaón	～に命令する <baón
ag-Ilokáno	イロカノ語を話す	kaduá	同伴者 <duá

(11.1) 動詞の特徴

イロカノ語の動詞には、「焦点」、「モード」、「使役」、「相」という基本的な特徴があり、各特徴の機能に基づき、動詞の形や意味などが形成される。

11.1.1 焦点（フォーカス）

動詞の焦点は文中で話題の中心となるものを示し、焦点が当てられる補語が主題となる。各焦点に対応する接辞を語根に付けることで動詞が形成される。焦点の種類には以下のようなものがある。

焦点	基本定義	主な接辞
1) 行為者	動作や行為などを行っている人や物に焦点が当てられ、行為者補語が主題となる。行為者はその動作や行為を能動的に行うとは限らず、状態や自発行為を表す動詞の場合、その動詞が示す状態になる人や物も行為者となる。	AG- -UM- MANG- MA-
2) 対象	動作や行為などの対象（目的や目標）に焦点が当てられ、対象補語が主題となる。	-EN I- -AN
3) 方向	動作や行為などの方向に焦点が当てられ、方向補語が主題となる。	-AN
4) 受益者	動作や行為などの恩恵を受ける人や物に焦点が当てられ、受益者補語が主題となる。	I-AN
5) 場所	動作や行為などが行われている場所に焦点が当てられ、場所補語が主題となる。	PAG-AN
6) 手段・道具	動作や行為などの目的や目標を実現させる手段や道具に焦点が当てられ、手段・道具補語が主題となる。	PAG- PANG-
7) 理由・原因	動作や行為などの理由や原因に焦点が当てられ、理由・原因補語が主題となる。	PAG-AN

　以下の例文「マリはジョーのために図書館でインターネットを使って本を探す」にはすべて「探す」（語根 birok）という動詞が用いられているが、焦点の種類によって接辞や主題が異なる。

行為者焦点

Agbirok	ni Mari	ti libro	para kenni Jo	iti biblioteka	babaen ti internet.
行為者焦点動詞	行為者補語 （主題）	対象補語	受益者補語	場所補語	手段補語

対象焦点

Biroken	ni Mari	ti libro	para kenni Jo	iti biblioteka	babaen ti internet.
対象焦点動詞	行為者補語	対象補語 （主題）	受益者補語	場所補語	手段補語

受益者焦点

Ibirokan	ni Mari	ti libro	ni Jo	iti biblioteka	babaen ti internet.
受益者焦点動詞	行為者補語	対象補語	受益者補語 （主題）	場所補語	手段補語

場所焦点

Pagibirokan	ni Mari	ti biblioteka	iti libro	para kenni Jo	babaen ti internet.
場所焦点動詞	行為者補語	場所補語 （主題）	対象補語	受益者補語	手段補語

手段焦点

Pagbirok	ni Mari	ti internet	iti libro	para kenni Jo	iti biblioteka.
行為者焦点動詞	行為者補語	手段補語 （主題）	対象補語	受益者補語	場所補語

　文を構成する各補語は標識辞（マーカー）や前置詞などを伴って表される。行為者焦点動詞が用いられる文では、一般的に各補語は次のように表される。他の焦点動詞が用いられる文で各補語がどのように表されるかについては第12課以降で取り扱う。

行為者補語	ti 句、daytoy 句	〜は
対象補語	ti 句、daytoy 句	〜を
受益者補語	ti 句、para kenni 句	〜のために
場所補語	iti 句、diay 句	〜で
方向補語	iti 句、diay 句	〜に、〜へ
手段補語	aramaten ti 句、babaen ti 句	〜で、〜を使って
理由補語	iti 句、gapu iti 句、（gapu）ta 句	〜で、〜という理由で

11.1.2　モード

　モードは行為の特徴を表し、「動態・中立」、「可能・状態」、「参加」という３種類に分けられる。各モードは焦点と同様に接辞で表され、対応する接辞を語根に付加することで動詞が形成される。

モード	基本定義	主な接辞
1）動態・中立	動作や行為などを中立的に表す。	AG-、-UM-、MANG-、MA-
2）可能・経験・非意図	可能、能力、偶然、経験、状況、自発などといった要素を伴う行為を表す。	MA-、MAKA-
3）参加	参加、依頼、許可といった、他者に働きかけて共に行う行為を表す。	MAKI-

11.1.3　使役動詞

　動詞の焦点とモード以外に、「～させる」「～してもらう」という使役動詞も用いられる。使役動詞は基本的に接辞 PA- で表され、動詞の焦点とモードを形成する接辞とを組み合わせて用いられる。使役にも焦点とモードがある。詳しくは第17課で取り扱う。

11.1.4　動詞の相（アスペクト）

　動詞の時間的な関係は、相（アスペクト）と時制（テンス）で表される。
　相とは、行為や出来事などが「開始された」のか「開始されていない」のか、さらに「開始された」ならば、その行為や出来事が「完了した」のか「完了していない」のかを表す。一方、時制とは、行為や出来事などがいつ起こったかにより、「現在」、「過去」、「未来」に区別される。
　イロカノ語では他のフィリピン諸語と同様に、一般的に動詞は時制よりも相に基づいて活用する。イロカノ語には、不定相、完了相、未完了相という3つの形がある。さらに未完了相は、行為などの「現在」または「過去」の起点に基づいて活用する。各相の用法と形は、以下の行為者焦点 AG- 動詞の例文のように用いられる。

1）不定相

　不定相は中立相とも呼ばれる。動詞は原形であり、活用しない。不定相は、話し手が発話した時には、行為などが開始されていないことを表し、基本的には次のような場合に用いられる。

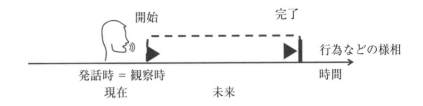

(1) **動詞の未開始**
行為や出来事などがまだ開始されていないことを表す。文脈によっては未然や未来の意味が含まれていることもある。行為などが始まるかどうか分からない場合にも用いられる。
 a）Agtugawak.   私は座る。
 b）Ni Kapitan ket ti agkape.   コーヒーを飲むのは村長です。
 c）Agrugi ti interview inton alas-10.   インタビューは10時に始まる。

(2) **習慣・繰り返し**
動詞の意味や文脈により、習慣的に行われていることを表す。習慣的行為を表す場合には、頻度などを表す副詞がともに用いられることが多い。
 a）Aginum dagiti bartek inaldaw.   酔っ払いは毎日酒を飲む。
 b）Agkurus dagiti Katoliko no aglualoda.   カトリック教徒は祈る時に十字を切ります。
 c）Agrugi ti klase iti Hapon kada-Abril.   日本では授業が毎年4月に始まる。

(3) **不定詞（疑似動詞との組み合わせ）**
動詞が疑似動詞の kayat、ammo、kaya、masapul、mabalin、maiparit などと組み合わせられる際に用いられる。詳しくは第13課で取り扱う。
 a）Kayatko nga agtugaw.   私は座りたい。
 b）Mabalin ti agkape.   コーヒーを飲んでよい。
 c）Masapulko nga agrugi ditoy.   私はここから始めることが必要である。

(4) **命令形（命令法）**
2人称の単数または複数の人称代名詞（行為者焦点の文では、-ak 形の人称代名詞の -ka または -kayo）と不定相が組み合わせて用いられると、命令の意味となる。
 a）Agtugawka.   座りなさい。

b ）Agkapekayo pay.　　　　　　　　ね、コーヒーを飲んでください。
　　c ）Saankayo pay nga agrugi.　　　　まだ始めないでください。

（5）勧誘・提案（命令法）
　1人称、1、2人称、2人称の人称代名詞（行為者焦点の文では、-ak 形の人称代名詞の -ta または -tayo）と不定相が組み合わせて用いられると、「〜しよう」、「〜しましょう」に相当する勧誘や提案の意味となる。
　　a ）Agtugawta man.　　　　　　　　座ろうよ。
　　b ）Agkapeta.　　　　　　　　　　　コーヒーを飲みましょう。
　　c ）Agrugitayo nga agsurat.　　　　　書き始めましょう。

2) 完了相

　行為や出来事などが既に開始し、完了していることを表す。動詞は過去の基準時における行為や出来事などの結果や状態などを表す。

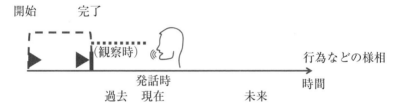

　　a ）Nagtugawda idiay sango.　　　　　彼らは前の方に座った。
　　b ）Nagkapekami kenni Kapitan.　　　我々は村長と一緒にコーヒーを飲んだ。
　　c ）Nagrugi ti trabahok idi Lunes.　　　私の仕事は月曜日に始まった。

　完了相の動詞が否定文で用いられる場合、行為や出来事は未開始・未完了であるため、上記の定義と矛盾するように見える。しかし、行為や出来事の発現にかかわらず、その時点で行為や出来事が完了していなかったことを表していることになる。
　　a ）Saanda a nagtugaw idiay sango.　　彼は前の方に座らなかった。
　　b ）Saankami a nagkape kenni Kapitan.　我々は村長と一緒にコーヒーを飲まなかった。
　　c ）Saan a nagrugi ti trabahok idi Lunes.　私の仕事は月曜日に始まらなかった。

3）未完了相
（1）現在
行為や出来事などが既に開始されたが、まだ完了しておらず、進行中・継続中であることを表す。未完了相でも習慣的行為が表され、不定相で表される習慣的行為と比べると、より強調した意味で用いられる。

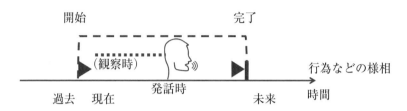

a）Agtugtugaw isuna diay uneg.　　彼は中で座っている。
　　＊座るという行動の途中であることも、腰掛けているという状態も、どちらも表すことができる。
b）Agkapkapekami pay laeng.　　我々はまだコーヒーを飲んでいるよ。
c）Agrugrugi nga agpagna ti ubing.　　その子どもは歩き始めている。

（2）過去
行為や出来事などが過去において進行していた、または継続的に行われていたことを表す。過去のある時点において完了していなかったり、繰り返し、または習慣的に行われていたりしたことを表す。

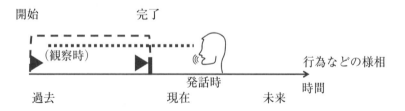

a）Nagtugtugaw ni Apo Rizal idi ditoy.　　リサール氏は昔ここに座っていた。
　　＊座るという行動の途中であることも、腰掛けているという状態も、どちらも表すことができる。
b）Idi ubingkami, nagkapkapekami ti naksit a bagas.　　子どもの時に、炒られた米を我々はコーヒーとして飲んでいた。

c）Nagrugrugida nga agbangka itattay 　彼らは今日の早朝、船を漕ぎ始めてい
　　parbangon. 　　　　　　　　　　　　ました。

11.1.5　未来を表す接辞 -nto、-to

　行為や出来事がこれから行われることを表す場合、動詞の不定相を用いる方法
の他、動詞の不定相に -nto/-to の接辞を加える方法もある。母音で終わる不定相に
は -nto、子音で終わる不定相には -to を付加する。「～する予定だ」、「～するだろ
う」といった意味に相当するが、2 つの方法のうち、不定相を用いる方がその行
為や出来事が起こる可能性が高いことを示す。

　　a）Agtugawto a presidente ti kumpanya 　私の兄は社長の座に就く予定である。
　　　　ni Manongko.
　　b）Agkapento ni Lolo madamdama. 　　祖父は後でコーヒーを飲むだろう。

　接辞 –nto/-to が用いられる文では、未来を示す intono/inton を組み合わせて用い
ることも多い。

　　a）Agruginto ti klase intono sumaruno 　授業は来週始まる予定である。
　　　　a dominggo.
　　b）Agsubliakto diay Baguio inton kasar 　あなたのいとこの結婚式に、私はバギ
　　　　ni Kasinsinmo. 　　　　　　　　　オに戻るつもりである。

　「-nto」「-to」は動詞だけでなく、名詞、代名詞、形容詞にも付加することがで
きる。

　　a）Ni Ma'am Lindanto ket ti agdamag. 　尋ねるのはリンダ先生だろう。
　　b）Sikaminto ti aguray. 　　　　　　待つのは私たちだろう。
　　　　*動詞に標識辞 ti を付けて「～する人／物」という意味で用いることもできる。
　　c）Nabaknangto ti anakmo. 　　　　君の子どもはお金持ちになるだろう。

11.1.6　近完了動詞「～したところ」、「～したばかり」

　近完了動詞は接辞 KA- を用いて形成され、「～したところ」、「～したばかり」と
いう意味を表す。

1) 近完了動詞の基本形

語根の頭に KA- を付け、語根の語頭の音節 CVC を重複させる。重複部分の最後の子音とその後に置かれる語根の語頭の母音が同化するものとしないものとがあり、同化しない場合、重複音節と語根の間にハイフンを挿入する。

tugaw	katugtugaw	座ったばかり
sangpet	kasangsangpet	到着したばかり
biahe	kabibiahe	旅したばかり
lualo	kalulualo	祈ったばかり
ala	kaal-ala	収穫したばかり
ikkat	kaikikkat	取ったばかり

2) 対象焦点動詞 I-（第15課参照）の近完了の形

近完了の接辞 KA- に加えて、対象焦点動詞の接辞 I- も用い、基本形と同様に語根の語頭の音節を重複させる。語根の綴りが母音で始まる場合、表記上、i- は y に変わる。

belleng（ibelleng）	kaibelbelleng	捨てたばかり
baon（ibaon）	kaibabaon	命じたばかり
awid（iyawid）	kayaw-awid	連れ帰ったばかり

3) 近完了動詞が用いられる文の構文

近完了動詞の文では、行為者は主格の名詞句か、人称代名詞であれば属格（-ko 形）が用いられる。構文には以下の2種類がある。

【文型】近完了動詞 ＋ 主格の名詞句 ＋ 補語
【文型】近完了動詞 ＋ 属格の人称代名詞（-ko 形）＋ 補語

a）Katugtugawna itatta laeng. たった今、彼は座ったところだ。

b）Kasangsangpet dagiti kliente. お客様たちは到着したばかりだ。

c）Kabibiahek iti Manila idi naminsan nga aldaw. 私はこの間、マニラを旅したばかりだ。

d）Kalulualok para kenni amang idiay misa itattay bigat. 今朝、私は父のためにミサでお祈りをしたばかりだ。

e）Kaikikkatna ti rugit ditoy badok. 彼は服から汚れを取ったばかりだ。

f）Kaibelbellengmi ti basura. 私たちはゴミを捨てたばかりだ。

g）Kayaw-awidko kaniana itattay. 私はさっき彼を連れ帰ったばかりだ。

11.2 行為者焦点 AG- 動詞

行為者焦点の AG- 動詞は最も一般的に用いられる。

11.2.1 活用

語根	不定相		完了相	未完了相	
				現在	過去
tugaw	agtugaw	「座る」	nagtugaw	agtugtugaw	nagtugtugaw
biahe	agbiahe	「旅する」	nagbiahe	agbibiahe	nagbibiahe
uray	aguray	「待つ」	naguray	agur-uray	nagur-uray
Ilokano	ag-Ilokano	「イロカノ語で話す」	nag-Ilokano	agil-Ilokano	nagil-Ilokano

1）不定相
語根の頭に AG- を付ける。

Agtugaw dagiti lallakay idiay sango. 　　おじいさんたちは前に座るだろう。

2）完了相
不定相の接辞 AG- を NAG- に変える。

Nagbiahe isuna idi rabii mapan iti/diay Manila. 　昨夜、彼はマニラへ向かって旅した。

3）未完了相
（1）現在

不定相の語根の語頭の CVC 音節を AG- の後に重複させる。

Agtugtugaw ni Manang Juana idiay sirok ti kayo. 　ホアナ姉さんは木の下で座っている。

Agbibiahe ni Nanang itatta lugan ti bus. 　今、お母さんはバスで旅行に出かけている。

綴り上母音始まりの語根の場合、AG- の g と重複音節の頭は発音上同化する。重複音節と語根の頭は同化しないため、その間にはハイフンを挿入する。

Agur-uray ni Uliteg kaniam idiay balay. 　伯父／叔父さんはあなたを家で待っている。

(2) 過去

未完了相現在の接辞 AG- を NAG- に変える。

Nagur-urayak kenni Ikit manipud itattay　私は今朝から伯母／叔母を待っていた。
bigat.

11.2.2　行為者焦点の構文

1）基本構文

【文型】行為者焦点動詞＋行為者*1＋補語*2
　　　　*1 文の主題となる -ak 形の人称代名詞や主格の名詞句
　　　　*2 対象補語、方向補語、場所補語、手段補語、時間補語など

Agbirbirok	ni Mari	ti libro	para kenni Jo	iti bibiloteka	itatta.
行為者焦点動詞	行為者	対象補語	受益者補語	場所補語	時間補語

（未完了相（現在））

マリは今日、ジョーのために図書館で本を探している。

　行為者が名詞句の場合、行為者と対象補語の位置には互換性がある。受益者補語と場所補語も同様に語順が逆になることもある。また、場所補語や時間補語がditoy や itatta のように一語で表される場合には、語尾ではなく文中に置かれることもある。

Agbirbirok ti libro ni Mari itatta iti/diay biblioteka para kenni Jo.

2）否定文

　否定文では文頭に Saan とリンカー nga/a を置き、主題が代名詞の場合には代名詞は Saan の後に置く。

【文型】Saan ＋リンカー nga/a ＋行為者焦点動詞＋主格の名詞句＋補語
【文型】Saan ＋ -ak 形の人称代名詞＋リンカー nga/a ＋行為者焦点動詞＋補語
　a）Saan a nagrugi ti trabahok idi Lunes.　私の仕事は月曜日に始まらなかった。
　b）Saanda a nagtugaw idiay sango.　　　　彼らは前の方に座らなかった。

3）命令文

　命令文では不定相のみが用いられる。

（1）基本的な命令文

【文型】行為者焦点動詞 + 2人称の -ak 形の人称代名詞（-ka, -kayo）＋補語

a）Agurayka. / Aguraykayo.　　待ってください。

b）Agtugawkayo ditoy.　　　　（あなたたちは）ここに座りなさい。

（2）勧誘の命令文

【文型】行為者焦点動詞 + 1人称複数と1、2人称非複数の -ak 形の人称代名詞（-ta, -tayo）＋補語

a）Agyamanta kenni Apong.　　おばあさんに感謝しよう。

b）Agsaritatayo ti Ilokano.　　　イロカノ語で話そう。

（3）否定命令文

【文型】**Saan** ＋上記の -ak 形の人称代名詞（**-ka, -kayo, -ta, -tayo**）＋ **nga/a** ＋ 行為者焦点動詞＋補語

a）Saankayo nga agsarita.　　　（あなたたちは）話さないでください。

b）Saantayo nga agkape.　　　　コーヒーを飲まないでおこう。

4）疑問文

（1）一般疑問文

口語では肯定文の文末を上昇させ、表記上は文末に疑問符「?」を付けるだけで作ることができる。

Agbirbirok ni Mari ti libro para kaniak idiay bibiloteka itatta?　　マリは今日、私のために図書館で本を探しているの？

（2）疑問詞疑問文

①行為者が答の文の述語になる疑問文

【文型】疑問詞＋主格の標識辞＋行為者焦点動詞＋補語

Sinno ti agbirbirok ti libro para kenni Jo iti biblioteka itatta?　　図書館で今日ジョーのために本を探しているのは誰？

- Ni Mari（ket ti agbirbirok ti libro para kenni Jo iti biblioteka itatta）.　　（図書館で今日ジョーのために本を探しているのは）マリです。

Ania ti agrugi inton alas-10?　　10時に始まるのは何ですか？

- Ti interviewda（ket ti agrugi inton alas-10）.　　（10時に始まるのは）彼らのインタビューです。

Mano ti nagkape kenni Kapitan?	村長とコーヒーを飲んだのは何人？
- Tallo（ket ti nagkape kenni Kapitan）.	（村長とコーヒーを飲んだのは）3人です。

②行為者が答の文の述語にならない疑問文

【文型】 疑問詞＋リンカー nga/a ＋行為者焦点動詞＋主格の名詞句＋補語
【文型】 疑問詞＋ -ak 形の人称代名詞＋リンカー nga/a ＋行為者焦点動詞＋補語

Sadino nga agbirbirok ni Mari ti libro para kenni Jo itatta?	マリは今日どこでジョーのために本を探しているの？
- Iti biblioteka（nga agbirbirok ni Mari ti libro para kenni Jo itatta）.	（マリが今日ジョーのために本を探しているのは）図書館です。
Kaano nga agbirbirok ni Mari ti libro para kenni Jo iti biblioteka?	マリはいつ図書館でジョーのために本を探しているの？
- Itatta（nga agbirbirok ni Mari ti libro para kenni Jo iti biblioteka）.	（マリが図書館でジョーのために本を探しているのは）今日です。

　対象補語が答の文の述語になる疑問文、たとえば「マリは図書館で今日ジョーのために何を探していますか？」といった文には対象焦点動詞を用いるため、第15課で取り扱う。

11.2.3　AG- 動詞の特徴

　接辞 AG- は様々な語根と組み合わせることができるため、AG- 動詞は種類が多く、最も広く用いられる。AG- 動詞は一般的に以下のような特徴を持つ。

1）他動詞や自動詞として機能する

　AG- 動詞には、標識辞 ti に導かれる名詞句等の対象補語を伴う他動詞と、対象補語を伴わない自動詞とがある。行為者には人や動物のほか、無生物の物なども用いられる。

（1）他動詞

agbuya	見る	agtagainep	夢見る
agsurat	書く	agburas	取る
agbuggo	（体や体の一部を）洗う	agpili	選択する
agbantay	見張る	agaramid	作る
agiwa	（食材等を）切る	agbaliw	変える

a）Agbuybuyakami ti TV. 私たちはテレビを見ている。

b）Nagsurat ni Mana ti e-mail kaniam. 真奈さんはあなたにメールを書いた。

c）Saanak pay a nagbugbuggo ti ima. 私は手をまだ洗っていなかった。

d）Agbanbantay ti aso ti balay. 犬は家を見張っている。

e）Agiw-iwa dayta a makina ti karne itatta. 今、その機械は肉を切っている。

（2）**自動詞**

aginayad	気を付ける	agserra	閉まる
agawid	帰る	agandar	作動する
agtaray	走る	agpagna	歩く
agyaman	感謝する	agiddep	消える
aglualo	祈る		

a）Agin-inayadka. （君は）気をつけてね。

b）Nagawid ni Manang Au iti Narvacan. アウ姉さんはナルバカンへ帰った。

c）Agtartarayda idiay tambak. 彼らは水田で走っている。

d）Agyamanak unay kadagiti nagganakko. 私は両親に大変感謝するだろう。

e）Saan nga agan-andar dayta a makina. その機械は作動していない。

2）能格動詞として表す

能格動詞とは、自動詞と他動詞の両方として用いられる動詞のうち、自動詞の場合の主題と、他動詞の場合の対象補語との意味役割が同じである動詞のことである。

a）Agbaliwak ti trabaho. 私は仕事を変えるだろう。

　Agbaliw ti trabahok. 私の仕事は変わるだろう。

b）Arugi ti maestro ti klasen. 先生はもう授業を始めるだろう。

　Agrugi ti klasen. もう授業は始まるだろう。

c）Nagserrada ti ridaw. 彼らは扉を閉めた。

　Nagserra ti ridaw. 扉は閉まった。

3) 人がコントロールできない行為や出来事を表す

人がコントロールできない行為や出来事を表し、無意志動詞として用いられる。自動詞の場合も他動詞の場合もある。

 a）Nagiddep ti silaw.   照明が消えた。
 b）Aglukat ti mata ti buaya.   ワニの眼が開く。
 c）Nagtayab dagiti papel iti angin. 風に紙が舞い上がった。
 d）Aguk-ukrad ti sabong.   花が開いている。

4) 性質、習慣、繰り返しの行為を表す

人や動物などの性質や特質を表す場合には不定相、習慣的な行為や繰り返し行われる行為を表す場合には頻度を表す副詞を伴って未完了相が用いられる。疑問文と否定文で用いられる相は未完了相である。

 a）Agkamat ti pusa iti bukat.   猫はネズミを追う。
 b）Agkugtar dayta kabalio.   その馬は蹴りだすくせがある。
 c）Aguni ti alarm clock ti alas kuatro. 目覚まし時計は4時に鳴る。
 d）Saanak nga agsigsigarilio.   私はたばこを吸わない。
 e）Agkagat dayta nga asok ngem saan 私の犬は噛みぐせがあるが、ここでは
   nga agkagkagat dayta ditoy.   噛まない。

5) 感情を表す

agungit	怒る	agladingit	悲しむ
agdanag	心配する	agselos	妬む
agkatawa	笑う	agragsak	喜ぶ
agayat	愛する	agdung-aw	泣き叫ぶ
agduadua	疑う	agsangit	泣く
aganos	耐える		

 a）Nagung-ungit ti principal.   校長は怒っていた。
 b）Saankayo nga agdanag.   心配しないでください。
 c）Agkatkatawada.   彼らは笑っている。
 d）Agay-ayatak kenni Paula.   私はパウラさんを愛している。

6) 語根が示す行動

名詞の語根に接辞 AG- を付けて、語根が意味する物を使ったり、飲食したりすることを表す。語根により、他動詞になる場合と、自動詞になる場合とがある。

(1) 交通手段・乗り物

agtren	電車に乗る	agbisikleta	自転車に乗る
agbangka	船を漕ぐ	ageroplano	飛行機で飛ぶ
aglugan	乗り物に乗る	agmotor	オートバイに乗る

　a) Agtrenak mapan Tokyo.　　　　　　私は電車で東京へ行く。

　b) Kaya ni John nga agbangka.　　　　ジョンは船を漕ぐことができる。

(2) 飲食

agkape	コーヒーを飲む	agsushi	寿司を食べる
aginnapoy	ご飯を食べる	aglauya	肉煮込みを作る／食べる
agbeer	ビールを飲む	agpinakbet	ピナクベットを作る／食べる

　a) Agkapkape isuna idiay restauran.　　彼はレストランでコーヒーを飲んでいる。

　b) Aginnapoyka kadua ti nateng.　　　野菜と一緒にご飯を食べてね。

(3) 言語

ag-Ilokano	イロカノ語で話す	ag-Inggles	英語で話す
ag-Hapones	日本語で話す	ag-Tagalog	タガログ語で話す
ag-Hapones ti Osaka	大阪弁で話す	ag-abesedario	アルファベットで書く

　a) Kayat nga ag-Ilokano ni Yuka.　　　　由香さんはイロカノ語で話したい。

　b) Saan nga ammo ag-Hapones ti kapitan.　村長は日本語で話せない。

(4) スポーツ・娯楽

agkarate	空手をする	agay-ayam	遊ぶ
agpiano	ピアノを弾く	agbakasion	休暇をとる
agpasiar	散歩する	aglangoy	泳ぐ

a）Agkarate ni Naomi idiay eskuela.　　尚美さんは学校で空手をするだろう。

b）Kayatko nga agpiano idiay lobby.　　私はロビーでピアノを弾きたい。

(5) 衣類・装飾品・化粧品など身につけるもの

agbado	服を着る	agkallugong	帽子をかぶる
aglipistik	口紅をつける	agbestida	ドレスを着る
agpunggos	髪をゴムで整える	agpantalon	ズボンをはく

a）Agbadoka ti napuskol no nalamiis　　気温が寒い時に、厚手の服を着なさい。
　　ti panawen.

b）Naglipistik ni baket Urang ti　　ウラン婆さんは赤い口紅をつけた。
　　nalabbaga.

(6) 道具・手段

agwalis	ほうきで掃除する	aggabion	鍬（くわ）を使う
agragadi	のこぎりで切る	agararo	鋤（すき）で耕す
agchopsticks	箸で食べる	agrosario	ロザリオで祈る

a）Agwaliska man ti balay.　　家をほうきで掃除してね。

b）Agragadi isuna ti kayo.　　彼はのこぎりで木を切る。

(7) 場所

agkolehio	大学に進学する	agabroad	海外で出稼ぎをする
ag-Amerika	アメリカへ行く	agpalengke	市場へ行く
ag-Tokyo	東京へ行く	agkapilia	教会へ行く

a）Agkolehio ni Erika idiay London.　　エリカさんはロンドンの大学に進学す
　　るだろう。

b）Ag-Amerikakaminto daytoy a lawas.　　今週、我々はアメリカに行く予定だ。

(8) 時間・季節

ag-Disiembre	12月になる	agbaro a tawen	新年になる
agalas-sais	6時になる	ag-Lunes	月曜日になる

a）Nag-Disiembre manen.　　　　　また 12 月になったね。

b）Agriingkan, agalas-saisen!　　　ほら、起きて、もう 6 時になるよ！

（9）職業・専門

職業を表す名詞を AG- 動詞にすると、その職業に就くために学んだり訓練したりすることを意味する。

agmaestra	教師になろうとする	agpolitiko	政治家になろうとしている
agpiloto	パイロットになろうとする	agnursing	看護学を専攻する
agdoktor	医師になろうとする	agmaneho	運転する
agpadi	神父になろうとする	agtalon	栽培する

a）Kayat ni Mayumi nga agmaestra.　　真由美さんは先生になりたい。

b）Agnursingakto iti kolehio.　　　　私は大学で看護学を専攻する予定だ。

（10）外来語・俗語・造語など

agmake-up	化粧する	agresearch	研究する
agselfie	自撮りする	aginterview	インタビューする

a）Nagmake-up ni Rosa.　　　　ロサさんは化粧しました。

b）Agselfieak pay.　　　　　　私はまだ自撮りするつもりだ。

（11）変化

aglati	錆びる	aglupos	脱皮する
agukrad	咲く	agbalin	～になる
agpiglat	傷が癒える	agtubo	生える

a）Aglatlati daytoy kadena.　　　このチェーンは錆びている。

b）Nagukrad ti sabong.　　　　　花が咲いた。

(12) 自然現象

自然現象を表す AG- 動詞が用いられる文では主題（行為者）はない。

agbagyo	台風が来る	aggingined	地震が起こる
agtudo	雨が降る	agangip	霧が出る
aginit	晴れる	agarbis	小雨が降る

a）Nagbagbagyo idi kalman.　　　　昨日、台風が来ていた。

b）Agtudtudo ti napigsa.　　　　　雨が強く降っている。

(13) 病気や身体の状態など

aggurigor	熱を出す	agtuko	水痘を患う
agkanser	癌になる	agpanateng	風邪をひく
aguyek	咳が出る		

a）Aggurgurigor ni Luis.　　　　ルイスは発熱している。

b）Agkanser dayta sidingmo.　　　あなたのほくろは癌になるだろう。

7) 形容詞が示す意味の状態になる

数は少ないが、形容詞の語根に接辞 AG- を付けた動詞も主に日常会話でよく使われる。

agkapsut	疲れ切る、弱々しくなる	agsikkil	頑丈になる
aglupoy	弱くなる、柔らかくなる	agtangken	固くなる

a）Agkapsut ti signal ti WiFi.　　　WiFi の電波は弱い。

b）Agsikkil daytoy sakak.　　　　私の足は硬くなる。

練 習 問 題

1．以下の各語根を用いて AG- 動詞の活用表を完成させなさい。

	語根	不定相	完了相	未完了相	
				現在	過去
(1)	buggo				
(2)	sangit				
(3)	lukat				
(4)	ay-ayam				
(5)	bado				
(6)	trabaho				
(7)	init				
(8)	lualo				

2．以下の日本語をイロカノ語に訳しなさい。

(1) 次の土曜日に市場へ行きましょう。

(2) あなたたちは今ここで走るな。

(3) マリはこの本を探しました。

(4) 彼らはさっきそのニュースに喜びませんでした。

(5) 農業について研究しているのはホセです。

(6) マニラでは昨夜まだ雨が降っていました。

(7) 彼らの子どもは来年大学に進学します。（-nto / -to を使って）

(8) 先生たちはコーヒーを飲んだばかりです。（近完了の形を使って）

3．以下の疑問文をイロカノ語に訳しなさい。

(1) 誰がパグッドプッドで船を漕いでいるのですか？

(2) あの山で何が咲いたのですか？

(3) この学校で何人が発熱しましたか？

(4) 学生たちは明日どこで散歩しますか？

(5) バギオでいつ地震が起こったのですか？

(6) あなたはなぜ毎週お父さんにメールを書くのですか？

4．以下のイロカノ語の文を日本語に訳しなさい。

(1) Agbisikletatayo idiay Baguio.

(2) Aglutokami ti manokmi idiay.

(3) Agdandanag ni Naomi kadagiti annakna inaldaw.

(4) Saan pay a nagrugi ti klaseda idi maysa a lawas.

(5) Kaibelbellengna ti basura.

5．本課の会話文に関する以下の質問にイロカノ語で答えなさい。

(1) Ayanda Linda ken dagiti estudiantena?

(2) Sinno ti agyamyaman kenni Kapitan?

(3) Sinno ni Rosa?

(4) Agsursurat da Linda ti ania a klase a libro?

(5) Sinno ti agbirok ti tattao a kasarita?

イロカノ料理 チキン・ピピアン

小野桃香

　チキン・ピピアン（chicken pipian）はイロコス地方を含むフィリピン北部でよく食べられる家庭料理である。16世紀に始まったガレオン貿易を経て生まれたとされている。pipianとはスペイン語で、トウガラシの種・カボチャの種・ピーナッツなどを使ったソースや、そのソースを使った肉料理を意味する。

　見た目は、メインの鶏肉にカレカレ[*1]に似たオレンジ色のスープがかかっている。日本でも鶏肉の煮込み料理やバターチキンカレーとして出てきそうな見た目で、とてもおいしそうである。鶏肉は柔らかく煮込まれ、スープが中まで染み込んでいて、パサつかずしっとりとしている。低温でじっくりと加熱されたことが分かる食感である。スープはあまりとろみがなく、塩味が強く味が濃い。初めはしょっぱいが後味にコクがあり、味は濃いが辛くはなく日本人の舌に合う味付けだと感じる。他のフィリピン料理と同じように、ご飯にスープをかけて食べるとちょうど良い味付けで食べられる。今回食べに行ったレストランではご飯を別に注文したが、元々ライス付きで提供されるところもあると聞いた。

　レシピには、メキシコ由来でイロコス地域にしかないエパソテ（epasotes、アリタソウ）というハーブが使われると書かれていた。レストランで提供されたものには、スープには使われているようだったが、具材として使われていたのは鶏肉のみであった。レストランのメニューにも「with subtle sour（ほのかな酸味）」と書かれていたが、このハーブがシニガン[*2]ほどではないものの、スープに酸っぱさを加えているようである。スープのとろみ具合は地域や家庭によって異なるようで、カレーのようにとろみがあるスープがかかっているものもあった。また今回レストランで提供されたものは、色も黄色寄りのオレンジ色で、あまりトマトの味を感じなかったが、調理の際にトマトを多く使うレシピもあり、スープが赤色でトマトの味が強いものもあるようだ。イロカノ地域では鶏肉のpipianしかないようだが、メキシコには豚肉を使ったpork pipianもあるらしい。

[*1] カレカレ：様々な野菜と肉が入ったシチューに似た料理で、ピーナッツソースが使われているのが特徴的である。
[*2] シニガン：タマリンド（sampalok）という果実を使用した酸味のあるスープである。酸っぱさが食欲をそそる。

チキン・ピピアン © 小野桃香

12 料理の香りが良くなる。
Bumanglo amin a luto.

課のねらい / Gandat ti leksion

- 行為者視点 -UM- 動詞の特徴、活用、構文などを理解し、使えるようになる。
- AG- 動詞と -UM- 動詞の特徴の違いを理解し、使い分けることができる。

会話 / Dialogo

12-1

Kapitan: Ma'am Linda, umakartayon. Dandanin a sumangpet dagiti mannalon.
Linda: Wen, Kapitan, umaykamin. Naomi ken Biday, rumuartayo kanon.
　　　　　(Kataltalonan)
Naomi: Nagpintas ti taltalon. Naimbag ta simmurottayo ken naimbag ta saan a nagtudo.
Mannalon: Ma'am, dumanonkayo. Umunegkayo pay ditoy kalapaw.
Naomi: Manong, ania dagitoy? Kasla bimmassit dagitoy bawang.

174

Mannalon: Native a bawang dagita. Gumatangkayo? Bumanglo ti amin a lutoyo.

Linda: Sumalun-at ti bagi ken bumaba kano ti altapresion no mangantayo ti bawang.

Naomi: Makuna a "white gold" ti bawang. Bumaknang kano ti tao ta umadu ti ganansiana gapu iti daytoy a produkto. Agpayso kadi?

Mannalon: Diak ammo ngem naimbag met ta nagbiag dagidiay immulami itatta a tawen.

和訳 / Panangipatarus iti Hapones

村長： リンダ先生、もう移動しましょう。農家さんたちがそろそろ到着します。

リンダ： はい、村長さん、もう行きます。尚美さん、ビダイさん、もう出かけましょう。

（畑で）

尚美： 畑がきれいですね。ついてきて良かったですし、雨が降らなくて良かったです。

農家の人：先生、さあお寄りください。どうぞ小屋へお入りください。

尚美： お兄さん、これらは何ですか？ これらのニンニクは小さくされたみたいに見えます。

農家の人：それらは在来種のニンニクです。お買い求めになりますか？ どんな料理も香りが良くなりますよ。

リンダ： ニンニクを食べると体が元気になり、高血圧が下がりますよ。

尚美： ニンニクは「ホワイトゴールド」と言われています。この農産物によって収入が増えるので、人々はお金持ちになるそうです。本当でしょうか？

農家の人：分かりませんが、我々が今年植えたものが育って良かったです。

12

語彙 / Bokabulario

12-2

umákar	移動する <ákar	rumuár	出る、外出する <ruár
dandáni	もうすぐ、そろそろ	kataltalónan	畑 (talón より広く多いことを表す)
sumangpét	到着する <sangpét	simmúrot	ついていく <súrot
umáy	来る <ay	tá	～なので
imbagá	言った <bagá（I- 動詞の完了相）	dumánon	寄る、来る <dánon

umunég	中に入る <unég	makuná	～と言われる <kuná（-EN 動詞
kalapáw	小屋		の可能形）
bimmassít	小さく／少なくなる <bassít	white gold	ホワイトゴールド［英語］
native	在来種［英語］	bumaknáng	裕福になる <baknáng
gumátang	買う <gátang	umadú	多くなる、増える <adú
bumangló	芳しくなる <bangló	ganánsia	収入、収益
sumalun-át	元気になる <salun-át	naimbág	良い
bagí	身体	nagbiág	育った、生きた <biág
bumabá	下がる、降りる <babá	táy	daydiay, diay の短縮形
altapresión	高血圧	immúla	（植物）を植えた、育てた <múla
nó	～すると、～したら		（I- 動詞の完了相）
mangán	食べる <kaán（MANG- 動詞）		

文法 / Gramatika

（12.1） 行為者焦点 -UM- 動詞の活用

-UM- 動詞は行為者焦点動詞の 1 つで、主に一時的な行為や移動などを表す。

語根	不定相		完了相	未完了相	
				現在	過去
akar	umakar	「移動する」	immakar	umak-akar	immak-akar
adu	umadu	「多くなる」	immadu	umad-adu	immad-adu
ay	umay	「来る」	immay	um-umay*	im-immay*
banglo	bumanglo	「芳しくなる」	bimmanglo	bumangbanglo	bimmangbanglo
ruar	rumuar	「出る」	rimmuar	rumrumuar*	rimrimuar*

*不規則活用

176

1）不定相

語根が母音で始まる場合、語根の頭に UM- を付ける。

Umakarkami ti balay.　　　　　　　　我々は家を引っ越す。

語根が子音で始まる場合、語頭の音節 CVC の C と V の間に -UM- を挿入する。

Bumanglo ti amin a lutoyo.　　　　　あなたたちの料理は全て芳しくなる。

2）完了相

語根が母音で始まる場合、語根の頭に IMM- を付ける。

Ni Manang Ising ket ti immay idi kalman.　昨日来たのはイシン姉さんです。

語根が子音で始まる場合、語頭の音節 CVC の C と V の間に -IMM- を挿入する。

Rimmuar dagiti tattao.　　　　　　　人々は外に出た。

3）未完了相

（1）現在

語根が母音で始まる場合、語根の頭に UM- を付け、語根の第 1 音節を置き、その後に語根を付ける。重複音節と語根の頭は同化しないため、その間にはハイフンを入れる。ただし、umay の場合、umay-ay でなく、um-umay となる。

Umad-adu ti kuarta no bumakbaknang.　裕福になるにつれてお金は増えていく。

Um-umay dagiti turista iti Osaka.　　観光客は大阪に来ている。

語根が子音で始まる場合、語頭の音節 CVC の C と VC の間に -UM- を挿入し、その後に語根を付ける。

Sumursurot dagiti lamok uray no umakarak.　私が移動しても、蚊はついてきている。

（2）過去

未完了相現在の UM の部分を IMM に変える。ただし、umay の場合、imm-immay でなく、im-immay となる。

Simmursurot dagiti lamok idi immakarak.　私が移動した時に、蚊はついてきていた。

Immad-adu ti kuartak idi nag-abroadak.　海外に出稼ぎをした時に、私のお金は増えていった。

	あなたの結婚式に、あなたの親戚は
Saan met nga im-immay dagiti kabagiam idi kasarmo.	来ていなかったね。

（12.2） -UM- 動詞の特徴

12.2.1　一時的に行われる行為を表す

　AG- 動詞は一般的に継続して行われる動作等を表すが、-UM- 動詞は動作などの瞬間的・一時的な様子を表すことが多い。

Ti Bulkan Mayon ket ti pimmutok.	噴火したのはマヨン火山です。
Umunegtayo iti kalapaw.	まず小屋に入ろう。
Bumabbaba ti presidenten iti eroplano.	大統領は飛行機からもう降りている。

12.2.2　起動・変化を表す

　動作が始まっている様子や状態の変化などを表す。形容詞の語根を用いるものが多いが、名詞の語根が用いられることもある。

1）形容詞の語根が示す状態になることを表す

　この種の -UM- 動詞は、AG- 動詞の agbalin（～になる）＋リンカー＋形容詞の場合と同様の意味を表す。

単純形容詞	-UM- 動詞	NA- 形容詞	-UM- 動詞
adu 「多い」	umadu 「多くなる」	nabaknang 「裕福な」	bumaknang 「裕福になる」
dakkel 「大きい」	dumakkel 「大きくなる」	nalabbaga 「赤い」	lumabbaga 「赤くなる」
atiddog 「長い」	umatiddog 「長くなる」	nakapoy 「弱い」	kumapoy 「弱くなる」
bassit 「小さい」	bumassit 「小さくなる」	nabanglo 「芳しい」	bumanglo 「芳しくなる」
baro 「新しい」	bumaro 「新しくなる」	nakuttong 「痩せている」	kumuttong 「痩せる」

a）Bumaknangakto no dumakkelak.　　　私は大きくなったら裕福になる
　　= Agbalinak a nabaknang no dumakellak.　　だろう。
　　＊この場合、大きくなる＝成長する、を意味する。

b）Kasla limmabaga ti matam.　　　　　あなたの眼は赤くなったようだ。
　　= Kasla nagbalin a nalabbaga ti matam.

c）Kimmapoy ti bagina.　　　　　　　　彼の体は弱くなった。
　　= Nagbalin nga nakapoy ti bagina.

2）名詞の語根が示す意味のような状態になることを表す

　名詞も UM- 動詞の語根として用いられるが、形容詞の語根の場合とは異なり、「～になる」ではなく、「～のようになる」といった意味を表す。実際に語根が示すものになることを表したい場合には AG- 動詞の agbalin を用いる。

名詞		-UM- 動詞	agbalin の表現
daga	土、土地	dumaga 腐食する	agbalin a daga 土になる
sunggo	猿	sumunggo 猿のようになる	agbalin a sunggo 猿になる
tapok	埃	tumapok 埃っぽくなる	agbalin a tapok 埃になる
init	太陽	uminit 晴れる	agbalin nga init* 太陽になる ＊神話等で用いられる
baket	おばあさん 高齢女性	bumaket おばあさんのようになる	agbalin a baket おばあさんに姿を変える 高齢女性になる
lakay	おじいさん 高齢男性	lumakay おじいさんのようになる	agbalin a lakay おじいさんに姿を変える 高齢男性になる
ubing	子ども	umubing 若返る	agbalin nga ubing 子どもに姿を変える 子どものようになる

12.2.3　場所・位置の移動を伴う行為を表す

行為者が場所や位置を移動することを表し、自動詞として用いられる。

umakar	引っ越す、移動する	pumanaw	去る、出発する
umuneg	入る	sumangpet	着く、到着する
sumrek	入る <serrek	umalis	退く、去る、移る
rumuar	外に出る	umay	来る
bumaba	降りる	sumurot	ついて行く
ngumato	上がる、高くなる	sumango	前方に行く
umuli	上る、登る	kumannigid	左方に行く
bumallasiw	渡る	kumannawan	右方に行く

a）Umayka ditoy!　　　　　　　　　ここに来て！
b）Umakarkami ti balay idiay probinsia　私たちはいなかの家に 11 月に引っ越
　　intono Nobiembre.　　　　　　　す予定である。
c）Sumrek ni Takashi kas maestro ti　孝さんは高校の教師として入職する。
　　high school.
d）Sumurotak met gapu ta rimmuarkayon.　あなたたちが出たため、私もついて
　　　　　　　　　　　　　　　　　いく。

12.2.4　行為の対象が行為者に近づくことを表す

行為の対象となる存在が行為者の近くに存在することが分かっており、行為者の意志でその対象に対して行動を起こし、それが行為者に近づくことを表す。同じ語根が AG- 動詞で用いられることもあり、その場合、行為の対象が行為者から離れた場所にあり、行為者がそこに近づくという意味合いが含まれる。

bumulod	借りる	pumidot	拾う
dumawat	もらう	tumulong	手伝う
gumatang	買う	pumuros	もぐ

a）Gumatang ni Naomi ti karne ken　尚美さんは父親のために肉と野菜を
　　nateng para iti tatangna ditoy merkado.　ここ市場で買う。

b）Aggatangka man ti empanada iti Batac. バタックでエンパナダを買ってきて。

c）Dimmawatak ti masetas ni Naty. 私はナティーさんの鉢植えをもらった。

(12.3) 同じ語根をとる AG- 動詞と -UM- 動詞の比較

同じ語根が AG- 動詞と -UM- 動詞の両方で用いられる場合、以下のような類似点や相違点がある。

12.3.1 同じ意味で用いられるもの

以下のような動詞は AG- 動詞でも -UM- 動詞でも意味はほぼ同じである。

tumayab	agtayab	飛ぶ
lumikaw	aglikaw	（何かの周りを）周る
kumurba	agkurba	曲がる
tumaray	agtaray	走る
bumtak	agbettak	はじける、割れる
lumayos	aglayos	洪水になる、水浸しになる
lumagto	aglagto	跳ぶ、（自分から）飛び込む
tumappuak	agtappuak	転落する、飛び出る
tumayyek	agtayyek	回転する
tumubo	agtubo	生える
tumuloy	agtuloy	継続する、進む
tumangad	agtangad	上を向く

a）Limmayos ti kalsada. / Naglayos ti kalsada. 道路が水浸しになった。

b）Tumubonton ti buokna. / 彼の髪はもう生えるだろう。
Agtubonton ti buokna.

c）Kasla bumtak ti sarming. / 鏡が割れそうだ。
Kasla agbettak ti sarming.

d）Tumaytayyek ti dalig. / Agtaytayyek ti dalig. タイヤは回転している。

181

12.3.2 異なる意味で用いられるもの

同じ語根が用いられる場合、主に以下のような相違点がある。

1) 自動詞と他動詞

-UM- 動詞では自動詞、AG- 動詞では他動詞として用いられる。

	自動詞		他動詞
bumtak*1	はじける	agbettak	割る
kuminis	滑らかになる	agkinis	磨く
rumuar	外に出る	agiruar*2	外に出す

a）Kimminis ti datar. 　　　　　　　　床は滑らかになった。

　　Nagkinisak ti datar. 　　　　　　　私は床を磨いた。

b）Rumuar ti kuarta ditoy. 　　　　　　お金はここから出る。

　　Agruarda ti kuarta para iti fiesta. 　祭りのために、彼らはお金を出す。

c）Bumtak ti niog. 　　　　　　　　　ココナッツははじける。

　　Agbettak isuna ti niog. 　　　　　　彼はココナッツを割る。

　　*1 bettak は 12.3.1 で示したように、両方の動詞で同じ意味を示すこともある。

　　*2 AGI- 動詞は第 19 課で詳しく取り扱う。

2) 自動詞と他動詞

-UM- 動詞では一時的または数回のみの行為、AG- 動詞では継続して行われたり、複数回行われたりする行為を表す。

	一時的／1回・数回		継続的／複数回
kumettab	噛みつく	agkettab	ぽりぽり食べる
pumuted	切る	agputed	たくさん切る
uminum	飲む	aginum	お酒をよく飲む
tumalna	やめる／やむ	agtalna	長くやめる／やむ
lumteg	一時的に腫れる	agletteg	長く腫れる

a）Kumettab ni Eba ti mansanas. 　　　イブさんはリンゴに噛みつく。

　　Agkettab ni Eba ti mansanas. 　　　イブさんはリンゴをぽりぽり食べる。

182

b）Pimmutedak ti sanga ti kayo.　　　私は木の枝を切った。

Nagputeddak ti sangsanga ti kaykayo.　　私は木々の枝を（たくさん）切った。

3）内発的／自発的行為と外発的／積極的行為

-UM- 動詞では内発的／自発的行為、AG- 動詞では外発的／積極的行為を表す。

内発的／自発的		外発的／積極的	
umala	（遺伝等で）受け継ぐ	agala	受け取る
kumasar	結びつく	agkasar	結婚する
bumallasiw	頭をよぎる	agballasiw	渡る
pumudno	叶う	agpudno	告白する
umalisto	速くなる	agalisto	急ぐ
bumikkel	締めつける	agbikkel	絞め殺す

a）Immala ni Dan kenni Apongna.　　ダンさんは彼の祖父に似ている。

Nagalaak ti marunggay.　　私はモリンガを受け取った。

b）Pumudno kano ti tagainepko.　　私の夢は叶うそうだ。

Agpudnoak kenni Tatangko.　　私はお父さんに本当のことを言う。

4）正常な行為と異常な行為

-UM- 動詞では正常な行為、AG- 動詞では異常な行為を表す。

正常		異常	
umisbo	小便をする	agisbo	頻繁に小便をする
tumakki	大便をする	agtakki	下痢をする
sumarwa	一時的に嘔吐する	agsarwa	頻繁に嘔吐する

a）Timmakkiak idiay estasion.　　私は駅で大便をした。

Agtaktakki isuna.　　彼は下痢をしている。

5）単独で行われる行為と相互に行われる行為

-UM- 動詞では単独で行われる行為、AG- 動詞では相互行為を表す。

単独で行われる行為		相互に行われる行為	
lumaban	（試合等）に出る	aglaban	競争する
sumangdo	（動物が）襲う	agsangdo	（動物同士が）戦う
sumango	姿を現す、対面する	agsango	対面する

a）Lumaban ti Hanshin Tigers iti finals. 　阪神タイガースは決戦に出る。

　　Aglaban ni Marcos ken Leni iti eleksion. 　マルコスさんとレニさんは選挙で競り合う。

b）Sumangoka man kadagiti bisita. 　接客してください。

　　Agsango dagiti presidente idiay conference. 　首脳たちは会議で対面する。

（12.4） Naimbag ta ＋行為者焦点動詞「〜で／〜して良かった」

Naimbag ta と動詞を組み合わせて用いると「〜で／〜して良かった」という表現になる。行為者焦点動詞と組み合わせる場合、以下の構文を用いる。ta は接続詞であり、その後に続く節を導く。動詞は不定相以外の各相が用いられる。

【文型】**Naimbag ta** ＋行為者焦点動詞＋行為者＋補語

a）Naimbag ta agmulmulaak ti nateng. 　私は野菜を育てていて良かった。

b）Naimbag ta immad-adu ti produktom. 　あなたの商品が増やされていて良かった。

c）Naimbag ta simmurotak. 　私はついて来て良かった。

d）Naimbag ta saan a nagtudo itattay. 　今日、雨が降らなくて良かった。

練 習 問 題

1. 以下の各語根を用いて -UM- 動詞の活用表を完成させなさい。

	語根	不定相	完了相	未完了相	
				現在	過去
(1)	kuttong				
(2)	bassit				
(3)	asideg				
(4)	uneg				
(5)	bulod				
(6)	labbaga				
(7)	inum				
(8)	ngato				

2. 以下の各文をイロカノ語に訳しなさい。
   - (1) あなたはいつマニラに来ますか？
   - (2) あなたたちは移動するな。
   - (3) 市場でニガウリを買ったのは誰ですか？
   - (4) 彼らの木はもう増えました。
   - (5) 私の水牛はまだ大きくなってきています。
   - (6) あの火山は先週噴火していたそうです。
   - (7) その漁師は来年船を買います。(-nto/-to を使って)
   - (8) 学生たちは学校に到着したばかりです。（近完了の形を使って）

3. 以下の各文を日本語に訳しなさい。
   - (1) Rumuartayo intono maysa a rabii.
   - (2) Agiruarak ti bado naggapu ditoy uneg.
   - (3) Umalalisto daytoy a pagorasan.
   - (4) Agalalisto (kadi) dagiti maestro?
   - (5) Saan nga imminum ti danum ti anakna.
   - (6) Agin-inum isuda rinabii.

4．本課の会話文に関する以下の質問にイロカノ語で答えなさい。

(1) Sinno ti dandani a sumangpet idiay balay ni Kapitan?

(2) Sadino nga immay da Naomi?

(3) Ania ti bumanglo gapu iti bawang?

(4) Ania ti bumaba no adda ti bawang iti luto?

(5) Ania ti umadu gapu iti bawang?

イロカノ料理　ディナルダラアン

武田健佑

　ディナルダラアン（dinardaraan）とは、イロカノ語のダラ（dara、血）から派生した料理で、イロカノ版のディヌグアン（dinuguan）と呼ばれる。ディヌグアンも同様に、タガログ語で「血」を表すドゥゴ（dugo）に由来する料理である。
　ディナルダラアンは、完成した際にはソースと豚肉の上に青唐辛子が乗っているという簡素な見た目をしているが、その調理工程には様々な材料が見られる。まずはニンニクとレッドオニオンをカラメル化するまでソテーして、その後に豚肉を入れ、茶色になるまで調理する。その後も炒め続けるが、調味料として酢、牛肉の出汁でとったスープ、調味油、黒コショウなどを入れる。豚肉を柔らかくするため、そして豚の血のソースを味の主役として引き立たせるために、45分から1時間ほど火にかける。
　フィリピンの一種のシチューのようなもので、名前の通り豚の血や内臓がソースに使われている。ソースは結構とろみが強く、乾いてもったりしているため味が濃いが、それが大きめにカットされた豚肉やご飯によく合っている。血の存在は確かに感じるが、それほど強くも臭くもない。レバーの方が癖を感じるほどである。肉は、普通の豚肉だけではなく、バグネット（bagnet）と呼ばれる、レチョン・カワリ（lechon kawali）に似てカリッと揚げられた豚バラ肉も用いられることがある。これは、クリスピー・ディナルダラアンというディナルダラアンのバリエーションの1つで、例えば他にもパパイヤ（papaya）を用いたパパイヤ・ディナルダラアンも食される。
　多くの場合廃棄される豚の血や内臓を煮込むことでつくられるディナルダラアンだが、家庭料理としてもピクニック料理としても昔から愛されており、その人の好み、伝統、土地柄を感じられる奥深い一品である。彼らのように、自分の好みのものを見つけることでより楽しめるかもしれない。

参考資料

Matias-Valera, Lorma. (n.d.). *Dinardaraan: The Ilocano chocolate meat*. Mama Sita's: Ano ang Mga Kuwentong Pagkain n'yo?. Retrieved November 3, 2024, from https://mamasitas.com/mkp/dinardaraan-the-ilocano-chocolate-meat/?site=global

Merano, Vanjo. (2018, September 2). *Dinardaraan recipe (Ilocano dinuguan)*. Panlasang Pinoy. Retrieved November 3, 2024, from https://panlasangpinoy.com/dinardaraan-recipe-dinuguan/

ディナルダラアン © 武田健佑

13 「バリ・バリ・アポ」
"Bari-bari apo"

課のねらい / Gandat ti leksion

- MANG- 動詞の特徴、活用、構文などを理解する。
- 疑似動詞と動詞とを組み合わせた表現を使うことができる。
- 副詞と動詞とを組み合わせた表現を使うことができる。
- 疑問詞 kasano を正しく使うことができる。

会話 / Dialogo

13-1

Linda: Adu kano ti pammati ti Ilokano, mangtedkayo man ti maysa?

Emma: No adda ti ubing ket saan a maagasan ti sakitna, aglaing kano ti ubing no agbaliw ti naganna.

Linda: Kasano aya ti mangsukat ti nagan?

Emma: Masapulyo a mangala ken mangpatakder ti itlog. Igiddan ti mangpanunot ti baro a nagan no mangpatakder kadaytoy. No agtakder ti itlog, isu ti tiempo a mangsukat ti nagan. Mangrugika manen no matumba ti itlog.

Linda: Kasano ti pammati no mangasawa?

Emma: Maiparit ti mangbulod ti babai ti trahe de boda. Saan a mabalin ti mangpadas ti trahe de boda sakbay ti kasar. Dakes kano ti maturog iti maysa a kuarto ti lalaki ken babai nga agkasar iti rabii sakbay ti seremonia.

Linda: Masdaawak man. Kasano ti pammati tapno mangabug ken agayab iti madi a makitkita a kararua?

Emma: No mangabug, mangpurruakkami ti asin diay arubayan ken mangibaga ti "bari-bari apo". No mangayabkami, mangisaganakami ti atang.

和訳 / Panangipatarus iti Hapones

リンダ： イロカノの人びとには迷信がたくさんあるようですが、1つ教えて
   ください ますか。

エマ： 子どもがいて、その子どもの病気が治りにくい時、その子どもの名
   前が変わると病気が治るんだって。

リンダ： どのように名前を変えるのかしら？

エマ： 卵を採って、それから立たせる必要があります。卵を立たせながら
   新しい名前を考えます。卵が立ったら、そう、名前を変える時です。
   卵が倒れたらまた（最初から）始めます。

リンダ： 結婚に際しての迷信はどのようなものですか？

エマ： お嫁さんはウエディングドレスを借りてはいけません。結婚式の前
   にドレスを試着することもできません。式の前夜に男女が1つの部
   屋で寝ることもダメだそうです。

リンダ： びっくりしますね。見えない霊を祓う、そして、呼ぶための迷信は
   どのようなものですか？

エマ： 祓う時、私たちは周りに塩を撒き、そして「バリ・バリ・アポ」と
   言います。呼ぶ時には、私たちは供物を用意します。

語彙 / Bokabulario

pammáti	信仰、迷信 <páti	matumbá	倒れる <tumbá（MA- 動詞）
mangtéd	与える <itéd	mangasáwa	配偶者を得る、結婚する
maagásan	治せる <ágas（-AN 動詞、可能形）		<asáwa
aglaíng	良くなる、回復する <laíng	maipárit	禁止、〜してはいけない <párit
agbáliw	変わる <báliw		（疑似動詞）
mangsukát	変える、替える <sukát	mangbúlod	借りる <búlod
masápul	必要である <sápul（疑似動詞）	tráhe de bóda	ウエディングドレス
mangála	とる <ála	mabalín	〜することができる／可能で
mangpatakdér	立たせる <takdér（使役動詞）		ある <balín（疑似動詞）
itlóg	卵	mangpádas	〜してみる <pádas
igiddán	同時に行う <giddán（I- 動詞）	kasár	結婚
mangpanúnot	考える、考え込む <panúnot	dákes	悪い、誤っている
isú	そう	matúrog	寝る <túrog（MA- 動詞）
tiémpo	時、タイミング	kuárto	部屋
mangrugí	始める <rugí	sakbáy	〜の前に

seremónia	式、儀礼	mangpurruák	撒く、散らす、投げる <purruák
masdáaw	驚く <siddáaw（MA- 動詞）	asín	塩
kasanó	どのように	arubáyan	周囲
tapnó	〜のために	mangibagá	言う <bagá（MANG- ＋ I-）
mangábug	追い払う、祓い出す <ábug	"barí-barí ápo"	霊を祓う時の表現
agayáb	呼び出す、呼び込む <ayáb	mangayáb	呼び出す、呼び込む <ayáb
madí	〜ない（否定語）	mangisagána	〜を準備する <sagána（MANG-
makitkíta	見える <kíta（-EN 動詞、可能		＋I-）
	形、未完了相現在）	átang	アータン（供物）
kararuá	霊		

文法 / Gramatika

13.1 行為者焦点 MANG- 動詞

　MANG- 動詞は行為者焦点動詞の１つで、意図的な行為、専門的な行為、職業
としての行為などを表す。

13.1.1 MANG- 動詞の活用

語根	不定相		完了相	未完了相	
				現在	過去
ala	mangala	「取る」	nangala	mangal-ala	nangal-ala
sukat	mangsukat	「変更する」	nangsukat	mangsuksukat	nangsuksukat
ited	mangted*	「与える」	nangted*	mangmangted*	nangnangted*
kaan	mangan*	「食べる」	nangan*	mangmangan*	nangnangan*
kusit	mangusit	「騙す」	nangusit	mangusngusit	nangusngusit

*不規則活用

1) 不定相

語根の頭に MANG- を付ける。

Mangsukatak ti nagan. 　　　　私は名前を変更する。

Mangalakami ti itlog. 　　　　私たちは卵を取りに行く。

ited の場合、MANG- を付けると頭の i が脱落する。kaan の場合、mangan の他に mangkaan もあるが、mangan の方が日常的に用いられる。語根の頭が k から始まる場合、MANG- を付けると頭の k が脱落する。

kusit「ずるい人」　　 mangusit

kurus「十字」　　　 mangurus

2) 完了相

不定相の MANG- を NANG- に変える。

Nangtedka aya ti kuarta kaniak? 　　あなたは私にお金をくれたの？

Nangankami itattay. 　　　　　私たちはもうさっき食事した。

3) 未完了相

（1）現在

不定相の語根の語頭の音節 CVC を MANG- の後に重複させる。

Mangsuksukat ni Al ti dalig ti lugan 　アルさんは車のタイヤを交換している。

Mangal-ala dagiti mannalon ti okra. 　農家たちはオクラを採っている。

mangted と mangan の場合、不定相の MANG- を重複させて語根の前に付ける。

（2）過去

未完了相（現在）の MANG- を NANG- に変える。

Nangnangtedda ti tulong kaniami. 　彼らは私たちに援助をくださっていた。

Nangnangankami ti adu. 　　　　私たちはたくさん食べていた。

13.1.2　mangan の展開

朝、昼、夜という名詞に接頭辞 PANG- が付いて派生した語幹「朝食」「昼食」「夕食」は、語頭の P を M に変えて不定相を作ることができ、日常的に用いられる。完了相は規則通りに活用させるが、未完了相は mangan とそれぞれの語幹を用いて表現する。

語幹	不定相	完了相	未完了相	
			現在	過去
pammigat 「朝食」	mammigat 「朝食をとる」	nammigat	mangmangan ti pammigat	nangnangan ti pammigat
pangaldaw 「昼食」	mangaldaw 「昼食をとる」	nangaldaw	mangmangan ti pangaldaw	nangnangan ti pangaldaw
pangrabii 「夕食」	mangrabii 「夕食をとる」	nangrabii	mangmangan ti pangrabii	nangnangan ti pangrabii

13.2 MANG- 動詞の特徴

13.2.1 意図的な行為を表す

行為者が動作や行為を意図的に行うことを表す。「～していく」、「～することにする」といった意味合いが含まれる。

a) Mangrugiakon. 私はもう始めていきます。

b) Mangtaraken ni Gi ti baboy. ジさんは豚を飼うことにする。

c) Mangayabkayo ti doktor. お医者さんを呼び出してください。

d) Nangtakawda ti prutas idiay taltalon. 彼らは畑から果実を盗んだ。

e) Nangribuk isuna kadagiti gayyemna. 彼は友人たちに迷惑をかけた。

f) Nangabak ni Naomi iti tennis. 尚美さんはテニスで優勝した。

g) Nangsuksukatda ti kolor ti luganda. 彼らは車の色を変更していた。

h) Nangasawa ni Ben idi napan a tawen. ベンさんは昨年結婚した。

i) Nangloklokoda iti anakmi. 彼らは私たちの子どもをバカにしている。

13.2.2 専門的な行為や職業としての行為等を表す

a) Mangtaltalon ni Ed ti pagay ken nateng. エドさんは米と野菜を栽培している。

b) Mangararamidda Tess ti miki. テスさんたちは麺を作っている。

c) Mangagas ti doktor ti sakit. 医師は病気を治す。

d) Mangsukat ti bangko ti doliar. 銀行はドルを両替する。

e）Manglutoak ti leche flan, sika ket ti puto. 私はレチェフラン、君は蒸しパンを作る。

f）Mangtugtugot ti kartero ti surat. 郵便配達員は手紙を運んで行く。

13.2.3　複数のものに対する行為（収集、分配、分散、移動等）を表す

a）Mangalakami ti bunga ti papaya. 私たちはパパイヤを取りに行きます。

b）Mangted ni Kapitan ti ayuda. 村長は支援金を配る。

c）Mangpurpurruakda ti pagay. 彼らは稲を蒔いています。

d）Nangali daytoy a bado iti dadduma. この服は色が落ちて他に染まってしまった。

e）Mangpidotak ti bato. 私は石を拾う。

13.2.4　反復・繰り返しの行為を表す

a）Manganda ti innapoy inaldaw. 彼らは毎日ごはんを食べます。

b）Ni Rizal ket ti nangarem kenni Lea. レアさんに求愛したのはリサールさんです。

c）Nangliblibas dagiti estudiante ti klase. 学生たちは授業をサボっている。

d）Mangpadasak ti tallo a pares a sapatos. 私は靴を3足試着してみます。

e）Mangaarubakaminto iti baro a tawen. 我々は元日に隣人を訪問するでしょう。

f）Dagiti lamok ket ti mangkagat. 刺しているのは蚊です。

（13.3）　MANG- 動詞と AG- 動詞との比較

13.3.1　一般的な相違

　AG- 動詞の中にも意図的な行為を表すものがあるが、以下のように MANG- 動詞との間で意味合いが異なる。

会話例 1

Maestra:	Nagbasa kayo aya ti teksbukyo?	皆さん、テキストを読みましたか？
Estudiante:	Wen ma'am.	はい、先生。
Maestra:	Agrugitayo ngaruden.	それでは、始めましょう。
	Mario, mangrugika a mangbasa	マリオさん、10ページから読み
	iti pahina 10.	始めてください。

会話例 2

Nanang:	Pi-it, agdigos ken agsukatka ti badon.	ピイットさん、シャワーを浴びて、もう服を着替えなさいよ。
Pi-it:	Saan pay. Mangdigosak pay ti aso.	まだやりません。まず犬を洗います。
	Mangsukatak pay ti danumna.	それに犬の飲み水を変えます。

　例1では、agbasa や agrugi は一般的な物事を「読む」、「始める」ことを表す一方、mangbasa や mangrugi は、特定の物事を「読む」、「始める」ことを表す。例2では、agdigos は「自分の体を洗う」という一般的な意味で、再帰動詞として用いられている。mangdigos は「自分以外の人や動物の体を洗う」という意味で、意図的に「洗う」ことを表す。mangsukat は agsukat より意図的に動作を行う意味合いが強い。

13.3.2　同じ語根をとる MANG- 動詞と AG- 動詞の比較

　同じ語根が MANG- 動詞と AG- 動詞の両方で用いられる場合、MANG- と AG- の特徴に応じ、以下の動詞の例のように異なる意味合いで用いられる。

MANG- 動詞		AG- 動詞	
mangaldaw	昼食をとる	agaldaw	昼になる
mangrabii	夕食をとる	agrabii	夜になる
mangagas	病気を治す	agagas	薬を飲む、塗る
mangpanunot	懸命に考える	agpanunot	考える
mangali	色が落ちて移る	agali	色が落ちる
mangarem	懸命に求婚・求愛する	agarem	言い寄る・口説く
mangpurruak	あちこちに投げる	agpurruak	一方向に投げる
mangtumba	（意図的に）倒す	agtumba	倒れる・倒す（人間以外）

194

13.4　疑似動詞と行為者焦点動詞との組み合わせ

　疑似動詞は名詞句のほかに動詞と組み合わせることもでき、動詞の相は不定相が用いられる。ここでは行為者焦点動詞との組み合わせ方を扱う。いつのことについて述べているかは、同じ文中で用いられている副詞や前後の文脈によって判断する。

13.4.1　ammo、kaya（能力）

　ammo や kaya と動詞を組み合わせて用いると、「～することができる」という意味を表すことができる。ammo は基本的な技能を持っていて「できる」、kaya は高い技能を持っていたり、困難な状況下でも「できる」ことを表す。

　　【文型】**Ammo/Kaya** ＋属格の人称代名詞（**-ko** 形）／名詞句（行為者）
　　　　　　＋リンカー（**nga/a**）＋動詞の不定相＋補語

　　a）Ammok nga agsurat ti kanji.　　　私は漢字を書くことができる。
　　b）Ammo ni Naomi nga ag-Ilokano.　尚美さんはイロカノ語ができる。
　　c）Ammom aya a bumaba iti estasion?　君は駅で降りることができる？
　　d）Saanna a kaya a mangan ti aramang.　彼はアミの塩辛が食べられない。

13.4.2　kayat（希望、願望）

　kayat と動詞を組み合わせて用いると、「～したい」という希望や願望を表すことができる。

　　【文型】**Kayat** ＋属格の人称代名詞（**-ko** 形）／名詞句（行為者）
　　　　　　＋リンカー（**nga/a**）＋動詞の不定相＋補語

　　a）Kayatko nga agsurat ti nobela.　　私は小説を書きたい。
　　b）Saan a kayat ni Fe a sumurot kaniam.　フェさんはあなたに同行したくない。
　　c）Diak kayat a mammigat kenni Tiffany.　私はティファニーさんのところで朝
　　　　　　　　　　　　　　　　　　　　　食を食べたくない。
　　d）Saanda kayat a mangribuk iti kaarruba.　彼らは隣人に迷惑をかけたくない。

他の人や動物などに「～してほしい」ということを表すこともできる。

【文型】**Kayat** ＋属格の人称代名詞（-ko 形）／名詞句（行為者）
＋リンカー（nga/a）＋動詞の不定相＋主格の人称代名詞（-ak 形）／
名詞句＋補語

a）Saan a kayat ni Nanang nga　　　お母さんは、私にマニラで勉強してほし
agadalak iti Manila.　　　　　　　くない。

b）Kayatmi nga umaykayo itatta.　　今、私たちはあなた方にもう来てほしい。

c）Kayatko a manganka ti innapoy.　私はあなたにご飯を食べてほしい。

13.4.3　masapul（必要性）

masapul と動詞を組み合わせて用いると、「～する必要がある」という必要性を
表す。

【文型】**Masapul** ＋属格の人称代名詞（-ko 形）／名詞句（行為者）
＋リンカー（nga/a）＋動詞の不定相＋補語

a）Masapul ni Rita nga agtrabaho.　　リタさんは仕事する必要があった。

b）Masapulko nga umuneg dita banio.　私はそこのトイレに入る必要がある。

c）Masapulna a dumawat ti kuarta.　　彼女はお金を求める必要がある。

d）Masapulyo a mangala ti itlog.　　あなたたちは卵を採る必要がある。

kayat と同様に、他の人や動物に何かをしてもらう必要があることを表すことも
できる。

a）Masapul ni Yumi nga umunegka ditoy　由美さんはあなたにここへ入ってき
てもらう必要があります。

b）Masapulko a mangtedka ti tulong.　　私はあなたに手伝ってもらう必要が
ある。

13.4.4　mabalin（可能、許可、蓋然性）

mabalin と動詞を組み合わせて用いると、状況や許可に基づいて「～することが
できる」ということを表す。mabalin が用いられる文の文型は複数ある。

【文型】① **Mabalin** ＋リンカー＋動詞の不定相（人称代名詞）＋補語
② **Mabalin** ＋主格の人称代名詞（-ak 形）＋リンカー＋動詞の不定相
＋補語

③ **Mabalin** ＋斜格の名詞句（行為者）＋リンカー
　　　　　＋動詞の不定相＋補語

a）Mabalin nga agdigos ditoy karayan. 　この川で水浴びすることができる。

b）Mabalin a mangrabiika kenni Nanang. 　君はお母さんのところで夕食を食べ
　　　　　　　　　　　　　　　　　　　　ていいよ。

c）Mabalinak aya a sumangpet iti malem? 　私は昼に到着して良いかしら？

d）Mabalin kenni Rona nga agpiloto. 　ロナさんはパイロットになれる。

13.4.5　maiparit（禁止）

maiparit と動詞を組み合わせて用いると、「～することは禁じられている」、「～
してはいけない」ということを表す。

【文型】① **Maiparit** ＋ **ti** ＋動詞の不定相＋補語
　　　　② **Maiparit** ＋斜格の名詞句（行為者）＋リンカー
　　　　　　　　　＋動詞の不定相＋補語

a）Maiparit ti agdigos ditoy karayan. 　この川での遊泳は禁止。

b）Maiparit ti bumallasiw ditoy idi maysa 　一昨日ここでの横断は禁止だった。
　　nga aldaw.

c）Maiparit ti mangribuk iti klase. 　授業中に迷惑をかけることは禁止。

d）Maiparit kenni Waldo nga agsigarilio. 　ワルドさんは喫煙してはいけない。

e）Maiparit kadakayo a rumuar ti balay. 　あなたたちは家を出てはいけない。

f）Maiparit kadagiti muslim a mangan 　ラマダンの時、イスラム教徒は
　　iti malem iti Ramadan. 　昼に食べてはいけません。

13.5　疑似動詞と時間の表現

　疑似動詞が用いられる文中に時の表現を加える場合、現在のことを表す itatta/ita
または将来のことを表す intono/inton を原則として用い、動作はこれから行うとい
う意味が文に含まれている。ただし、文脈によって、itattay や idi などのような遠
い過去を表す語が用いられる場合もある。このような文を文法的に成り立たせる
ためには、疑似動詞を組み合わせた節に対して、過去の意味を否定する説明や補
足の理由などを加える必要がある。これは否定文においても同様である。

a）Mabalinkami nga agbirok ti balitok idi ditoy, ngem saan itattan.

昔、我々はここで金^{きん}を探すことができたが、今できなくなった。

b）Ammo kano met ni Malou nga ag-Pranses idi ngem nalipatannan.

昔、マルーさんはフランス語を話すことができたが、もう忘れたそうである。

c）Saan a kayat dagiti kasinsinko a rumuar idi kalman ta nagtudtudo.

昨日、雨が降っていたため、いとこたちは外出したくなかった。

d）Masapulko nga agburas ti sili itattay ngem nagbaliw ti panunotko.

さっき、私は唐辛子を収穫する必要があったが、気が変わった。

e）Idi maysa a tawen, maiparit ti aglangoy dita ngem mabalin itattan.

一年前、そこで泳いではいけなかったが、今はできるようになった。

13.6 形容詞の副詞的用法

　形容詞はリンカーとともに用いると副詞として動詞を修飾し、様態や程度を表すことができる。この用法では、単純形容詞や NA- 形容詞の他、強意表現の NAG-形容詞や NAKA- 形容詞も用いることができる。

13.6.1　基本構文

【文型】① 形容詞＋リンカー＋行為者焦点動詞＋主格の名詞句＋補語
　　　　② 形容詞＋主格の人称代名詞（-ak 形）＋リンカー＋行為者焦点動詞＋補語

a）Nalaing nga ag-Ilokano ni Naomi.

尚美さんはイロカノ語を上手に話す。

b）Naimas a mangmangan ni Ken.

ケンさんはおいしく食べている。

c）Nagsapa a nagriing ni Ronnie itattay bigat.

今朝ロニーさんはとても早く起きた。

d）Nagindigda a mangpanunot ti sungbat.

彼らは大変ゆっくり返事を考える。

e）Nakaparpartak a tumaray ti lugan.

車は非常に速く走る。

f）Attidog isuna nga agsarita.

彼は長く話す。

g）Nabayagak a nagururay kaniam.

私はあなたのことを長い間待っていた。

13.6.2 形容詞の比較級や最上級と行為者焦点動詞との組み合わせ

【文型】比較級＋主題（主格の人称代名詞（-ak 形）／主格の名詞句）
＋リンカー＋行為者焦点動詞＋補語＋ **ngem** ＋比較対象（斜格の人称
代名詞／主格の名詞句）

【文型】最上級＋主題（主格の人称代名詞（-ak 形）/ 主格の名詞句）
＋リンカー＋行為者焦点動詞＋補語

a）Naparpartak ti kabalio nga agtaray　　馬は水牛より速く走る。
　　ngem ti nuang.

b）Napigpigsa ni Arnold a mangbagkat　　アーノルドさんはケンさんより
　　ti barbel ngem ni Ken.　　　　　　　バーベルを持ち上げる力が強い。

c）Nalalaingka nga agkanta ngem kaniak.　あなたは私より上手に歌う。

d）Kapintasan nga agsurat ti "kanji"　　私たちのクラスでマリさんが
　　ni Mari iti klasemi.　　　　　　　　一番きれいに漢字を書く。

e）Kagagitan isuna nga agdokdoktor　　この学校で彼が一番真面目に
　　ditoy eskuela.　　　　　　　　　　医師になる訓練をしている。

13.7　頻度や程度を表す副詞

　頻度や程度を表す副詞も、形容詞の副詞的用法を用いて動詞を修飾する場合と
同様の文型を用いて動詞を修飾することができる。語によっては文中に置かれる
こともある。

dandani	もうすぐ	apaman	〜した途端、かろうじて
kanayon	いつも、よく	no dadduma	たまに
sagpaminsan	ときどき、たまに	dagus	すぐ、直ちに
manmano	しばしば、まれに	madama	〜の間に

a）Dandaniak a sumangpeten.　　　　　私はもうすぐ到着する。

b）Kanayon isuna nga umakar ti balay.　彼はよく転居している。

c）Sagpaminsanda a mammigat.　　　　彼らはときどき朝ごはんを食べる。

d）Manmano a mangted ni Beth ti tulong.　ベスさんはまれに支援してくれる。

e）Apaman a nagsardeng ti gingined ket timmakaskami.

地震の揺れが収まった途端、私たちは避難しました。

f）No dadduma nga agmaneho ni Ikit ti lugan.

Agmaneho ni Ikitko ti lugan no dadduma.

伯母／叔母さんはたまに車を運転する。

g）Dagus a nagawid dagiti estudiante malpas ti klase.

Nagawid a dagus dagiti estudiante malpas ti klase.

授業が終わった後、学生たちはすぐ帰った。

h）Nagtudo madama ti kasar.

結婚式の間に雨が降りました。

13.8 疑問詞 kasano 「どのように」、「どのくらい」

kasano は様態や特性、程度、手順を尋ねる際に用いられる。

13.8.1 様態や特性

ある行為がどのような様子で行われているかを尋ねることができる。

【文型】① **Kasano** ＋リンカー＋行為者焦点動詞＋名詞句（行為者）＋補語
② **Kasano** ＋主格の人称代名詞（-ak 形）＋リンカー
　　　　＋行為者焦点動詞＋補語

a）Kasano nga agkanta ni Sara?

　- Nalaing nga agkanta ni Sara.

サラはどのように歌いますか？

サラは上手に歌います。

b）Kasano a timmaray ti lugan?

　- Nagindig a timmaray ti lugan.

車はどのように走りましたか？

車はゆっくり走りました。

c）Kasano isuna nga agluto ti adobo?

　- Saanna nga ammo nga agluto ti adobo.

彼はどのようにアドボを作りますか？

彼はアドボをおいしく作れません。

13.8.2　程度

行為の程度を尋ねることができる。

【文型】① **Kasano** ＋ **KA-** 形容詞の語根＋名詞句

② **Kasano** ＋ **KA-** 形容詞の語根＋リンカー＋行為者焦点動詞

＋名詞句（行為者）＋補語

③ **Kasano** ＋主格の人称代名詞（**-ak** 形）＋ **KA-**（形容詞の語根）

＋リンカー＋行為者焦点動詞＋補語

a）Kasano kaadayu ti estasion?　　　　駅はどのぐらい遠いですか？

- Sumurok-kumurang 500 a metros.　約 500 メートルです。

b）Kasano kagagit nga agbasa ni Ted?　テッドはどのくらい真面目に勉強しますか？

- Saan unay a nagagit.　　　　　　　そんなに真面目ではない。

13.8.3　手順

手順を尋ねる際にも用いられる。

a）Kasano ti aglugan iti bus ditoy?　　ここでどのようにバスに乗りますか？

- Gumatangta umuna ti ticket.　　　まず切符を買います。

b）Kasano ti umakar iti MRT naggapu　アヤラから MRT 線までどのように乗り換えます？

iti Ayala?

- Umakartayo iti Taft.　　　　　　　タフトで乗り換えましょう。

13

201

練 習 問 題

1．以下の各語根を用いて MANG- 動詞の活用表を完成させなさい。

	語根	不定相	完了相	未完了相	
				現在	過去
(1)	ala				
(2)	asawa				
(3)	talon				
(4)	loko				
(5)	luto				
(6)	ribuk				
(7)	aramid				
(8)	kurus				

2．以下の各文をイロカノ語に訳しなさい。
- (1) あなたたちは授業をサボるな。
- (2) 私はあなたに果物をあげます。
- (3) 農民たちはいつ稲を蒔きましたか？
- (4) 彼の祖父は毎日野菜を食べています。
- (5) さっき彼らは医者を呼んでいました。
- (6) マリさんは sakuting を上手に踊りました。
- (7) ケンさんはサラさんに長い間求婚していました。
- (8) 来年あなたは厚い本を速く読むでしょう。（-nto/-to を使って）

3．以下の各文をイロカノ語に訳しなさい。
- (1) あなたたちのタマネギはどのぐらい小さいですか？
- (2) 彼らはどのように裕福になったのですか？
- (3) 私たちはあなたのところで昼食をとっていいかしら？
- (4) ここでは小便禁止。
- (5) 私の犬は外で遊びたいです。
- (6) エマはピアノを弾くことができます。

4．以下の各文を日本語に訳しなさい。

(1) Mangali daytoy nangisit a bado kadagiti puraw.

(2) Agali daytoy a maris.

(3) Rabiin ditoy Osaka ngem saankami pay a mangrabii.

(4) Ammo a mangagas ti doktor.

(5) Masapulko nga agagas inaldaw.

5．本課の会話文に関する以下の質問にイロカノ語で答えなさい。

(1) Mabalin kadi a maagasan ti sakit ti ubing no agbaliw ti naganna?

(2) Maagasan ti sakit ti ubing no matumba ti itlog?

(3) Ania dagiti pammati no mangasawa?

(4) Ania ti pammati no mangayab ti kararua?

(5) Kasano ti pammati tapno mangabug iti madi a makitkita a kararua?

イロカノの弔事

栗村ドナルド

あらゆる文化には、死者を悼む習慣がある。イロカノの社会でも、弔事は、氏族、村、町、地域によって様式が異なる。しかし、弔事において、イロカノの精神に深く根付いている共通の信念や要素があり、長年にわたり今日まで続いている。

マンサヤッグ（Ti Mansayag）

マンサヤッグとは、日本では通夜に当たるもので、家族、親族、友人などが集まり、故人を見守る儀式である。他のフィリピンの民族言語集団とほぼ似ており、イロカノの通夜は1週間程度続く。海外に住んでいる家族が、故人を弔うために故郷へすぐに戻ることができない場合、その家族が帰省するまでマンサヤッグを続けるのが一般的である。弔問客には、餅で作られたおやつ、例えばスーマン（suman）、バドゥーヤ（baduya）、インキーワル（inkiwar）などを準備してもてなす。近年では葬儀場を利用することもあるが、今でも故人の家で行われることが多い。縁起が悪いとして、通夜が行われる家では入浴が禁止されている。また、通夜中に家の床や庭を掃除することもできない。

パマンサヤガン
© Frieda Joy Angelica Olay Ruiz

故人の遺体が安置される場所、パマンサヤガン（pamansayagan）には、花、ろうそく、供物であるアタン（atang）を飾る。アタンは定期的に交換し、まるで故人がまだ家族と一緒に食事をしているかのような様子を表している。これを供えなければ、家族に病気や悲劇がもたらされると信じられている。また、故人に供えられたアタンを誤って食べてしまうと、口の中が腫れてしまうという迷信もある。

通夜の間には祈りが捧げられる。裕福な家庭では、通夜に参列する人のために手の込んだ弔辞や余興が用意されることもある。遺族は交代で棺の横に座り、故人を見守る。これはパナグバンタイ（panagbantay、見守り）またはパナグプーヤット（panagpuyat、徹夜）と呼ばれている。故人を悼んで泣くドゥン・アオ（dung-aw）という古くからの伝統は、イロカノの弔事に欠かせないものである。弔意の言葉はしばしば韻文や詩で表現されて詠唱される。家族や親族は嘆きながら、故人を回想して語る。急速な現代化によって、この伝統は薄れつつある。地域によっては、棺の上で子どもを受け渡しすることによって、子どもの成長と幸運をもたらすと信じられている、パナグバッラーシウ（panagballasiw）が行われるところもある。

パムンポン（Ti Pamunpon）

　通夜の後には、パムンポンと呼ばれる葬儀と埋葬が執り行われる。イロカノの人びとにはキリスト教が多く、近年火葬も選択できるようになったものの、土葬する習慣がまだ根強く残っている。

　葬儀の日に棺が家から運び出される際、遺族はグルグル（ngurungur）という、鶏の血抜きの儀式を執り行う。棺が家の門から運び出される時に長老が鶏の首を切り裂く。鶏は死ぬまで血を流し続け、故人の魂をあの世に飛ばすと言われている。使用されたダマラ（damara）と呼ばれる、通夜が行われたテントのようなものもこの時に破壊される。

パナグパッラーシウ
© Frieda Joy Angelica Olay Ruiz

　棺は教会に運ばれ、最後のミサと祈りが捧げられる。遺族と弔問客は棺に続いて、教会まで列を成して歩くことが現在でも伝統として行われている。楽団がこの行列に同行することもあり、楽団は哀愁を帯びた曲を演奏する。この日、遺族はバンガル（banggal）と呼ばれる鉢巻きとマント（manto）と呼ばれる黒いベールを着用する。男性はバンガルのみを、女性は両方を着用するが、これらを着用しなければ頭痛を引き起こすと言われている。行列は朝9時までに教会へ到着するように出発する。

棺を運ぶ行列
© Frieda Joy Angelica Olay Ruiz

　また、遺体の位置には守られるべきことが多くある。遺体がナグパルスア（Nagparsua、神様）に身を委ねるように、遺体の足は教会の祭壇を向いていなければならない。遺体を外に運び出す時には、あの世で生まれ変われるように、足は教会の扉に向いていなければならない。そして、棺が完全に運び出される前に、家族全員が教会から退出しなければならない。

　ミサの後、行列は続いて墓地まで向かう。埋葬は正午までに行わなければならない。棺が墓に納められる前に、親族が最後の願いを伝えるために棺を開け、故人の身だしなみを整えるための衣類、櫛、タオルなどを入れる習慣もある。棺が閉じられる前に、遺族は最後に遺体に触れ、慟哭の声をあげる。

　埋葬式までの長い断食の後、家族と弔問客たちは故人の家に戻って食事をとる。これは遺族にとって、喪を共にした弔問客に対する感謝の1つである。

グルゴル（Ti Gulgol）

　埋葬後の儀式は他にも多数ある。これらの儀式には、グルゴル、つまり、遺族の体を清めることが含まれ、故人の遺体にまつわる邪悪な要素や目に見えないもの、つまり通夜から埋葬までの間に付いた目に見えないものを取り除くと信じられている。現在まで続いているイロカノの伝統の１つに、頭を洗って泡立てるという儀式（gulgol）がある。遺族はアルタン（arutang）と水で頭を洗う。アルタンは干し草を燃やした灰で、頭に付けてシャンプーのように用い、水で洗い流す。この儀式は、近くの河川で行うのが伝統的な様式であるが、現実的な理由から、今では故人の家の水源がある場所で行われることが多い。

　グルゴルには悪霊などを追い払うだけでなく、悲しみを洗い流して精神を清めることも含まれ、イロカノの信仰の１つである。

参考資料

Lolinco, J. L. (2010, February 10). From coping to tradition: The Ilocano death practices in focus. *Academia*. https://copingtradition.blogspot.com/2010/02/from-coping-to-tradition-ilocanoa-death.html

Magpali, M. A. (2019, January 30). Golgol: A living tradition of the Ilocanos. *Tawid News Magazine*. https://tawidnewsmag.com/cache-golgol-tradition-ilocanos/

Pineda, F. E. (1999). *A collection, translation, and analysis of Dung-aw from seven (7) selected towns of Ilocos Norte* [Unpublished doctoral dissertation]. De La Salle University. https://animorepository.dlsu.edu.ph/etd_masteral/1957

代表的なスイーツ

タンボタンボン
(tambo-tambong)
餅団子、タピオカ、バナナ、サツマイモをココナッツミルクで煮たもの
© Frieda Joy Angelica Olay Ruiz

パトゥーパット（patupat）
餅米と黒糖を混ぜ、編んだココナッツの葉で包んで蒸したもの
© Frieda Joy Angelica Olay Ruiz

インキーウァル（inkiwar）
餅米とココナッツミルクを混ぜて炒めたもの
© Frieda Joy Angelica Olay Ruiz

トゥピッグ（tupig）
餅とココナッツミルクをバナナの葉で包んで炭焼きにしたもの
© Frieda Joy Angelica Olay Ruiz

タガプロット（tagapulot）
黒糖の半球体の塊
© Carmelo T. Castillo

もうお腹が空きました。
Mabisbisinakon.

課のねらい / Gandat ti leksion

- 行為者焦点 MA- 動詞の特徴、活用などを理解し、適切に使えるようになる。
- MAKI- 動詞、MAKIPAG- 動詞の特徴、活用などを理解する。

会話 / Dialogo

14-1

Biday: Naomi, mapantayon. Mabisbisinakon. Inta pay maki-sala diay kasaran intono rabii.
Naomi: Madi ti marikriknak. Nasakit ti buksitko ken maululawak.
Biday: Apay ania ti nakanmo idi kalman?
Naomi: Diak malagip. Ngem, permi ti pudot ti panawen idi kalman ngamin. Nagnagnakami pay iti adayo ken naladawmi a nakan ti tugotmi a balon.
Biday: Ayna, no napudot ti panawen, nalaka a mabangles ken madadael ti kanen.

208

Ngem adda gurigormo aya?

Naomi: Saanko ammo ngem malamlaminak. Matayak sa metten.

Biday: Sige, maturogka pay lang inggana maimbaganka. Maasianak kaniam. Gumatangak ti agasmo.

Naomi: Agyamanak. Lumaingak kuman. Makibodatayo pay intono bigat ngem saankonsa kaya a maki-sala.

和訳 / Panangipatarus iti Hapones

ビダイ： 尚美さん、もう行きましょう。私はもうお腹が空いてきました。それに私たちは今夜、結婚前日のダンスパーティーに行くし…。

尚美： ちょっと体調が悪いです。お腹が痛いし、目まいがしています。

ビダイ： どうして、昨日何を食べたの？

尚美： 覚えていません。でも、昨日はとても暑かったから、それでです。それにたくさん歩いて、お弁当を食べるのが遅くなりました。

ビダイ： ああ、天候が暑い時には、食べ物は腐りやすく、ダメになりやすいです。でも、熱があるのかな？

尚美： 分かりませんが、寒気がしています。死にそうです。

ビダイ： じゃあ、体がよくなるまで寝てください。かわいそうに。薬を買ってきます。

尚美： ありがとう。早く回復したいです。明日、私たちは結婚式に参加する予定ですが、ダンスパーティーには参加できないかもしれません。

語彙 / Bokabulario

mapán	行く <pán	nasakít	痛い <sakít
mabisbisín	お腹が空いている <bisín（未完了相現在）	buksít	お腹
		maulúlaw	めまいがしている <úlaw（未完了相現在）
ín	行く（mapán の俗語）		
maki-sála	ダンスパーティーに参加する <sála	nakán	食べた <kaán（対象焦点、可能形、完了相）
kasarán	結婚式場 <kasár	malagíp	覚える <lagíp（対象焦点）
madí	駄目、良くない	permí	とても
marikriknák	私は感じる <rikná（未完了相現在）	nagnagná	歩いていた <pagná（未完了相過去）
sabáli	違う、異なる	naládaw	遅くなった <ládaw（完了相）

túgot	持っている	matáy	死ぬ <patáy
nalaká	たやすい、簡単な <laká	matúrog	寝る <túrog
mabanglés	腐る <banglés	maimbágan	回復できた <imbág（MA-AN）
madadáel	壊れる <dadáel	maásian	かわいそうに思う <ási
gurígor	熱	ágas	薬
malamlamín	寒く感じている <lamín（未完了 相現在）	makibóda	結婚式に参加する <bóda

文法 / Gramatika

14.1 行為者焦点 MA- 動詞

語根	不定相	完了相	未完了相	
			現在	過去
turog	maturog「寝る」	naturog	matmaturog	natnaturog
pan	mapan 「行く」	napan	mapmapan	napnapan
pagna	magna 「歩く」*	nagna	magmagna	nagnagna
patay	matay 「死ぬ」	natay	matmatay	natnatay
pati	mamati 「信じる」*	namati	mammamati	namnamati
leppas	malpas 「終わる」*	nalpas	malmalpas	nalnalpas
bisin	mabisin 「お腹が空く」	nabisin	mabisbisin	nabisbisin
bullo	mablo 「骨が折れる」*	nablo	mabmablo	nabnablo
bussog	mabsog 「満腹になる」*	nabsog	mabmabsog	nabnabsog
ulaw	maulaw 「目まいがする」	naulaw	maululaw	naululaw
asi	maasi 「かわいそうに思う」	naasi	maasasi	naasasi

＊不規則動詞

14.1.1 活用

1）不定相

語根の頭に MA- を付ける。

Maturogak idiay bangir a kuarto.　　私は隣の部屋で寝る。

Malpasak ditoyen.	私はこの辺りでそろそろ終わるよ。
Maulaw dayta ubing iti uneg ti bus.	その子どもはバスで車酔いする。

2) 完了相

不定相の MA- を NA- に変える。

Naturogak idiay bangir a kuarto.	私は隣の部屋で寝た。
Nalpasak ditoyen.	私はこの辺りでもう終わったよ。
Naulaw dayta ubing iti uneg ti bus.	その子どもはバスで車酔いした。

3) 未完了相

(1) 現在

不定相の語根の語頭の音節 CVC を MA- の後に重複させる。

Matmatay dagitoy mulan.	この植物は枯れそうになっている。
Mabisbisin ken maululawak.	私はお腹が空いていて、目まいがする。

(2) 過去

未完了相現在の MA- を NA- に変える。

Natnatay dagitoy mulan.	この植物は枯れていった。
Nabisbisin ken naululawak.	私はお腹が空いていて、目まいがしていた。

14.1.2 特徴

　行為者焦点動詞の AG-、-UM-、MANG- に加え、接辞 MA-、M- も行為者焦点動詞の接辞として用いられる。行為者焦点 MA- 動詞の多くは自動詞であり、動作を表すものと状態を表すものの 2 種類がある。

1) 動作

　動作を表す動詞は、行為者がその動作を意識的に行うことを表す。この動詞は数が限られており、主なものは maturog「寝る」、malpas「終わる」、mapan「行く」、magna「歩く」、mamati「信じる」である。

a) Maturogkan!	もう寝なさい。
b) Mamatiak kenni Apo Dios.	神様を信じている。
c) Mapantayon! / Intayon!*	もう行きましょう。

　　　 * in は mapan の俗語で行為者焦点である。

2）状態

状態を表す動詞は、行為者がそのような状態になることを表す。以下のような動詞がよく用いられる。

（1）感情

mabuteng	怖がる	makigtot	びっくりする
mabusor	いらいらする	mauma	飽きる、うんざりする
maasi*	かわいそうに思う	mabain	恥ずかしく思う
masdaaw	驚く	mapaay/masaaw	がっかりする

　　a）Nakigtot isuna iti uleg.　　　　　　彼は蛇にびっくりした。
　　b）Sinno ti mabuteng kenni Virginia?　誰がビルジニアさんを怖がるの？
　　c）Maumaak ti ugalim.　　　　　　　私はあなたの態度にうんざりする。

相手をかわいそうに思っていることを表す場合、MA-AN 動詞 maasian を用いる方が一般的である。その他、masdaawan「驚く」や mabainan「恥ずかしく思う」も同様の形がある。

　　a）Maasasianda kadagiti naririgat.　　彼らは貧しい人たちをかわいそうに思っている。
　　b）Masdaawanak iti kinabaknangda.　私は彼らの裕福さに驚いている。
　　c）Nabainan dagiti kaduak ta awan 　私の連れはあなたにプレゼントを
　　　 kano ti regaloda para kaniam.　　持っていなかったため、恥ずかしく思いました。

（2）身体の状態

mabiag	生きる	malammin	寒く感じる
matay	死ぬ	maulaw	目まいがする
mabisin	お腹が空く	mabulding	目が見えなくなる
mawaw	喉が渇く	mapasag	気絶する
mabsog	お腹がいっぱいになる	matuleng	耳が聞こえなくなる
mabannog	疲れる	mablo	骨が折れる

a）Mabisbisin dagiti pusan. 猫たちはもうお腹が空いている。

b）Nabsogakon. 私はもう満腹です。

c）Nabanbannog ti bagik. 私の体は疲れていた。

(3) 破壊など

maperdi	壊れる	matinnag	落ちる
mapigis	裂ける	malunag	溶ける
mabuong	割れる	marebba	破壊される
matukkol	切れる	matumba	倒れる
mapisang	裂ける	maberber	風に晒される
malayos	洪水になる	mabasa	濡れる
mauram	焼ける	maudi	遅れる
mapukaw	迷う		

a）Napisang diay badokon. 私の服はもう破れた。

b）Malunlunag diay kandilak. 私のろうそくは溶けている。

c）Naperperdi dagiti balbalay gapu iti bagyo. 台風で家々が壊れていた。

（14.2） 行為者焦点 MAKI- 動詞、MAKIPAG- 動詞

　行為者焦点の AG- 動詞、-UM- 動詞、MANG- 動詞、MA- 動詞の語根に、接辞 MAKI- または MAKIPAG- を付加することにより参加モードとなり、「～と一緒にする」、「～に参加する」、「使わせて／させてもらう」といった参加行為や依頼行為を表す。MAKIPAG- は AG- 動詞に対応することが多い。

14

14.2.1 MAKI- 動詞の活用

語根	不定相	完了相	未完了相	
			現在	過去
sala	makisala 「ダンスに参加する」	nakisala	makisalsala	nakisalsala
boda	makiboda 「結婚式に参列する」	nakiboda	makibodboda	nakibodboda
apa	makiapa 「～と喧嘩する」	nakiapa	makiapapa	nakiapapa
digos	makidigos 「シャワーを借りる」	nakidigos	makidigdigos	nakidigdigos
dagus	makidagus 「泊まらせてもらう」	nakidagus	makidagdagus	nakidagdagus
kaaruba	makikaaruba 「隣人を訪問する」	nakikaaruba	makikakaaruba	nakikakaaruba
kaan	makikaan makipangan* 「食事させてもらう」	makikaan nakipangan	nakikakaan makipangpangan	nakikakaan nakipangpangan

*不規則動詞

1）不定相

語根の頭に MAKI- を付ける。

Makidaguskami kada Auntie. 私たちは伯母／叔母さんのところに泊まらせてもらう。

Makiboda da Naomi intono bigat. 明日尚美さんたちは結婚式に参加する。

2）完了相

不定相の MAKI- を NAKI- に変える。

Nakidaguskami kada Auntie. 私たちは伯母／叔母さんのところに泊まらせてもらった。

Nakiboda da Naomi idi kalman. 昨日尚美さんたちは結婚式に参加した。

3) 未完了相

(1) 現在

不定相の語根の語頭の音節 CVC を MAKI- の後に重複させる。

Makisalsala dagiti lallaki diay club. 男たちはクラブでダンスに参加している。

Makiluglugankami kenni Joe. 私たちはジョーの車に乗せてもらっている。

(2) 過去

未完了相現在の MAKI- を NAKI- に変える。

Nakisalsala dagiti lallaki diay club. 男たちはクラブでダンスに参加していた。

Nakiluglugankami kenni Joe. 私たちはジョーの車に乗せてもらっていた。

14.2.2 MAKIPAG- 動詞の活用

語根	不定相	完了相	未完了相	
			現在	過去
urnos	makipagurnos「~と整理する」	nakipagurnos	makipagururnos	nakipagururnos
laban	makipaglaban「~と戦う」	nakipaglaban	makipaglablaban	nakipaglablaban
sukat	makipagsukat「~と交換する」	nakipagsukat	makipagsuksukat	nakipagsuksukat

1) 不定相

語根の頭に MAKIPAG- を付ける。

Makipagurnosak ti apak ken diay nobiok. 私は恋人との喧嘩を解決する。

Makipaglaban ti tukak iti uleg. 蛙は蛇と戦います。

2) 完了相

不定相の MAKIPAG- を NAKIPAG- に変える。

Nakipagurnosak ti apak ken diay nobiok. 私は恋人との喧嘩を解決した。

Nakipaglaban ti tukak iti uleg. 蛙は蛇と戦いました。

3) 未完了相

(1) 現在

不定相の語根の語頭の音節 CVC を MAKIPAG- の後に重複させる。

Makipagdagdaguskami iti ipagko.	私たちは義理の妹のところに泊まらせてもらっている。
Makipagsuksukatda ti regalo kaniami.	彼らは私たちとプレゼントを交換しています。

(2) 過去

未完了相現在の MAKIPAG- を NAKIPAG- に変える。

Nakipagdagdaguskami iti ipagko.	私たちは義理の妹のところに泊まらせてもらっていた。
Nakipagsuksukat ni Annie ti kuarta kenni Roda.	アニーさんはロダさんとお金を交換していました。

mangan を MAKI- 動詞として用いる場合には接辞 MAKIPAG- を付け、以下のような動詞となる。

makipangan 「～と食べる」
makipammigat 「～と朝食を食べる」
makipangaldaw 「～と昼食を食べる」
makipangrabii 「～と夕食を食べる」

14.3　病や怪我、体の部位を表す名詞

14.3.1　病や怪我の症状

　病や怪我の症状を表すためによく用いられる普通名詞には以下のようなものがある。

gurigor	熱	panateng	風邪
uyek	咳	trangkaso	インフルエンザ
buteg	鼻水	kabbi	おたふくかぜ
daringungo	鼻血	tuko	水痘
letteg	腫れ	kamuras	麻疹（はしか）
gatil	かゆみ	angkit	喘息
kamuro	できもの、ニキビ	pulmonia	肺炎
litem	打ち身	tuberkolosis	結核
uram	火傷	dengue	デング熱
sugat	傷	malaria	マラリア
kurad	疥癬	kissiw	癲癇
gaddil	膿瘍	kanser	癌
kuto	毛じらみ症	ribrib	虫歯
tarindanum	水虫		

14.3.2　体の部位を表す名詞

　体の部位や内臓などを表すためによく用いられる普通名詞には以下のようなものがある。

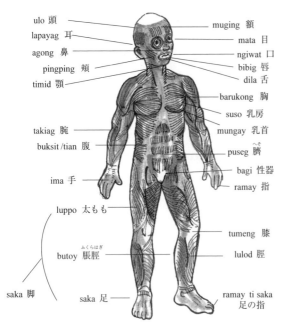
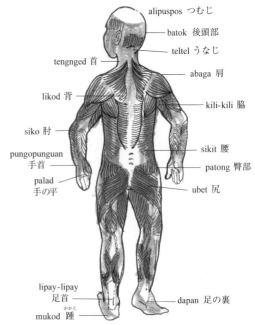

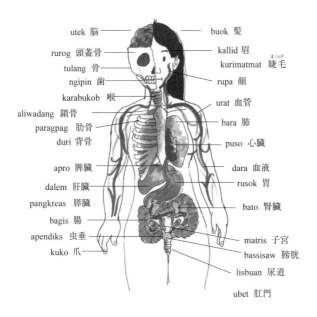

14.4 体の調子を説明する時に用いる表現

体調を尋ねるには、Ania ti marikriknam?「あなたの体調はどうですか？」という表現を用いる。体調を伝える表現には以下のようなものがある。

a) Nasakit ti rusokko.　　　　胃が痛いです。
　 Nasakit ti karabukobko.　　喉が痛いです。
b) Natukkol ti tulang ti imak.　手の骨が折れました。
　 Natukkol ti kukok.　　　　爪が折れました。
c) Agpepekel ti sakak.　　　　足がしびれています。
d) Agdardara ti mugingko.　　額が出血しています。
e) Agpanatengak.　　　　　　風邪をひいています。
f) Adda dara ti isbok.　　　　尿に血が混ざっています。

練 習 問 題

1. 以下の各語根に左の接辞を用いて、それぞれの動詞の活用表を完成させなさい。

	接辞	語根	不定相	完了相	未完了相	
					現在	過去
(1)	MA-	pan				
(2)	MA-	turog				
(3)	MA-	patay				
(4)	MA-	leppas				
(5)	MA-	buteng				
(6)	MA-	kigtot				
(7)	MA-	tinnag				
(8)	MAKI-	punpon				
(9)	MAKI-	tungtong				
(10)	MAKIPAG-	gayyem				
(11)	MAKIPAG-	laban				

2. 以下の各文をイロカノ語に訳しなさい。
　　(1) （あなたは）すぐに学校へ行きなさい。
　　(2) 彼らの会議はさっき終わりました。
　　(3) 彼はいつも神様を信じています。
　　(4) エマたちは暑さで目まいがしていました。
　　(5) あなたたちは後でケンさんの車に乗せてもらいますか？

3. 以下の各文を日本語に訳しなさい。
　　(1) Natay ti asom idi kalman?
　　(2) Saankami pay a mabisin.
　　(3) Maturogkayon ditoy.
　　(4) Makisalatayo iti piesta intono sumaruno a bulan.
　　(5) Makipagsarsarita ni Naomi kadagiti gayyemna.

4．本課の会話文に関する以下の質問にイロカノ語で答えなさい。

(1) Ania ti nasakit kenni Naomi?

(2) Nalamiis wenno napudot ti panawen idi nagna da Naomi ti adayo.

(3) Ania ti marikrikna ni Naomi?

(4) Kaano a makibodada Biday?

(5) Ania ti masapul ni Naomi nga aramiden?

14

イロカノの婚礼の習慣と伝統
―― 愛と家族と継承の祭事

Marife Carpio

　私は常に婚礼が大好きで、自分がフラワーガールやブライズメイド（花嫁の介添人）の1人だった時には特にそうでした。結びつきが強い田舎の家族の中で育ち、家族のいくつかの婚礼で小さな、しかし魅惑的な役割を果たす機会を与えられました。小さな少女にとって、婚礼はおとぎ話の中に足を踏み入れるような気分でした。フリルとレースに包まれたお姫様のように、特に重要であるという気分になり、習慣と伝統に則り、子どもであっても最前列の席を与えられることで、自分は特別なんだと言うことができました。

　喜び、愛、コミュニティー、文化的遺産が混ざり合う婚礼の習慣と伝統から明らかなように、イロカノの人びとは強い家族の絆に計り知れないほど重きを置きます。私は幼い頃、カップルとその付き添いの人びとは婚礼のスターだと思いました。年を重ねるにつれ、そして、通路を歩き、男女の結びつきを祝うことにつながる求愛についてさらに多くを学ぶにつれ、ショー全体の本当のスターは、それぞれの局面において編まれる美しいイロカノの慣行だということに気づきました。現代化、移民、発展していく社会的価値によって、これらの多くは既に見られなくなっているか、変化しているかもしれません。しかし、それらはイロカノのアイデンティティーの重要な一部でありつづけています。

前奏曲

　若い男女は通常、お祭り、パーティー（paala または padaya）、ダンス（pasala）といった社会的な催し物の際に出会います。求愛（panagarem）はこれらの催し物での、友人によるからかい（sinnuron）から始まる可能性があります。そこから友人同士としてのデートや女性の家を訪問することへと続きます。私の観察では、これらのデートには常にお目付役、たいていの場合は友人が一緒にいます。セレナーデ（harana）が一般的である地域もありますが、私が唯一覚えているのは、おばたちが求婚者たちを居間（sala）でもてなしていたということです。男性たちは彼らの愛と献身を恋人（nobya）に対して、水を運ぶこと（panagsakdo）や薪を割ること（panagbalsig）によって家族の役に立つこと（panagserbi）を通して行動で示します。私の父はこういったことを何もしなかったと語っていましたが、特に家族の重要な行事の時には必ず出席して、信頼できる頼りがいのある人物だと示すことができる方法で奉仕していました。親戚の1人は「求愛は求愛だ」（Ti panagarem ket panagraem）と言い、求愛は称賛と敬意の混ざり合ったものだと繰り返していました。現代の影響はダイナミクスを変化させるかもしれませんが、家族の価値を高く評価することや信頼を築くことの本質は残っています。

イロカノのカップルが結婚を決める時、彼らは両親の同意を求めなければなりません。花婿の家族は婚礼の費用を負担するため、両親の承認は重要です。次は、将来の姻族との顔合わせ（danon）の手配で、そこで男性は結婚の意向を公式に表すこと（panagpudno）ができます。全員が結びつきに対する承認を与えると、両家は婚礼の詳細を計画します。婚礼の日取りは、特定の催し物について良い日と悪い日が一覧になっている暦（planetano）を参考にして決められます。花婿の家族から送られる3つ1組の品物であるサブオン（sab-ong）とサグット（sagut）とパラワッド（parawad）の詳細も顔合わせの間に話し合われます。土地の贈り物であるサブオンは、その土地がどれくらいの米を生産することが見込まれるかという点から計算されます。土地が入手できない場合、そういった土地を購入するのに足りる額の現金が贈られることもあります。サブオンはカップルが安定した手段と自給自足で結婚生活を始めることを保証するものです。サグットは贈り物または準備物と訳されます。婚礼準備に関して言うと、花嫁の嫁入り衣装がそれに当たります。イロコスでは「イロカノの花婿は花嫁を常に頭から足まで着飾らせる」という言い習わしがあり、従って、花婿は確実に花嫁が婚礼に必要な物をすべて持てるようにするのです。パラワッドは花嫁の母親に、娘をきちんと育ててくれた努力への感謝として贈られます。

婚礼

イロカノの婚礼は、結びつきを思い出深いものにするために、そして、幸運に満たされたものにするために、両家からすべての親類がやって来る、家族とコミュニティーにとっての一大イベントです。婚礼の付き添いの人びとは、家族や密な人間関係といったものに重点が置かれていることを映し出しています。

婚礼はローマカトリックかアグリパイ派（フィリピン独立教会派）の教会で執り行われます。中心人物はもちろん、花嫁と花婿、そして彼らの両親です。儀式の間、儀式を司る神父の祝福を受ける前に、花嫁と花婿はパナグマノ（panagmano）という、彼らの両親へ敬意を示す伝統的な身ぶりを示します。彼らにはまた、各自のコミュニティーで尊敬されているメンバーや家族の親しい友人である教父母（男性のninongと女性のninang）もいます。政治家が洗礼親だった婚礼もいくつかあったことを覚えています。第二の親である洗礼親は助言や支援や祝福を与えることを期待されています。ブライズメイドやグルームズメン（花婿の付添人）の中には、セカンダリースポンサー（第二の介添人）と呼ばれる人たちがいて、キャンドルスポンサーはカップルの結婚生活を導く光を象徴するキャンドルに火を灯す役割を、ベールスポンサーは結束を意味するベール（dalungdong）をカップルにまとわせる役割を、コードスポンサーはカップルの上に、生涯にわたる絆を象徴する白い紐をかける役割を、それぞれ宛てがわれます。ベストマン（花婿の主介添人）とメイド・オブ・オナー（花嫁の主介添人）は通常、カップルの親しい友人や兄弟姉妹が、フラワーガールは家族が務めます。男の子たちは結婚指輪を運ぶ係か、富や花婿による収入を象徴し、花嫁へと誠実に手渡される儀式用の硬貨のセット（aras）を運ぶ係を担います。

カップルが注意を払うべきことがいくつかあります。（1）花嫁は儀式の前日にウエディングドレスを着てはならない、（2）カップルは教会へ向かう際に同じ車に乗って

14

はならない、（3）運ばれる硬貨をピローから1つも落としてはならない、（4）キャンドルに火を灯すためにマッチは1本しか使ってはならない、（5）ベールはピンでとてもしっかり留められなければならない。これらに従わないと、カップルには悪運が訪れ、結婚生活が失敗に終わる可能性があると信じられています。

儀式が終わると、カップルは教会を出る際にライスシャワーで迎えられます。米は祝福（grasya）を象徴するため、彼らは文字通り祝福のシャワーを浴びるということになります。それから皆で、再びさらなる米の祝福を受けることになる婚礼の祝宴（padaya）へと進みます。

祝宴と将来

祝宴は伝統的に花婿の住居で開催される、手の込んだ宴会ですが、現在では花嫁の住居やイベントスペース、ホールといった場所で開催されることもあります。どこで開催されようとも、祝宴は家族の絆の更新と忠誠のための場としての役割を果たします。

フラワーガールとして、私は他の付添人たちとともに特別なテーブルに着くことになりました。食べ物はいつもおいしくて、多くの人々の手によって準備されていました。

祝宴の間、花嫁と花婿は互いに食べ物を口に運ばされます。ともにケーキを切り、祝福と責任の共有を象徴するものとして互いに食べさせます。彼らは大きな一口を食べさせようとし、口の周りにアイシングの屑をつけて楽しげにしているので、ケーキを食べさせている時の写真を見るのが私は好きです。彼らは両親、教父母、その他の参列客たちとケーキを分け合います。ケーキを食べることは、カップルの穏やかな生活に気を配り、良い時も悪い時もそばにいることを保証するという責任を共有する意味を持っています。

一般的な贈り物は、カップルが新居で必要とする物です。ブランケット、タオル、枕カバーといった、名前入りのものが多いです。尿瓶ですらも贈り物として渡されていました。

教父母はまた、ビトル（bitor）と呼ばれる金銭の贈り物をすることも期待されています。他の参列客もまたお金を贈ります。カップルの前には、封筒やお金を置くための2枚の皿が置かれます。

指名された司会者に呼ばれた人はカップルに贈り物を渡し、短いスピーチをします。その代わりにカップルは通常お酒、なかでもバシ（basi）と呼ばれるサトウキビ酒をお土産として渡し、「マノ」の挨拶で敬意を表します。私の母はいくら贈るか決めるために熟考するこの部分を常に心配していました。母は「贈る額が少なければ恥ずかしいけれど、そんなにお金を持っているわけではないし」（"Ayna kababain met no mano lang ited ko, ngem awan met adu a kwartak."）と言っていたものです。結局彼女は高額を贈る人の1人となっていたものです。

ダンスの間にカップルの衣服にピンでお金を留めるという地域もあります。イロカノの人びとはけちだとか、非常に倹約家であることで知られていますが、これらの習慣は、互いに大きな額で勝とうと、家族間での楽しい競争を輝かせるので、私はいつ

224

も楽しんでいます。群衆からの大声での応援とやじは高額の金銭の贈り物に興奮していることを伝えます。ピトルの最後に、カップルはお金を数え、花婿は花嫁にそれを手渡します。

　私が常に気に入っていて驚かされることの１つは、イロカノの婚礼がいかに家族やコミュニティー全体についてのものであるかということです。皆が協力していました。誇張のように聞こえるかも知れませんが、バランガイ（町、村、地区）全体がそこにいて、それぞれが婚礼を美しいものにしようと自動的に責任を担おうとしていたものです。準備の間にはバヤニハン（コミュニティーの助け合い）精神が見られました。イロカノの全ての婚礼の習慣と伝統は、結婚は２人以上の人々に関するものだということを思い出させます。それは高く評価される継承について、そして、私たちの前に現れた世代に対して敬意を表すことに関するものです。
　これらの伝統がすべて現代においても行われているわけではありません。修正されてきたものもありますが、イロカノの人びとは家族、団結、相互の敬意の重要性を常に強調していくでしょう。

参考資料

Anything Ilocos. (2010, October 28). *Typical traditional Ilocano wedding.* https://anythingilocos.wordpress.com/2010/10/28/typical-traditional-ilocano-wedding/

Ilocano Culture. (2017, March 9). Cultures, traditions, and beliefs. *Ilocano Culture.* https://ilocanoculture.wordpress.com/2017/03/09/cultures-traditions-and-beliefs/

Magpali, M. 2018. The symbolic elements in the Ilocano marriage rituals. *Tawid News Magazine.* https://tawidnewsmag.com/cache-symbolic-elements-ilocano-marriage-rituals/#google_vignette

Scheans, D. J. (1965). The Ilocano: Marriage and the Land. *Philippine Sociological Review, 13*(1), 57–63. http://www.jstor.org/stable/41853493

Suyat, C.M.S., Salvador-Garcia, M.A.V., & Molina, J.M.N. (2023). Arem wennu Raem (admiration or respect): A phenomenological understanding of Ilocano courtship. *Polaris Global Journal of Scholarly Research and Trends, 2*(1), 1–10. https://doi.org/10.58429/pgjsrt.v2n1a106

14

（原文 英語、翻訳 矢元貴美）

15 イナベルをどのように作りますか？
Kasano aramiden ti inabel?

課のねらい / Gandat ti leksion

- 対象焦点の -EN 動詞、I- 動詞、-AN 動詞の特徴、活用を理解する。
- 対象焦点動詞の構文を作ることができる。

会話 / Dialogo

15-1

　　　Ti inabel ket maysa a tradisional a lupot ditoy Kailokuan. Mangngabel ti inaganda iti tao nga agararamid ti inabel. Kapas ti kangrunaan nga aramaten a materiales.
　　　Pagablan ti us-usaren tapno aramiden ti inabel. Madi nga otomatiko ti pagablan. Ima ken saka ti usaren. Siempre, utek no panunoten ti disenio.
　　　Narigat ti agaramid ti inabel. Manipud tatta, ibagak kaniayo ti nadumaduma a wagas tapno ablen daytoy a lupot. Ngem unaentayo nga isagana ti sag-ut. Surotentayo dagitoy addang.

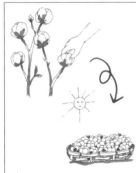

1) Purosen ti bekkag wenno bunga ti kapas. Ibilag iti init ti kapurpuros a bekkag.

2) No namagaan ti bekkag, ukisan daytoy, sa ikkaten ti rugit ken urnongen ti puraw a parte.

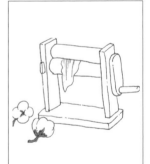

3) Ladditen ti kapas. Ilasin ti laddit dagiti bukel.

4) Batbaten ti kapas babaen ti maysa a baut tapno maisina dagiti sagursurna.

5) Tibbien ti kapas. Isilpo ti pagtibbian ti kapas ken pulipulenna daytoy inggana agbalin a sag-ut.

6) Urnosen ti sag-ut iti maysa a labay. Bayat nga urnosen, sagaysayen daytoy tapno lumagda ken pumino.

和訳 / Panangipatarus iti Hapones

　イナベルは、イロコス地方の伝統的な布の1つです。イナベルを作っている人は「マンアベル」と呼ばれます。主に用いられている材料は綿です。

　イナベルを作るために使われるのは織機です。織機は自動ではありません。手と足を使います。もちろん、デザインを考える時には頭を使います。

　イナベルを作るのは難しいです。これから、この布を織るための様々な手順を皆さんにお伝えします。でも最初は糸を準備しましょう。これらの手順に従っていきましょう。

1）コットンボール、または綿の実を収穫します。収穫したばかりの綿の実を天日で乾燥させます。
2）綿の実が乾いたら、それを剥き、そして汚れを取り除き、白い部分を集めます。
3）綿繰り機に綿を通します。綿繰り機で種を分離します。
4）絡まりがほぐれるように棒で綿をたたきます。
5）糸繰機に綿を通します。糸繰機で綿が結ばれ、縒りがかけられ、最後に糸ができます。
6）糸をかせ糸に整えます。整えながら、丈夫で細い糸になるようにそれを梳きます。

語彙 / Bokabulario

15-2

inabél	イナベル（織物の一種）	bekkág	綿の実
tradisionál	伝統的な	ibilág	天日で乾燥させる <bilág
lúpot	布、服	ínit	太陽
mangngabél	イナベル職人	kapurpurós	収穫したばかりである <purós
inágan	名づける <ágan（完了相）	mamagaán	乾燥する <magá（MA- + -AN）
kápas	綿	ukisán	剥く <ukís
aramáten	使う <aramát	sá	それから
materiáles	材料	ikkatén	取り除く <ikkát
pagablán	織機 <abél	urnóngen	溜める <urnóng
usáren	使う <usár	párte	部分
tapnó	〜するために	ladditén	綿繰り機で綿と種を分離させる <laddít
aramíden	作る <arámid	ilásin	分ける、分離する <lásin
otomátiko	自動の	laddít	綿繰り機
íma	手	bukél	種
sáka	足	batbáten	たたく <batbát
siémpre	もちろん	babaén	〜で、〜の手法で
útek	脳、頭	báut	むち、棒
panunóten	考える、思う <panúnot	maisína	ほぐれる <isína（可能形）
disénio	デザイン	sagursúr	絡まり、塊
manípud tattá	これから	tibbién	糸繰機で綿を糸にする <tibbí
ibagá	伝える、言う <bagá	isilpó	結ぶ <silpó
nadúmadúma	様々な、色々な <dúma	pagtibbián	糸繰機 <tibbí
wágas	方法、手順	pulipúlen	縒る、捻る <pulípul
ablén	織る <abél	urnósen	整える <urnós
unaén	最初にする <uná	lábay	かせ糸
isagána	準備する <sagána	báyat	〜ながら
sag-út	糸、ヤーン	sagaysáyen	〜をすく、くしを入れる <sagaysáy
suróten	ついて行く、従う <súrot	lumagdá	丈夫になる <lagdá
addáng	段階	pumíno	繊細になる <píno
purosén	摘む、収穫する <purós		

文法 / Gramatika

15.1　対象焦点動詞

　対象焦点動詞は動作や行為などの対象（目的、目標）に焦点を当て、対象補語を主題とする。対象焦点動詞は基本的に、-EN、I-、-AN という3種類の接辞で形成される。対象焦点動詞が用いられる文中での各補語の関係は以下のとおりである。対象焦点動詞は他動詞として用いられる。人称代名詞の行為者補語は -ko 形を動詞の後に付け加える。

15.1.1　-EN 動詞

Biroken	ni Mari	ti libro	para kenni Jo	iti biblioteka	aramaten ti internet.
対象者焦点動詞	行為者補語	対象補語 （主題）	受益者補語	場所補語	手段補語

　マリさんはジョーさんのために図書館でインターネットを使って本を探す。

15.1.2　I- 動詞

Isagana	da Miho	ti lupot	para kaniayo	madamdama.
対象者焦点動詞	行為者補語	対象補語 （主題）	受益者補語	時間補語

　美穂さんは後であなたたちに服を準備する。

15.1.3　-AN 動詞

Ramanantayo	ti digo	babaen ti kutsara.
対象者焦点動詞＋行為者補語	対象補語 （主題）	手段補語

　私たちはスプーンでスープを味見しよう。

15.2 対象焦点 -EN 動詞

-EN 動詞はよく用いられる対象焦点動詞である。

15.2.1 規則動詞の活用

語根	不定相	完了相	未完了相	
			現在	過去
surot	suroten 「ついていく」	sinurot	sursuroten	sinursurot
puros	purosen 「摘む」	pinuros	purpurosen	pinurpuros
urnos	urnosen 「片づける」	inurnos	ururnosen	inururnos
uray	urayen 「待つ」	inuray	ururayen	inururay
ikkat	ikkaten 「取り除く」	inikkat	ikikkatten	inikikkat

1) 不定相

語根の後に -EN を付ける。

Ikkaten ti laddit dagiti bukel ti kapas. 綿の種は綿繰り機によって取り除かれる。

Dagitoy addang ket ti surotentayo. 私たちが従うのはこれらの手順です。

2) 完了相

語根が母音で始まる場合、語頭に IN- を付ける。

Inikkat ti laddit dagiti bukel ti kapas. 綿の種は綿繰り機によって取り除かれた。

語根が子音で始まる場合、語頭の音節 CVC の C と V の間に -IN- を挿入する。

Sinurotna dagitoy addang. これらの手順に彼は従った。

3) 未完了相

(1) 現在

語根の頭の音節 CVC を不定相の前に重複させる。

Ururayenmi ni Luis idiay estasion. ルイスさんを我々が駅で待っている。

Purpurosen dagiti mannalon ti bunga 綿のさやは農民たちによって収穫されて
ti kapas. いる。

（2）過去

完了相の語根の前に語根の頭の音節 CVC を重複させる。

Inururaymi ni Luis idiay estasion.　　ルイスさんを我々が駅で待っていた。
Pinurpuros dagiti mannalon ti bunga　綿のさやは農民たちによって収穫されて
ti kapas.　　　　　　　　　　　　　いた。

15.2.2　不規則動詞の活用

数は少ないが、語根の一部の音の脱落や音の変化により、不規則活用となるものがある。

1）最終音節が「子音＋e＋子音」である語根で、不定相でのみ最終音節のeが脱落し、語尾が「子音＋子音＋-EN」となるもの

語根	不定相		完了相	未完了相	
				現在	過去
dengngeg	denggen	「聞く」	dinengngeg	dengdenggen	dinengdengngeg
taraken	taraknen	「飼う」	tinaraken	tartaraknen	tinartaraken
puted	putden	「切る」	pinuted	putputden	pinutputed
buteng	butngen	「怖がらせる」	binuteng	butbutngen	binutbuteng
bukel	buklen	「形作る」	binukel	bukbuklen	binukbukel
abel	ablen	「織る」	inabel	abablen	inababel
guped	gupden	「横に切る」	ginuped	gupgupden	ginupguped

ただし、次のような動詞では e は脱落しない。

bekkelen　「首を絞める」<bekkel　　kammelen　「握る」<kammel
eksamenen「検査する」<eksamen　　kammeten　「掴む」<kammet
gayyemen　「友だちにする」<gayyem　teppelen　「我慢する」<teppel

15

2) 最終音が o である語根の場合、不定相と未完了相現在は o を u に変換した上で -EN を付加する。

語根	不定相		完了相	未完了相	
				現在	過去
loko	lokuen	「だます」	linoko	loklokuen	linokloko
kalbo	kalbuen	「禿にする」	kinalbo	kalkalbuen	kinalkalbo
silpo	silpuen	「結ぶ」	sinilpo	silsilpuen	sinilsilpo
Ilokano	Ilokanuen	「イロカノ語で話す」	Inilokano	Il-ilokanuen	Inil-ilokano

3) 語根 kaan の場合

語根	不定相	完了相	未完了相	
			現在	過去
kaan	kanen「食べる」	kinnan	kankanen	kinkinnan

15.2.3　-EN 動詞の特徴

1) 他動詞の働きを持つ行為者焦点動詞との対応

　対象焦点動詞は他動詞の働きを持つ行為者焦点動詞と対応することが多い。行為者焦点 MANG- 動詞の大半は対象焦点 -EN 動詞に対応し、AG- 動詞と -UM- 動詞にも対応するものがある。

　　　　　-EN 動詞　　　　　　　　　　　　　行為者焦点

a）Panunotek ti sungbatko.　　　　　Mangpanunotak ti sungbatko.
　　答えは私が考える。　　　　　　　私は答えを考える。

b）Araramiden ni Magda ti inabel.　Mangararamid ni Magda ti inabel.
　　イナベル織はマグダさんが作っている。マグダさんはイナベル織を作っている。

c）Inururnos ni Ann dagiti lupotko.　Nangururnos ni Ann dagiti lupotko.
　　私の服はアンさんが片づけていた。　アンさんは私の服を片づけていた。

d）Gatgatangen ni Mario ti uong.　　Gumatgatang ni Mario ti uong.
　　キノコはマリオさんが買っている。　マリオさんはキノコを買っている。

e）Ayayatek ni Yuka.　　　　　　　Agayayatak kenni Yuka.
　　由香さんは私が愛している。　　　私は由香さんを愛している。

2）語根の名詞を対象焦点動詞として用いる場合

語根の名詞には -EN 動詞の語根として用いることができるものがあり、AG- 動詞の語根として用いられるものと対応する。

-EN 動詞	AG- 動詞
a）Ilokanuek ti sungbatko kaniana.	Ag-Ilokanoak iti sungbatko kaniana.
彼への返事は私がイロカノ語で書く。	私は彼の返事にイロカノ語で書く。
b）Bangkaenmi ti karayan.	Agbangkakami iti karayan.
私たちは川を船を漕いで移動する。	私たちは川で船を漕ぐ。
c）Kutsaraenta ti ice cream.	Agkutsarata ti ice cream.
アイスはスプーンで取ろう。	アイスをスプーンで取ろう。
d）Ragadien ni Hiroshi ti kayo.	Agragadi ni Hiroshi ti kayo.
博さんは木はのこぎりで切る。	博さんは木をのこぎりで切る。
e）Sagaysayem ti buokmo.	Agsagaysayka ti buokmo.
あなたの髪はくしでとかしなさい。	あなたの髪をくしでとかしなさい。

15.3 対象焦点 I- 動詞

接辞 I- は、一般的に対象焦点動詞を形成する。I- 動詞は他動詞で、対象が行為者から離れることや、行為者が対象に対して何かを処理したりするということを表す。接辞 I- は他に受益者焦点や手段焦点の動詞に用いられることもあるが、本課では対象焦点動詞のみを取り扱う。

15

15.3.1 活用

語根	不定相		完了相	未完了相	
				現在	過去
lasin	ilasin	「分ける」	inlasin	ilaslasin	inlaslasin
kabil	ikabil	「入れる」	inkabil	ikabkabil	inkabkabil
sagana	isagana	「準備する」	insagana	isagsagana	insagsagana
bilag	ibilag	「天日で乾かす」	imbilag	ibilbilag	imbilbilag
baga	ibaga	「言う」「伝える」	imbaga	ibagbaga	imbagbaga
guyod	iguyod	「引く」	ingguyod	iguyguyod	ingguyguyod
awid	iyawid	「持ち帰る」	inyawid	iyawawid	inyawawid
ited	ited	「あげる」 *	inted	itited	ininted

＊不規則動詞

1）不定相

語根が母音で始まる場合、語根の頭に I- を付けるとともに、わたり音（半母音）の y を I- の後に加える。

　　Saanmo nga iyawid ti trabaho.　　仕事を持ち帰らないでください。

語根が子音で始まる場合、語根の頭に I- を付ける。

　　Ibilagko ti init dagitoy badom.　　私は君の服を天日に干す。

2）完了相

語根の頭に IN- を付ける。ただし、語根の頭が b、m、p の場合、IN- は IM- に、g、k の場合、IN- は ING- に変化する。語根が母音で始まる場合には、語根の頭にIN- を付けるとともに、わたり音（半母音）の y を IN- の後に加える。

　　Insaganami dagitoy sag-ut para iti inabel.

　　イナベル織のために、私たちはヤーンを準備した。

　IN- が IM- に変化するもの

　　imbaga「言う」、impaw-it「送る」、immula「植える」

　IN- が ING- に変化するもの

　　ingkararag「祈る」、ingguyod「引く」、inggidan「同時にする」

　IN- の後に y が付加されるもの

　　iyawid「持ち帰る」、iyurnos「整える」

234

3）未完了相

（1）現在

完了相の語根の語頭の音節 CVC を I-（または I- + y）の後に重複させる。

Saanmo nga ibagbaga ti sikretok kaniada.　彼らに私の秘密を言わないで。

Iyawawidna dagiti sabong.　　　　　　　　彼は花を持ち帰っている。

（2）過去

完了相の語根の語頭の音節 CVC を IN-（または IM-、ING-、IN- + y）の後に重複させる。

Imbagbagana ti naganna.　　　　　　　　彼は名前を言っていた。

Inyawawidko dagiti trabahok.　　　　　　私は仕事を持ち帰っていた。

IN- が IM- に変化するもの

imbagbaga「言う」、impawpaw-it「送る」、immulmula「植える」

IN- が ING- に変化するもの

ingkarkararag「祈る」、ingguyguyod「引く」、inggidgidan「同時にする」

IN- の後に y が付加されるもの

inyawawid「持ち帰る」、inyururnos「片づける」

15.3.2　I- 動詞の特徴

1）対象が行為者から離れることを表すもの

授与、売却、返却、設置、伝達といった、対象が行為者から離れることを表す行為には、-EN 動詞よりも I- 動詞が用いられる。

iyawat	手渡す	iduron	押す
ited	あげる、与える	itapal	かぶせる
ipaw-it	送る	isilpo	つなぐ
isalda	土地を担保にする／質入れする	isagana	用意する
isubli	返却する	imula	植える
ilako	売る	ipunpon	埋葬する
ibati	残す	ibabad	浸す、つける
ibelleng	捨てる	ibalita	報告する
ipurruak	投げる	ipulong	訴える
ibaga	言う、伝える	inayon	足す

15

235

ipukkaw	大声で叫ぶ	ikabil	入れる
isaang	炊く	ilukat	開ける
itipon	結合する、組み合わせる	irikep	閉める
isab-it	掛ける	isalapay	干す

a）Ania ti itedtayo kenni Purita?　　　　プリタさんに何をあげようか？
　　× Ania ti tedentayo kenni Purita?

b）Ilako ni mamang dagitoy burias.　　　母はこれらの子豚を売る。
　　× Lakuen ni mamang dagitoy burias.

c）Ikabilmo daytoy sapatos idiay uneg.　　この靴を中に入れなさい。
　　× Kabilem daytoy sapatos idiay uneg.

2) 対象が行為者と共に移動することを表すもの

iyuneg	中に持っていく	itugot	持っていく／連れていく
iruar	外に出す	itaray	運んでいく
iyasideg	近くに持っていく	iyawid	持ち帰る
ipasiar	散歩する	ingato	上に持っていく
iyakar	移動する	ibaba	下に持っていく
itangad	顎を上げる	iyadayo	遠ざける

a）Intarayda ni Uliteg iti ospital.　　　　彼らは伯父／叔父さんを病院へ運んで
　　× Tinarayda ni Uliteg iti ospital.　　　いった。

b）Iruarmo man diay pitakak.　　　　　私の財布を出してください。
　　× Ruarem man diay pitakak.

c）Iyadayoyo man daytoy aso kaniak.　　私からこの猫を遠ざけてよ。
　　× Adayuenyo man daytoy aso kaniak.

　上記のような動詞は、-EN 動詞と対応しないことが多い。ただし、以下のような I- 動詞は -EN 動詞の形も存在するが、文脈によって意味合いが異なる。

a）Ibagkatyo ti sakayo.　　　　　　　　足を上げてください。
　　Bagkatenyo ti sapatosyo.　　　　　　靴を持ち運んでください。

b）Iguyguyod dagiti turista ti maletada.　観光客はスーツケースを引いている。
　　Guyguyuden dagiti atleta ti tali.　　　選手たちは縄を引っ張っている。

c）Kayatko nga ikamat daytoy papeles inggana alas-3.　私はこの書類を3時までに間に合わせるようにしたい。

Kayatko a kamaten diay alas-3 a tren.　私は3時の電車をつかまえたい。

d）Isurotmi ni Lita idiay kapilia.　私たちはリタさんを教会へ連れていく。

Surotenmi* ni Lita idiay kapilia.　私たちはリタさんに教会へついていく。

＊この -EN 動詞は方向焦点動詞である。

3）-EN 動詞と I- 動詞でほぼ同じ意味を表すもの

iluto/lutuen	料理する	ituno/tunuen	焼く
iprito/prituen	油で揚げる	isilpo/silpuen	つなぐ
ibatil/batilen	かき混ぜる	ipulipol/pulipulen	巻く
ilinta/lintaen	茹でる	iyurnos/urnosen	片づける

a）Inluto/Linuto ni Mana daytoy dinengdeng.　真奈さんはこのディネンデンを料理した。

b）Ilinlintak/Linlintaek diay mais.　私はトウモロコシをゆでている。

c）Ipulipolta/Pulipulenta daytoy tali iti kayo.　この縄を木に巻こう。

4）英語起源の語を語根として用いるもの

英語起源の語	動詞	意味
type	i-type	タイプする／打ち込む
report	i-report	報告する
ref（refrigerator の略語）	i-ref	冷蔵庫に入れる
drive	i-drive	運転する
deliver	i-deliver	配達する

a）Inreportda isuna iti pulis.　彼らは彼を警察に報告した。

× Rineportda isuna iti pulis.

b）Masapul nga i-ref daytoy karne.　この肉を冷蔵庫に入れなければならない。

× Masapul a refen daytoy karne.

c）I-deldeliver ni Cora diay produktona.　コラさんは商品を配達している。

× Deldeliveren ni Cora diay produktona.

15.3.3　I- 動詞と行為者焦点動詞との対応

　I- 動詞は -EN 動詞とは異なり、行為者焦点の AG- 動詞、-UM- 動詞、MANG- 動詞と単純に対応するというよりも、接辞 I- と各行為者焦点の接辞とが組み合わされた、AGI- 動詞、MANGI- 動詞と対応することが多い。この点については第 19 課で取り扱う。

15.4 　対象焦点 -AN 動詞

　接辞 -AN は、対象焦点のみならず、受益者、方向、場所を焦点とする動詞を形成する。本課では対象焦点の働きのみを取り扱う。

15.4.1　活用

語根	不定相		完了相	未完了相	
				現在	過去
raman	ramanan	「味見する」	rinamanan	ramramanan	rinamramanan
innaw	innawan	「食器を洗う」	ininnawan	in-innawan	inin-innawan
lukat	lukatan	「開ける」	linukatan	luklukatan	linuklukatan
sukat	sukatan	「変える」	sinukatan	suksukatan	sinuksukatan
sabali	sabalian	「直す」	sinabalian	sabsabalian	sinabsabalian
ukis	ukisan	「剥く」	inukisan	ukukisan	inukukisan
tandaan*	tandaanan	「覚える」	tinandaanan	tantandaanan	tinantandaanan

*元の語根は tanda「目印」であるが、動詞には語幹の tandaan が用いられる。

1）不定相

　語根の後に -AN を付ける。

Sukatan ni Ken ti luganna.	ケンさんは車を買い替える。
Innawanna dagiti baso.	彼はコップを洗う。

2）完了相

語根が母音で始まる場合、不定相の頭に IN- を付ける。

Dagiti baso ket ti ininnawanna.　　　彼らが洗ったのはコップです。

語根が子音で始まる場合、不定相の語根の頭の音節 CVC の C と V の間に -IN- を挿入する。

Sinukatan ni Ken ti luganna.　　　ケンさんは車を買い替えた。

3）未完了相

（1）現在

語根が母音で始まる場合、語根の語頭の音節 CVC を不定相の前に重複させる。

Ukukisan ni Shota ti sua.　　　翔太さんはポメロを剥いている。

Sabsabalian ti maestra ti plano.　　　先生は計画を修正している。

（2）過去

語根が母音で始まる場合、完了相の語根の語頭の音節 CVC を IN- の後に重複させる。

Inukukisan ni Shota ti sua.　　　翔太さんはポメロを剥いていた。

語根が子音で始まる場合、完了相の頭で語根の頭の音節 CVC の C と V の間に -IN- を挿入した後に語根の語頭の音節 CVC を重複させる。

Sinabsabalian ti maestra ti plano.　　　先生は計画を修正していた。

15.4.2　対象焦点 -AN 動詞の特徴

1）物をきれいにする行為

掃除や洗濯といった、物をきれいにする行為は -AN 動詞で表されることが多く、ほとんどは行為者焦点の AG- 動詞と対応する。

dalusan	掃除する	innawan	食器を洗う
punasan	拭く	ugasan	洗う
walisan	ほうきで掃く	bugguan	（身体を）洗う
labaan	洗濯する	ludludan	ゴシゴシ洗う

	-AN 動詞	行為者焦点 -AG 動詞

a） Binugguak ti ima ken sakak.　　　Agbuggoak ti ima ken sakak.
　　手と足を私は洗った。　　　　　　私は手と足を洗った。

b） Punpunasanna dagiti lamisaan.　　Agpunpunas isuna dagiti lamisaan.
　　テーブルを彼は拭いている。　　　彼はテーブルを拭いている。

c） Walisanmi ti arubayan.　　　　　Agwaliskami ti arubayan.
　　周りを私たちはほうきで掃く。　　私たちは周りをほうきで掃く。

2) 対象の状態や性質を意図的に変化させることを表すもの

　-AN 動詞には、NA- 形容詞の語根または単純形容詞を語根に接辞 -AN が付加され形成されたものがあり、対象の状態や性質等を変化させることを表し、他動詞として用いられる。行為者焦点の -UM- 動詞にも形容詞を語根として用いるものがあるが、-UM- 動詞では行為者が自発的に変化することを表すため、-AN 動詞とは対応しない。

dakkelan	大きくする	bassitan	小さくする
pintasan	より美しくする	lakaan	易しくする、安くする
puskulan	厚くする	rigatan	難しくする
ingpisan	薄くする	sam-itan	甘くする
labbagaan	赤くする	alsiman	酸っぱくする
pigsaan	強くする	apgadan	塩辛くする

a） Pigsaam man dayta TV.　　　　テレビの音を大きくしてください。
b） Pinuskulanna ti badona.　　　　彼は服を厚くした。
c） Labbagaam pay ti lipistikmo.　　口紅をもっと赤くしてください。

3) よく用いられる -AN 動詞

　対象焦点の -AN 動詞はまた、開閉、点灯、消灯、処置といった、対象を処理したり、取り扱ったりする行為を表す。行為者焦点の AG- 動詞や MANG- 動詞と対応することが多い。

-AN 動詞	意味	行為者焦点動詞
iggeman	握る、掴む、持つ	agiggem/mangiggem
ibbatan	放す	agibbat/mangibbat
lukatan	開ける	aglukat/manglukat
kalluban	蓋をする	agkallub/mangkallub
tulbekan	施錠する	agtulbek/mangtulbek
kadenaan	鎖をかける	agkadena/mangkadena
ukisan	剥く	agukis/mangukis
tapalan	覆う	agtapal/mangtapal
agasan	処置する	agagas/mangagas
selselan	詰める	agselsel/mangselsel
alkoholan	アルコール消毒をする	agalkohol/mangalkohol
seggedan	火をつける	agsegged/mangsegged
apuyan	火を強くする	agapuy/mangapuy
arunan	薪／炭をおこす／くべる	agarun/mangarun
puyotan	吹く	agpuyot/mangpuyot
paypayan	扇などであおぐ	agpaypay/mangpaypay
sindian	電気をつける	agsindi/mangsingi
pugtuan	予測する、占う	agpugto/mangpugto
sungbatan	返事する	agsungbat/mangsungbat
ramanan	味見する	agraman/mangraman
rugian (rugianan)	始める	agrugi/mangrugi
padasan	試す	agpadas/mangpadas
bayadan	払う	agbayad/mangbayad
tandaanan	覚える	agtandaan/mangtandaan
lipat	忘れる	aglipat/manglipat

15

	-AN 動詞	行為者焦点

a） Iniggemanna ti kuarta.　　　　　　　Nagiggem isuna ti kuarta.
　　 お金を彼は（手に）持った。　　　　彼はお金を（手に）持った。

b） Ania ti lukatanmi umuna?　　　　　　Manglukatkami umuna ti ania?
　　 まず何を私たちは開けますか？　　　 私たちはまず何を開けますか？

c） Agagasak ti sugatko.　　　　　　　　Mangagagasak ti sugatko.
　　 傷を私は処置している。　　　　　　私は傷を処置している。

d） Inalkoholan ti doktor ti imana.　　　 Nagalkohol ti doktor ti imana.
　　 自分の手を医者は消毒した。　　　　医者は自分の手を消毒した。

4）スペイン語起源の動詞を語根として用いるもの

　スペイン語起源の動詞を語根として用い、接辞を付加して動詞を形成すること
もある。非行為者焦点動詞に用いられる接辞の大半は -AN で、対象焦点または方
向焦点の動詞として用いられる。

スペイン語起源の動詞	意味	-AN 動詞（または -EN 動詞）
usar	使用する	usaren
akseptar	受け取る	akseptaran
imbitar	誘う	imbitaran
suportar	援助する	suportaran
reserbar	予約する	reserbaran
proteher	守る	proteheran
akompaniar	伴奏する	akompaniaran
apirmar	賛成する	apirmaran
aprobar	認める	aprobaran
obserbar	観察する	obserbaran
ekspektar	期待する	ekspektaran

15.5 対象焦点動詞を用いた文の構文

15.5.1 基本構文

対象焦点動詞を用いた文の構文は以下のとおりである。

【文型】対象焦点動詞＋行為者補語*＋対象補語＋その他の補語

*-ko 形の人称代名詞、主格の名詞句。1 人称の -ko と 2 人称の -mo は、-EN と -AN の後に付加されると、それぞれ -k と -m に変わる。

a) Araramiden　　ti mangngabel　　ti lupot.
　　対象焦点 -EN 動詞　　行為者補語　　対象補語（主題）
　　布は織り手が作っている。

b) Isaganada　　　　　　　　　ti lamisaan.
　　対象焦点 I- 動詞 + 行為者補語　対象補語（主題）
　　食卓は彼らが準備する。

c) Innawan　　　　ni Jun　　dagiti baso ken malukong.
　　対象焦点 -AN 動詞　行為者補語　　　対象補語（主題）
　　コップとボウルはジュンさんが洗う。

口語では対象補語を省いたり、指示代名詞に変更したりすることもある。

a) Araramiden ti mangngabel dagitoy lupot?　織り手は布を作っているの？
　　- Wen, araramidenna dagitoy.　　　　　ええ、これらを作っています。

b) Ininnawan aya ni Jun dagiti baso　　　ジュンさんはコップとボウルを洗
　　ken mallukong?　　　　　　　　　　いましたか？
　　- Wen, ininnawannan.　　　　　　　ええ、もう洗ったわ。

対象補語は ni や da を伴う名詞句で表されることもある。よって、それらの代わりに代名詞を用いることができる。

a) Ikkatek　　　　　　　　da Narda　　kadaytoy listaan.
　　対象焦点 -EN- 動詞 + 行為者補語　対象補語（主題）　方向補語
　　私はナルダさんたちをリストから削除する。

b) Ikkatek　　　　　　　　isuda　　kadaytoy listaan.
　　対象焦点 -EN 動詞 + 行為者補語　対象補語（主題）　方向補語
　　私は彼らをリストから削除する。

a) の対象補語 da Narda は、b) では -ak 形の人称代名詞 isuda に変わった。対象補語は人称代名詞で表される場合は一般的に -ak 形が用いられるが、場合によっ

243

ては siak 形が用いられることがある。

　対象焦点動詞が用いられる文において、行為者補語が -ko 形の人称代名詞の 1 人称 -ko で、対象補語が -ak 形の人称代名詞の 2 人称 -ka である場合、行為者補語は脱落し、対象補語は動詞の後に付加される。

　　a）Ayayatenka.　　　　　　　　　　私はあなたを愛している。
　　b）Iduronka iti tambak.　　　　　　私はあなたを水田に突き落とすよ。
　　c）Tandaanankanto no addaak iti Japan.　私は日本にいる時に、あなたのことを是非思い出しておく。

　対象焦点動詞の不定相に行為者補語として -ko 形の人称代名詞の 2 人称 -mo（単数）または -yo（複数）が付加されると、命令文となる。

　　a）Panunotem a. Usarem ti utekmo.　　考えなさいよ。頭を使いなさい。
　　b）Ibellengyo dagita daan a badoyon.　あなたたちの古い服はもう捨てなさい。
　　c）Ramanam daytoy ramen.　　　　　ラーメンを味見してください。

15.5.2　疑問文

　　【文型】疑問詞＋標識辞＋対象焦点動詞＋補語

　対象焦点が用いられる疑問文では、疑問詞 ania「何／どれ」、sinno「誰」、mano「いくつ／いくら」などが用いられる。

　　a）Ania ti aramidem manipud itatta?　これからあなたは何をしますか？
　　b）Sinno ti tultulongan da Letty?　　レティーさんたちは誰を手伝っていますか？

15.6　時、条件、結果等を表す接続詞と接頭辞

15.6.1　接頭辞 APAG-「～してから」、「～したら」

　接頭辞 APAG- は、行為または状態を表す語根に付加することにより、その行為または状態が完了してから、その後に続く節の内容が行われるという意味を表す。

　　a）APAG ＋ burek「沸騰」
　　　　Apagburek ti danum, ikabilmo ti itlog.　水が沸騰したら、卵を入れてください。

244

b）APAG + sangpet「到着」

Apagsangpet ni Rody, naglutoak ti
kayatna a makan.

ロディーさんが着いてから、私は彼
が好きな料理を作った。

15.6.2　sa「そして」、「それから」

sa は、一方の節の内容が行われ、その後に sa が用いられる節の内容が行われる
という意味を表す等位接続詞である。sa が用いられる文が行為者焦点の文で行為
者が人称代名詞である場合、sa の後に代名詞を付加する。sa の節は必ず後半に置
かれる。前後 2 つの節で用いられる動詞の相は様々である。

a）Ukisak ti mangga saak mangan.

私はマンゴーを剥き、それから食べる。

b）Insagana ni Nova ti lamisaan, sa
dinalusan ni Emi ti datar.

ノバさんはテーブルを用意し、そして
エミさんは床を掃除した。

15.6.3　bayat「〜している間」、「〜しながら」

bayat は、bayat が用いられる節の内容が行われる前に、もう一方の節の内容が
行われるという意味を表す従属接続詞である。bayat が用いられる節は前半と後半
のどちらにも置くことができるが、前半に置く場合、表記上、bayat が用いられる
節の最後にコンマが必要である。bayat の節の動詞は未完了相である。

a）Urnosen ti sag-ut bayat a sagaysayen daytoy.

ヤーンを整えながら、櫛で梳く。

b）Bayat a nagbuybuyakayo ti TV, insaangko
ti innapoy.

あなたたちがテレビを見ている
間に私はお米を炊いた。

15.6.4　tapno「〜するために」、「〜するように」

tapno は、tapno が用いられる節の内容が行われる／実現するように、もう一方
の節の内容が行われるという意味を表す従属接続詞である。tapno が用いられる節
は前半と後半のどちらにも置くことができるが、前半に置く場合、表記上、tapno
が用いられる節の最後にコンマが必要である。tapno の節の動詞は不定相である。

a）Sagaysayen ti sag-ut tapno lumagda daytoy.

ヤーンが丈夫になるように櫛で
梳く。

b）Tapno aramiden ti inabel, masapul
ti pagablan.

イナベル織を作るために織機が
必要だ。

15

15.6.5 no「もし～ならば」、「～する時」、「～するならば」、「～したら」

従属接続詞の no には、以下のように 2 つの使い方がある。

1) 時や季節を表す場合

時や季節を表す場合には、その語句（動詞を含む）の前に置いて用いる。

a）Rumuar kano dagiti simut-simut
no malpas ti tudo.

雨が止んだ時に、羽ありが出てくるようだ。

b）No trabaho, gulpien, no kanen,
in-inuten.

仕事は一所懸命やるべし。食べ物は少しずつ食べるべし。（ことわざ）

〈idi と intono/inton の関係〉

no は時を中立的に表現する。言動が行われる時の起点をより具体的に表す場合は、idi を過去のことがら、intono/inton/no を将来のことがらに用いる。idi が用いられる場合、動詞は完了相または未完了相過去である。

a）Kanayonak a mangan ti ramen no
mapanak iti Japan.

私は日本に行く時、いつもラーメンを食べる。

Kanayonak a nangnangan ti ramen idi
napanak iti Japan.

私は日本に行った時、いつもラーメンを食べていた。

b）Lukatam ti ruangan no sumangpet
ni Ikit.

伯母／叔母さんが到着したら、ドアを開けてください。

Lukatam（to）ti ruangan intono
sumangpet ni Ikit.

伯母／叔母さんが到着したら、ドアを開けてください。

2) 節同士をつなぐ場合

節と節とをつなぎ、no が冒頭に置かれた方の節の内容が「もし行われたら」、または「行われる時に」、もう一方の節の内容が行われるという意味を表す。no が用いられる節は前半と後半のどちらにも置くことができるが、前半に置く場合、表記上、no が用いられる節の最後にコンマが必要である。no の節で用いられる動詞の相は様々である。

a）Usaren ti ima ken saka no aramiden
ti inabel.

イナベル織を作る時に、手と足を使う。

b）No imbaga ti maestra ti "Go!",
agrugitayon.

先生が「ゴー」と言ったら始めよう。

15.6.6 sakbay「〜する前に」

sakbay は、sakbay が冒頭に置かれた方の節の内容が行われる前に、もう一方の節の内容が行われるという意味を表す従属接続詞である。sakbay が用いられる節は前半と後半のどちらにも置くことができるが、前半に置く場合、sakbay が用いられる節の最後にコンマが必要である。sakbay の節で用いられる動詞の相は様々であるが、前後2つの節で用いられる動詞は同じ相が用いられることが多い。

a）Ibabadko pay laeng daytoy bagas, 　私は米を炊く前に浸けておく。
　　sakbay lutuen.

b）Linabaan ni Mar ti ules sakbayna 　マーさんはブランケットを干す前に洗
　　insalapay. 　濯した。

15.6.7 kalpasan「〜した後に」

kalpasan はその後ろに置かれる動詞との間にリンカーを伴い、kalpasan が冒頭に置かれた方の節の内容が行われた後に、もう一方の節の内容が行われるという意味を表す従属接続詞である。kalpasan が用いられる節は前半と後半のどちらにも置くことができるが、前半に置く場合、表記上、kalpasan が用いられる節の最後にコンマが必要である。kalpasan の節で用いられる動詞の相は様々であるが、前後2つの節で用いられる動詞は同じ相が用いられることが多い。

a）Ibilag ti kapas kalpasan a burasen. 　綿を収穫した後に、天日で乾燥させる。

b）Kalpasan a binugguan ni Reyna ti 　レイナさんは顔を洗った後に、メイク
　　rupana, inkabilna ti make-up. 　をした。

練 習 問 題

1．以下の各語根に左の接辞を用いて、それぞれの動詞の活用表を完成させなさい。

	接辞	語根	不定相	完了相	未完了相	
					現在	過去
(1)	-EN	birok				
(2)	-EN	kaan				
(3)	-EN	takaw				
(4)	-EN	leppas				
(5)	I-	kiwar				
(6)	I-	sangpet				
(7)	I-	bati				
(8)	I-	taray				
(9)	-AN	sukat				
(10)	-AN	padas				
(11)	-AN	ukis				

2．以下の各文をイロカノ語に訳しなさい。
　　(1) 彼の父親が剥いたのはパパイヤかしら？
　　(2) 私が今聞いているのはラジオではありません。
　　(3) あなたたちは昨夜彼の家で何をしていましたか？
　　(4) 私たちは来月誰を病院へ連れて行くのですか？
　　(5) 私の夫は料理している間、歌っていました。

3．以下の各文を日本語に訳しなさい。
　　(1) Ingatom ti imam.
　　(2) Rinugiantan ti klaseta.
　　(3) Ania ti kayatda a gatangen iti Ilocos?
　　(4) Apagsangpet ni Ben iti Manila bisitaenna dagiti apongna.
　　(5) Nagbado ni Mario sa naglugan isuna iti kotse.
　　(6) Tapno gatangenna ti daga, insaganana ti kuarta.

248

(7) No agtudo madamdama, saanmo isalapay dagiti ules idiay ruar.

(8) Sakbay sumangpet dagiti bisita, agdaluskayo ti kuarto.

(9) Kalpasan a nagtaray ti atleta, nabannog isuna.

4．本課の説明文に関する以下の各文のうち、本文の内容と合うものには○、合わないものには×と答えなさい。

(1) T'nalak ti nagan ti tradisional a lupot iti Kailokuan.

(2) Kapas ti kangrunaan nga aramaten no agaramid ti lupot.

(3) Otomatiko ti pagablan.

(4) Ima ken agong ti usaren no agaramid ti inabel.

(5) Nalaka ti agaramid ti inabel.

15

イナベル

Norma A. Respicio

　イナベルとは、堅い木で作られたペダル式織機パガブラン（pangablan）で織られたイロカノの織物を指す言葉である。糸の材料は伝統的にその土地で収穫される綿（kapas）である。

　イナベル生産の知識は、イロコス・スル州のシナイト（Sinait）やカガヤン渓谷で発見された、火入れされた紡錘車（nadamili nga Takbian）からも明らかなように、ほぼ確実に何千年も遡った時代からの伝統的なものである。これらの紡錘車はイナベル用の綿糸の生産を示唆している。

　スペイン植民地期にアンドレス・カルロ（Andres Carro）神父によって編纂されたイロカノ語の辞書には、横糸（pakan）、縦糸（gan-ay）、整経機（gagan-ayan）といった、織物に関連する語が登場する。

　イロカノ叙事詩である『ラム・アンの人生』でも、織物織りの巧みさが、叙事詩のヒロインであるイネス・カンノヤンを指す成熟した女性の基準であり、「本当に成熟した女性だ！彼女は一夜で9綛(かせ)の糸を巻ける！」("Ay, nalinis a balasang ta siam kan a lalabayan iti inna marugsacan iti agsardam")と述べられている箇所がある。

　イナベルはスペイン植民地期に大きな価値と重要性で知られた。イナベルの無数の梱包、特に無地で純綿の厚い帆布（manta）はヨーロッパへ輸出され、東南アジアの港からヨーロッパの港へと数年または数ヶ月かけて海を越え商品や人を運んでいたガレオン船の帆として用いられた。

　スペインの植民地統治とそれに続いたアメリカ植民地統治に対するフィリピン革命の間、アンドレス・ボニファシオ（Andres Bonifacio）、エミリオ・アギナルド（Emilio Aguinaldo）、そしてイロカノの将軍アントニオ・ルナ（Antonio Luna）に率いられたフィリピン革命派カティプネロ（Katipunero）たちは皆、カティプネロの制服であった、イナベルのリナドリリオ（Rinadrillyo）を着用した。イロカノの織り手たちのパガブランで生産された、カティプネロのリナドリリオは、青、藍色、そして白の綿糸の細い縞模様であった。イロカノの男性たちによって、日々の農作業用のズボンとして着用された、より伝統的なリナドリリオは、赤、白、黒の細い縞模様であった。

　イナベルの伝統と生産は第二次世界大戦によって衰退した。日本軍の退路に爆撃を浴びせたアメリカの爆撃機は土地を耕せない状態に荒廃させた。稲や綿を植えるのは骨が折れることであった。それでもイロカノの農家の人びとや織り手たちは、イナベルの衣類、ブランケット、タオルを生産できるようにと辛抱強く続け、努力して綿を植えた。しかし、1950年代終盤には、より大きな現金収入をもたらすということで農家の注目を引いた、バージニアタバコの導入という、別の試練がイナベルの伝統に訪れた。こうして、かつて白い綿花が咲いていた農場は、バージニアタバコの金色の葉に取って代わられた。しかし、バージニアタバコの葉の加工は、大変退屈で、多く

の人手を必要とし、巨額の資金が必要であった。起きている時間ずっと、バージニアタバコの生産にかかりきりになっているということにイロカノの人びとは気づいた。イナベル生産はほとんど完全に脇に追いやられたのである！機織りに努めた人びとは、縦糸と横糸が密に織り込まれ、そして常に綿で作られているというイナベルの品質を維持した。海外の製造会社からの既製服の絶えることない参入をもたらした、1980年代終盤以降の輸入自由化という政府の方針にもかかわらず、イロカノの織り手たちは耐え忍んだのである！今日、イナベルは新しい活力を得ている。ラ・ウニオン州のバガール（Bangar）、イロコス・スル州のサンチャゴ（Santiago）、サンタ（Santa）、カワヤン（Caoayan）、ビガン（Vigan）、イロコス・ノルテ州のパオアイ（Paoay）、バタック（Batac）、ピニリ（Pinili）、サラット（Sarrat）といったイナベル生産の町は協同組合を組織した。イナベルに値を付け、コミュニティーの伝統に、常に丈夫で密に織り込まれており（nabaked）、整っており（nalinis）、常にイロカノの土地で収穫される綿製で、堅い木で作られた非常に優れた、そして頑丈なイロカノの織機パガプランで織られたものであるというイナベルの品質を課すという点で織り手たちはより強い発言力を持つようになってきた。

　伝統的なイロカノのイナベルには次のようなものがある。リソ（liso）またはカンタリニス（kantarinis）は、使われる縦糸と横糸はどちらも自然の色の綿で作られている。バンデラード（banderado）には、中央に長く延びる白い下地に沿って、赤、深い藍色、黄色といった色の、広い縞模様が走っている。3つのパネル（細長い色柄）のバンデラードは一般的に、普段使いのブランケットに用いられる。染められた細い縦糸と、同様に染められた細い横糸が交差するキヌルクロス（kinurkuros）は、格子柄に織られ、裁断されて縫われ、女性用の広く長いスカート（pandiling）、男性用の長袖シャツ、男女や老若男女を問わず用いられる衣服に仕立てられる。

　1960年代までは、イカット（ikat）のシングルワープで、レジストで文様を付ける絞り染めのイナベルが生産されていた。柄は藍色でシンプルな線であった。線は細い雨（arbis）を真似ていた。イカットのダブルワープは滅多に実践されなかった。横糸の上の細い線と交差する縦糸の上の細い線が、濃い藍色の下地に、星を表すとても小さくて交差する柄を作り出した。イカットの柄の深い藍色のイナベルは、とても特別な女性用の広く長いスカート（pandiling）やオーバースカート（kain）に起用された。

イナベルの高度に織られた表面は綜絖のデザイン技巧（ginur-onan）を通して生産されている。綜絖（gur-on）は野生の穀物（kinarkarot）やゴマの鞘（linenglengnga）のような布地のデザインを作り出すために決まった連続した動きをする織り手の足によって踏み込まれて動くペダルによって操作される。縦糸と横糸はデザインを際立たせるために染められることもある。

典型的なイロカノのブランケット © n.a.r.

家禽のデザイン © n.a.r.

伝統的に、これらの高度に織られたイナベルは、特に選ばれた縦糸と横糸が、目立つように取り上げられているデザインを強調するために染められている場合、ベッドカバーやテーブルクロスとして用いられている。白い純粋な綿の綜絖のデザイン技巧（ginur-onan）の布は、宗教的行列の間に家の前に飾られる十字架やキリスト教の聖人像の背景幕である。

イナベルにおける、さらに洗練されたデザイン技巧はブロケード織り（pinilian）である。デザインは指定された縦糸を横切って差し入れられるデザインスティックによって作り出される。デザインスティックは縦糸の上に開いた杼口（シェッド）を作るために、プログラム化された順序で持ち上げられる。杼（シャトル）または織り手の指で運ばれる染められた横糸は開いたシェッドに差し入れられ、主要な横糸の挿入とともに連続して打ち込まれる。パオアイとサンチャゴの織り手たちは、クジャク（sinan-pabo）、黄色い足の雄鶏（karurayan）、明けの明星（sinan-baggak）、トウキビの上に立つ小さい鳥（sinan-billit）などを具象表現として取り入れられたブロケード織りのデザインを作り出している。

イナベルの最も興味深いデザインは竹籠（binakul）である。2種類の色——ポジティブな色（赤、黄色、緑色、明るい青、黒）とネガティブな色（常に白）——の相互作用によって作り出されている。文様は多様な大きさの正方形と長方形に現れる。最も人を虜にさせる竹籠デザインは、旋風や渦巻き（kusikos）である。ネガティブとポジティブの色の正方形と長方形が段階的に大きさを変えて配置され、それによって、絶え間ない、渦を巻いているかのような錯覚が生み出される。1980年代まで、竹籠デザインは農村でブランケットとして広く用いられた。今日、ファッションデザイナーたちは、ドレス、オーバーコート、ズボンといった衣服を竹籠デザインで作り出している。

実に、イロカノの人びとのイナベルの伝統は、自然災害、第二次世界大戦、ファッションの変化、貿易の自由化を持ちこたえてきた。イナベルは生き続ける。それは自然環境にたいする感謝、革命に対する熱烈な支持、イロカノの魂、文化、社会の勤勉さと回復力を最も表現し、イロカノの人びとの、最も輝いており、最も活発なクリエイティブな生産活動なのである。

イナベルと杼 © n.a.r.

参考資料

Carro, A. (1849). *Vocabulario de lengua Ilocana*. Tip. Del Colegio de Santo Tomas.

Castro, J., Antonio, A., Melendez-Cruz, P., Mariano, J., & Makasiar-Puno, R. (Eds.). (1984). *Anthology of ASEAN literatures: Epics of the Philippines*. ASEAN Committee on Culture and Information.

Dery L. & Festin-Baybay D. (2007). A cultural history of Ilocos Norte. *Ili a Nasudi*. Kannawidan Foundation.

Respicio, N., Ingel, M. L. & Ligero, J. J. (2010). *Tawid: The living treasures of Ilocos Sur*. Sanicua Publications.

Respicio, N. (2012). Inabel, tenacious even at the crossroads. *Gawad sa Manlilikha ng Bayan*. National Commission for Culture and the Arts.

Respicio, N. (2014). *Journey of a thousand shuttles, the Philippine weave*. National Commission for Culture and the Arts & the Embassy of the United States in the Philippines.

Respicio, N. (2003). *Our pattern of islands*. Consulate General of the Philippines in Victoria.

Valenciano, A., Trota Jose, R., Respicio, N. A., Manalo, M. F., Cunanan, H. & Guatlo, R. (2015). *INABEL, Philippine textile from the Ilocos region*. ARTPOSTASIA.

Velmonte, J. (1988). *Textile industry of Ilocos (1758-1819)*. University of the Philippines.

（原文 英語、翻訳 矢元貴美）

15

16 あなたになぞなぞを読んであげます。
Ibasaanka ti burburtia.

> 課のねらい / Gandat ti leksion

- 以下の動詞の特徴や活用、各焦点の構文を理解する。
  ① 方向焦点の -AN 動詞、② 受益者焦点の I-AN 動詞、③ 場所焦点の PAG-AN 動詞、PANG-AN 動詞、-AN 動詞、④ 手段焦点の PAG- / PANG- 動詞、⑤ 理由焦点の PAG-AN 動詞

 会話 / Dialogo

16-1

Biday: Naomi, adda orasmo biit? Kayatko nga ibasaanka ti burburtia.
Naomi: Wen, sige.
Biday: Rugiak ngaruden. Burburtia, burburtia. Pugtuam ti sungbatna. "Kagudua nga ulo, dalusan ti pagturoganyo. Kalbuan, is-isan inggana pagmalukonganyo."
Naomi: Kasla ammok dayta. Lampaso a nagbalin a sabsabut.
Biday: Nalaing! Kitaenta ti maikadua. Burburtia, burburtia. Pugtuam ti sungbatna. "Puraw wenno maradapo, pagsangitak ti kinadagsenko. Lingdak ti lubongyo."
Naomi: Narigat daytoy. Sirit.
Biday: Ulep. No napunno ti danum ti ulepen, agtudon. Maikatlo – Burburtia,

burburtia. Pugtuam ti sungbatna. "Ikkam ti biagna ngem isu met ti in-inut
nga ikapatayna."

Naomi: Kandila aya dayta?

Biday: Wen, natarusam!

Naomi: Siak met ti mangted ti pagpanunutam. Burburtia, burburtia. Pugtuam ti
sungbatna. "Ayup a nagaget, pangsabonna rugit."

和訳 / Panangipatarus iti Hapones

ビダイ： 尚美さん、ちょっと時間がありますか？「ブルブルチャ」を読んで
あげたいな。

尚美： はい、どうぞ。

ビダイ： 最初から始めましょう。ブルブルチャ、ブルブルチャ。答えを当て
ましょう。「半分の頭は寝室を掃除する。禿にしたり、磨いたりする
とお椀にもなる。」

尚美： それ知ってるような……。内果皮になったココナッツの外果皮。

ビダイ： すばらしい！　じゃあ、2つ目を見ましょう。ブルブルチャ、ブルブ
ルチャ。答えを当てましょう。「白か灰色で、自分の重さのために泣
き、あなたたちの世界を覆う。」

尚美： これは難しいですね。降参。

ビダイ： 雲。雲が水でいっぱいになったら、雨が降る。
3つ目。ブルブルチャ、ブルブルチャ。答えを当てましょう。「命を
差し出すけれど、そのせいで少しずつ死んでいく。」

尚美： ろうそくかしら？

ビダイ： そう、当たり！

尚美： じゃ、私もあなたに考えさせる問題をあげましょう。ブルブルチャ、
ブルブルチャ。答えを当てましょう。「真面目な獣で、泥を石鹸とし
て使う。」

16

語彙 / Bokabulario

óras	時間	kinadagsén	重さ <dagsén
ibasáan	読んであげる <bása	lingdán	塞ぐ <linged
burburtiá	なぞなぞ	lúbong	世界
sigé	それでは	sírit	降参（答えが分からない時に使う）
rugián	始める <rúgi	úlep	雲
pugtuán	当てる、推測する <pugtó	napunnó	満ちている <punnó
kaguduá	半分 <duá	ikkán	あげる
dalusan	掃除する <dalús	biág	生命、人生
pagturógan	寝る <túrog	in-ínut	少しずつ
kalbuán	禿にする <kalbó	ikapatáy	〜で死ぬ <patáy
is-ísan	ゴシゴシ磨く <is-ís	kandíla	ろうそく
pagmalukongán	鉢／椀として使う <malúkong	natarusán	当たる、明確に分かる <tarós（完了相）
lampáso	ココナッツの外果皮		
sabsabút	ココナッツの内果皮 <sabút	pagpanunútan	考えさせる <panúnot
kitáen	見る <kíta	pangsabón	石鹸として使う <sabón
maradapó	灰色、灰のような	rugít	汚れ
pagsangítan	〜で泣く <sangít		

文法 / Gramatika

16.1　方向焦点 -AN 動詞

　第 15 課では対象焦点動詞としての -AN 動詞を扱ったが、本課では方向焦点動詞としての -AN 動詞の特徴を扱う。方向焦点動詞が用いられる文では、行為の方向や起点となる人、物、場所などが主題となる。

　　a）Sungbatanta　　　　　　dagitoy burburtia.
　　　方向焦点動詞＋行為者補語　方向補語（主題＝焦点）
　　　なぞなぞに答えましょう。

　　b）Kararaganmi　　　　　　dagiti biktima ti bagyo.
　　　方向焦点動詞＋行為者補語　方向補語（主題＝焦点）
　　　私たちは台風の被害者にお祈りをする。

16.1.1 活用

活用は対象焦点の -AN 動詞と同じである。

語根	不定相		完了相	未完了相	
				現在	過去
sungbat	sungbatan	「答える」	sinungbatan	sungsungbatan	sinungsungbatan
subli	sublian sublianan	「戻る」	sinublian sinublianan	subsublian subsublianan	sinubsublian sinubsublianan
surat	suratan	「書く」	sinuratan	sursuratan	sinursuratan
asideg	asigedan	「近づく」	inasidegan	asasidegan	inasasidegan
adayo	adayuan	「遠ざかる」	inadayuan	adadayuan	inadadayuan
ikkan	ikkan*	「あげる」 「与える」	inikkan	ikikkan	inikikkan

*ikkan のような不規則動詞は限られる。

16.1.2 方向焦点 -AN 動詞の特徴

1) 行為者焦点動詞との対応

　方向焦点の -AN 動詞は、行為者焦点の AG- 動詞または MANG- 動詞と対応することが多いが、-UM- 動詞と対応することもある。行為者焦点動詞が用いられている文で主に斜格で表されている方向補語が、方向焦点では主格となる。

<table>
<tr><td align="center">方向焦点</td><td align="center">行為者焦点</td></tr>
<tr><td>a）Suratak ni Mia ti daniw.</td><td>Mangsuratak kenni Mia ti daniw.</td></tr>
<tr><td>　　ミアさんに私が詩を書きます。</td><td>私はミアさんに詩を書きます。</td></tr>
<tr><td>b）Sinubliak ti balay.</td><td>Nagsubliak iti balay.</td></tr>
<tr><td>　　家に私は戻ります。</td><td>私は家に戻ります。</td></tr>
<tr><td>c）Inadayuadandak.</td><td>Immadayoda kaniak.</td></tr>
<tr><td>　　私から彼らは離れました。</td><td>彼らは私から離れました。</td></tr>
</table>

　ただし、以下のような -AN 動詞の行為者焦点動詞との対応関係には注意が必要である。

（1）suruan「教える」

　語根 suro には mangsuro と agsuro の行為者焦点動詞があるが、agsuro は「習う」という意味を表すため、-AN 動詞とは対応しない。

　　方向焦点動詞：　　Sursuruan ti maestra dagiti ubbing ti Ilokano.
　　　　　　　　　　　子どもたちに先生はイロカノ語を教えている。
　　行為者焦点動詞：　Mangsursuro ti maestra kadagiti ubbing ti Ilokano.
　　　　　　　　　　　先生は子どもたちにイロカノ語を教えている。
　　　　　　　　　　　〈参考〉Agsursuro ti maestra kadagiti ubbing ti Ilokano.
　　　　　　　　　　　先生が子どもたちにイロカノ語を習う。

（2）ikkan「あげる」、「与える」

　方向焦点動詞の ikkan には、対応する行為者焦点動詞がない。

2）衣類等を身に着けることを表すもの

baduan	服を着る	kallugongan	帽子をかぶる
sapatosan	靴を履く	lipistikan	口紅をつける
mediasan	靴下を履く	punggosan	髪をまとめる
sagaysayan	くしを入れる	ipitan	クリップでとめる

　　a）Nagalas no mediasan ti sandal.　　サンダルに靴下を履いたら、ダサイよ。
　　b）Binaduak ni Tatang itattayen.　　さっき、私はお父さんに服を着せた。
　　c）Sapatosan man ni Bianong.　　ビアノンさんに靴を履かせてよ。

3）人、物、情報などの動きによって伝達や移動などがあることを表すもの

bagaan	知らせる	lakuan	売る
sublian	戻る	suratan	書く
adayuan	遠ざける	tawagan	電話で連絡する
asidegan	近づける	pukkawan	大声で呼ぶ
ikkan	あげる／与える	saraduan	閉める／閉じる
danuman	水をやる	bay-an	無視する
langisan	油を塗る	akaran	移す
bugkawan	怒鳴る	lisian	退く

takawan	盗む	kalluban	蓋をする
tulongan	助ける／手伝う	suruan	教える
unaan	先に行く	talikudan	振り向く
iseman	微笑む	kiddayan	ウィンクする
nayonan	足す／増やす	ayaban	呼びかける
awagan	（名前を）呼ぶ		

4）他人に対して感情などを伝える行為を表すもの

kaasian	かわいそうに思う	lastogan	自慢する
katawaan	笑う	dung-awan	喪に服す
ladingitan	悲しむ	sangitan	鳴く
ungtan	叱る		

16.2 受益者焦点 I-AN 動詞

受益者焦点動詞は、動作や行為などの恩恵を受ける人や物を主題とする。受益者焦点動詞の接辞には I-AN が用いられる。この動詞が用いられる場合、一般的に文中には受益者補語と対象補語とが両方含まれる。

16.2.1 活用

語根	不定相		完了相	未完了相	
				現在	過去
basa	ibasaan	「読む」	imbasaan	ibasbasaan	imbasbasaan
luto	ilutuan	「料理する」	inlutuan	ilutlutuan	inlutlutuan
gatang	igatangan	「買う」	inggatangan	igatgatangan	inggatgatangan
aramid	iyaramidan	「作る」	inyaramidan	iyararamidan	inyararamidan

1）不定相

語根が子音で始まる場合、語根を I-AN で挟む。語根が母音で始まる場合、I- の後にわたり音（半母音）y を挿入した IY と AN で語根を挟む。

Igatangak ni Tatang ti sapatos.　　　私はお父さんに靴を買ってあげる。

Iyaramidan ni Lou ti anakna ti bento.	ルーさんは子どもにお弁当を作って あげる。

2）完了相

不定相の I- の部分を IN- に置き換える。ただし、語根が b、m、p で始まる場合には I- を IM- に、語根が g、k で始まる場合には I- を ING- に置き換える。

Inggatangak isuna ti sapatos.	彼のために私は靴を買ってあげた。
Inyaramidan ni Emi ti anakna ti balon.	子どものためにエミさんはお弁当を 作ってあげた。

3）未完了相

（1）現在

不定相の語根の語頭の音節 CVC を I- または IY- の後に重複させる。

Ibasbasaan ni Julia ti libro dagiti ubbing.	子どもたちのためにジュリアさんは 本を読んであげている。
Iyawawidak dagiti tarakenko ti makan inaldaw.	ペットのために、私は毎日餌を持ち 帰っている。

（2）過去

未完了相現在の I- の部分を IN- に置き換える。ただし、語根が b、m、p で始まる場合には I- を IM- に、語根が g、k で始まる場合には I- を ING- に置き換える。

Imbasbasaan ni Julia ti libro dagiti ubbing.	子どもたちのためにジュリアさんは 本を読んであげていた。
Inyawawidak dagiti tarakenko ti makan inaldaw idi.	ペットのために私は以前、餌を毎日 持ち帰っていた。

16.2.2　行為者焦点動詞との対応

受益者焦点動詞は行為者焦点の AG- 動詞または MANG- 動詞と対応する。行為者焦点動詞が用いられている文で para を伴い斜格で表されている受益者補語が、受益者焦点では主格となる。

受益者焦点	行為者焦点

a） Inlaslasinak ni Tess ti makan.
テスさんのために私は食べ物を残し
てあげていた。

Naglaslasinak ti makan para kenni Tess.
私はテスさんのために食べ物を残して
あげていた。

b） Iyalaanta ni Manang ti gatas.
お姉さんのために牛乳を買ってあげ
よう。

Mangalata ti gatas para kenni Manang.
お姉さんのために牛乳を買ってあげよう。

c） Inyurnosanmi ti nagganakmi ti visa.
両親のために私たちはビザを申請した。

Nagurnoskami ti visa para iti nagganakmi.
私たちは両親のためにビザを申請していた。

16.2.3 「誰に」を尋ねる疑問文

イロカノ語では、「誰に」を表す特定の疑問詞は存在しない。「誰に」を尋ねた
い場合には、以下のような文型を用いる。

1) **Sinno ＋ ti ＋受益者焦点動詞または方向焦点動詞＋行為者＋補語？**

a） Sinno ti ilutuam ti pinapaitan?　　あなたは誰のためにピナパイタンを料
　　　　　　　　　　　　　　　　　理してあげますか？

　- Ni Papa ti ilutuak（ti pinapaitan）.　私が料理してあげるのはお父さんのた
　　　　　　　　　　　　　　　　　めです。

b） Sinno ti insaganaan ni Luis　　　ルイスさんは誰のためにこの材料を準
　　kadagitoy a materiales?　　　　備しましたか？

　- Kadagiti ag-seminar.　　　　　　セミナーの参加者のためにです。

c） Sinno ti tinultulongam idiay bangir　あなたが隣の家で手伝っていたのは誰
　　a balay?　　　　　　　　　　　ですか？

　- Ni Roger ti tinultulongak.　　　　私が手伝っていたのはロジャーです。

2) **Para kenni ＋（aya）＋補語＋対象焦点動詞＋リンカー＋行為者？**

a） Para kenni aya ti pinapaitan nga　あなたは誰のためにピナパイタンを料
　　ilutom?　　　　　　　　　　　理してあげるのかしら？

　- Para kenni Papa.　　　　　　　　お父さんのためです。

b） Para kenni aya dagitoy a materiales　ルイスさんは誰のためにこの材料を準
　　nga insagana ni Luis?　　　　　備したのかしら？

　- Para kadagiti ag-seminar.　　　　セミナーの参加者のためにです。

16.3 　場所焦点 PAG-AN 動詞

　場所焦点動詞は、動作や行為などが行われている場所を主題とする。場所焦点動詞の接辞には PAG-AN が用いられる。場所補語は斜格の iti 句や指示詞などで表されている場所補語が、場所焦点では主格となる。

16.3.1 　活用

語根	不定相		完了相	未完了相	
				現在	過去
turog	pagturogan	「寝る」	nagturogan	pagturturogan	nagturturogan
ikkan	pagikkan	「置く」	nagikkan	pagikikkan	nagikikkan
luto	paglutuan	「料理する」	naglutuan	paglutlutuan	naglutlutuan
ay-ayam	pagay-ayaman	「遊ぶ」	nagay-ayaman	pagayay-ayaman	nagayay-ayaman
is-is	pagis-isan	「磨く」	nagis-isan	pagisis-isan	nagisis-isan

1）不定相
　語根を PAG-AN で挟む。

　　Pagturogan dagiti estudiane ti 　　　隣のホテルで学生たちは寝る。
　　bangir nga hotel.
　　Pagikkak ti libro daytoy a kuarto. 　この部屋に私は本を置く。

2）完了相
　語根を NAG-AN で挟む。

　　Nagturogan dagiti estudiane ti 　　　隣のホテルで学生たちは寝た。
　　bangir nga hotel.
　　Nagikkak ti libro daytoy a kuarto. 　この部屋に私は本を置いた。

3）未完了相
（1）現在
　不定相の語根の語頭の音節 CVC を PAG- の後に重複させる。

　　（Sadino ti）paglutlutuanda ti lechon? 　　どこで彼らは豚の丸焼きを作っている？

Pagayayaman dagiti ubbing ti igid ti baybay.　浜辺で子どもたちは遊んでいる。

（2）過去
未完了相現在の PAG- を NAG- に置き換える。
　　（Sadino ti）naglutlutuanda ti lechon?　どこで彼らは豚の丸焼きを作っていた？
　　Nagayayaman dagiti ubbing ti parke.　公園で子どもたちは遊んでいた。

　口語では、PAG-AN、PANG-AN の PAG-、PANG- が脱落し、-AN 動詞として用いられることがある。活用は対象焦点や方向焦点の -AN 動詞と同じである。
　　a）Languyan（Paglanguyan）dagiti　　セーヌ川で選手たちが泳ぐ。
　　　　atleta ti karayan ti Seine.
　　b）Sadino nga estasion ti binabaan　　マリアさんたちはどこの駅で降りま
　　　　（nagbabaan）da Maria?　　　　　したか？
　　c）Mabalin aya a lusotan daytoy ruangan?　このドアを通っていいかしら？

16.3.2　場所焦点　PAG-AN 動詞の特徴

1）行為者焦点動詞との対応
　場所焦点動詞は、行為者焦点の AG- 動詞と対応する。行為者焦点の文では、場所補語は標識辞の iti や指示詞の ditoy などで表されている。

場所焦点	行為者焦点
a）Pagiggemak daytoy tugaw.	Agiggemak ditoy tugaw.
この椅子を私は掴む。	私はこの椅子を掴む。
b）Pagmalukonganda ti sabsabut.	Agmalukongda iti sabsabut.
ココナッツの殻に彼らはボウルを入れる。	彼らはココナッツの殻にボウルを入れる。
c）Sadino ti pagidulinanmi* dagitoy ules?	Sadinokami agidulin dagitoy ules?
どこに我々はこのブランケットを片づけますか？	我々はどこにこのブランケットを片づけますか？
d）Pagibellengak* ti basura ti supot.	Agibellengak* ti basura ditoy supot.
ビニール袋に私はごみを捨てる。	私はビニール袋にごみを捨てる。

＊ibelleng や idulin のような対象焦点の I- 動詞は PAGI-AN の場所焦点動詞となり、AGI- の行為者焦点動詞と対応する。この組み合わせについては第 19 課で扱う。

16

2）場所焦点 PAG-AN 動詞を用いた疑問文

場所焦点動詞を用いて、動作などが行われている場所を尋ねる場合、疑問詞と標識辞の sadino ti、ayanna ti が省略されることが多い。平叙文を疑問文に変換するだけでも充分伝わる。返答には同じく場所焦点動詞を用いる。

a）（Sadino ti）pagpanganan ken pagpasiaranta?　私たちはどこで食べて、遊びますか？

　　- Panganan ken pagpasiaranta ti baro a hotel.　新しいホテルで食べて、遊びます。

b）（Sadino ti）pagidulinanmi dagitoy ules?　我々はどこにこのブランケットを片づけますか？

　　- Pagidulinanyo ti uneg ti kabinet.　キャビネットの中に片づけてください。

c）（Sadino ti）napanam（nagpapanam）?　あなたはどこへ行きましたか？

　　- Napanak diay ruar.　外に行きました。

16.4　手段焦点 PAG-、PANG- 動詞

手段焦点動詞は、動作や行為などの目的・目標を実現させる手段や道具などを主題とする。手段焦点動詞の接辞には PAG- または PANG- が用いられる。手段補語は ti 句や指示詞などで表される。

16.4.1　活用

PAG- 動詞

語根	不定相		完了相	未完了相	
				現在	過去
sabon	pagsabon	「石鹸で洗う」	pinagsabon	pagsabsabon	pinagsabsabon
digos	pagdigos	「体を洗う」	pinagdigos	pagdigdigos	pinagdigdigos
bayad	pagbayad	「払う」	pinagbayad	pagbaybayad	pinagbaybayad
ikkat	pagikkat	「取り除く」	pinagikkat	pagikikkat	pinagikikkat
surat	pagsurat	「書く」	pinagsurat	pagsursurat	pinagsursurat

PANG- 動詞

語根	不定相	完了相	未完了相	
			現在	過去
sabon	pangsabon「石鹸で洗う」	pinangsabon	pangsabsabon	pinangsabsabon
digos	pangdigos「体を洗う」	pinangdigos	pangdigdigos	pinangdigdigos
bayad	pangbayad「払う」	pinangbayad	pangbaybayad	pinangbaybayad
ikkat	pangikkat「取り除く」	pinangikkat	pangikikkat	pinangikikkat
surat	pangsurat「書く」	pinangsurat	pangsursurat	pinangsursurat

1）不定相

語根の頭に PAG- または PANG- を付ける。

Pagdigos ni Ernie ti napudot a danum.　　湯でアーニーさんは体を洗う。

Pangikkatko ti rugit daytoy kutsilio.　　このナイフで私は汚れを取り除く。

2）完了相

不定相の PAG- または PANG- の P と A の間に IN を挿入する。

Pinagdigos ni Ernie ti napudot a danum.　湯でアーニーさんは体を洗った。

Pinangikkatko ti rugit daytoy kutsilio.　このナイフで私は汚れを取り除いた。

3）未完了相

（1）現在

不定相の語根の語頭の音節 CVC を PAG- または PANG- の後に重複させる。

Pagsursurat ni Julia daytoy lapis.　　この鉛筆でフリアさんは書いている。

Pangbaybayad kadi da Ikitko ti utangda　ヤギで伯母／叔母さんたちは借金を返
dagidiay kaldingda?　　　　　　　　済しているのですか？

（2）過去

未完了相現在の PAG- または PANG- の P と A の間に IN を挿入する。

Pinagsursurat ni Julia daytoy lapis.　　この鉛筆でフリアさんは書いていた。

Pinangbaybayad kadi da Ikitko ti　　　ヤギで伯母／叔母さんたちは借金を返
utangda dagidiay kaldingda?　　　　済していたのですか？

16

265

16.4.2 手段焦点 PAG-、PANG- 動詞の特徴

1）行為者焦点動詞との対応

　PAG- 動詞は行為者焦点の AG- 動詞と、PANG- は行為者焦点の MANG- 動詞と対応する。行為者焦点動詞の文では、行為者焦点の文では ti、babaen ti、aramaten ti などで表されている手段補語が、手段焦点では主格となる。

PAG- 動詞

	手段焦点	行為者焦点
a）	Pagulesko ti inabel iti bagik.	Agulesak ti bagik babaen ti inabel.
	イナベルで私は自分の体を包む。	私は自分の体をイナベルで包む。
b）	Pinagdigosna ti danum a napudot.	Nagdigos isuna babaen ti danum a napudot.
	湯で彼は入浴した。	彼は湯で入浴した。
c）	Pinaglutluto dagiti lallaki ti arun.	Naglutluto dagiti lallaki babaen ti arun.
	炭で男性たちは料理をしていた。	男性たちは炭で料理をしていた。

PANG- 動詞

	手段焦点	行為者焦点
a）	Pangulesko ti inabel iti bagik.	Mangulesak iti bagik babaen ti inabel.
	イナベルで私は自分の体を包む。	私は自分の体をイナベルで包む。
b）	Pinangdigosna ti danum a napudot.	Nangdigos isuna babaen ti danum a napudot.
	湯で彼は入浴した。	彼は湯で入浴した。
c）	Pinanglutluto dagiti lallaki ti arun.	Manglutluto dagiti lallaki babaen ti arun.
	炭で男性たちは料理をしていた。	男性たちは炭で料理をしていた。

2）接頭辞の PAG- と PANG- 動詞の基本的な違い

　手段焦点の PAG- と PANG- は置き換えられることが多いが、AG- 動詞と MANG- 動詞と対応することから、それぞれの接辞の意味合いは以下のように多少異なる。

PAG-	PANG-
(1) 言及されている手段が本来の用途で用いられている場合	言及されている手段が仮の手段として用いられている場合
a）Pagaramidda ti puto daytoy diket. この餅米で彼らは蒸しパンを作る。	a）Pangaramidda ti tugaw dagitoy bote a plastik. このペットボトルで彼らは椅子を作る。
b）Pagiwak ti karne daytoy buneng. 包丁で私は肉を切る。	b）Pangiwak ti tinapay daytoy imak. 手で私はパンを切った。
(2) 言及されている手段が当たり前に使われている物である場合	言及されている手段が習慣的に使われている物である場合
a）Ti napudot a danum ket ti pinagdigosko. 私が風呂を浴びるのに熱い湯を使いました。	a）Ti bulong ti bayabas ket ti pinangdigosmi. 私たちは風呂を浴びるのにグアバ葉（を煮た湯）を使いました。
b）Pagbadoda a mapan iti trabaho daytoy nga uniporme. 彼らは仕事に行くのにこの制服を着ます。	b）Pangbado kano dagiti estudiante a mapan iti punpon dagiti unipermeda. 生徒たちは埋葬に行くのに彼らの制服を着るそうです。

16.5 理由焦点 PAG-AN 動詞

　理由焦点動詞は、動作や行為の理由や原因を主題とする。理由焦点動詞の接辞には PAG-AN が用いられる。理由補語は標識辞 ti で表されることが多い。

16

16.5.1 活用

語根	不定相	完了相	未完了相 現在	未完了相 過去
sangit	pagsangitan 「泣く」	nagsangitan	pagsangsangitan	nagsangsangitan
patay	pagpatayan 「死ぬ」	nagpatayan	pagpatpatayan	nagpatpatayan
ayat	pagayatan 「喜ぶ」	nagayatan	pagayayatan	nagayayatan
ladingit	pagladingitan「悲しむ」	nagladingitan	pagladladingitan	nagladladingitan
apa	pagapaan 「喧嘩する」	nagapaan	pagapapaan	nagapapaan
sina	pagsinaan 「別れる」	nagsinaan	pagsinsinaan	nagsinsinaan
sakit	pagsakitan 「病気になる」	nagsakitan	pagsaksakitan	nagsaksakitan

1) 不定相

語根を PAG-AN で挟む。

Pagsakitak ti ulo dagita problema.　それらの問題で私は頭が痛くなる。

Pagapaan dagiti ubbing ti ay-ayam.　おもちゃのことで子どもたちが喧嘩した。

2) 完了相

不定相の PAG- を NAG- に置き換える。

Nagsakitanna ti kanser.　癌で彼女は病気になった。

Nagapaan dagiti aggayem maipanggep ti kuarta.　お金のことで友だち同士が喧嘩した。

3) 未完了相

(1) 現在

不定相の語根の語頭の音節 CVC を PAG- の後に重複させる。

Pagsangsangitan dagiti estudiante ti gradoda a nababa.　低い成績が理由で学生たちは泣いている。

Pagayayatanmi ti fiesta.　祭りで私たちは楽しんでいる。

(2) 過去

未完了相現在の PAG- を NAG- に置き換える。

Nagsangsangitan dagiti estudiante ti gradoda a nababa.	低い成績が理由で学生たちは泣いていた。
Nagayayatanmi ti fiesta.	祭りで私たちは楽しんでいた。

16.5.2 理由焦点 PAG-AN 動詞と行為者焦点動詞との対応

理由焦点動詞の PAG-AN は行為者焦点の AG- 動詞に対応することが多いが、動詞が状態を表す場合、文脈によっては -UM- 動詞や MA- 動詞に対応することもある。行為者焦点動詞が用いられている文で iti、gapu iti などで表されている理由補語が、理由焦点では主格となる。

	理由焦点	行為者焦点
a)	Pagsakitan ti buksitko dayta a makan.	Agsakit ti buksitko gapu iti dayta a makan.
	Pagsakitan ti buksit dayta a makan.	Sumakit ti buksit gapu iti dayta a makan.
	その食べ物はおなかが痛くなる。	その食べ物のせいでおなかが痛くなる。
b)	Pagpatayak ti pintas ni Isabela.	Matayak iti pintas ni Isabela.
	イサベラの美しさで私は死にそうだ（＝夢中になる）。	イサベラの美しさに私は死にそうだ（＝夢中になる）。
c)	Nagsinaanda ti apada maipanggep ti kuarta.	Nagsinada gapu ti apada maipanggep ti kuarta.
	お金についての争いで彼らは別れた。	彼らはお金についての争いのせいで別れた。

16.6 理由を表す接辞 IKA-

ikasangit、ikapatay、ikasakit のように、接辞の IKA- (完了相では INKA-) と語根を組み合わせて理由を表すこともある。タガログ語から取り入れられた表現であるため、使われ方には地域差がある。

a) Inkapatay ni Tatangna ti kanser. 　　彼の父親は癌で亡くなった。

b) Ikasangitna ti pagsisinada ken ti nobiana. 　彼は彼女と別れたことで泣く。

16

練 習 問 題

1. 以下の各語根に左の接辞を用いて、それぞれの動詞の活用表を完成させなさい。

	接辞	語根	不定相	完了相	未完了相	
					現在	過去
(1)	-AN	subli				
(2)	-AN	sagaysay				
(3)	I-AN	lako				
(4)	I-AN	surat				
(5)	PAG-AN/PANG-AN	trabaho				
(6)	PAG-/PANG-	iwa				

2. 以下の各文をイロカノ語に訳しなさい。
    (1) 私がイナベルを置いたのはこの部屋ではありません。
    (2) 彼らが肉を切ったのは包丁でですか？
    (3) 私がディネンデンを料理してあげるのは彼らのためです。
    (4) 彼が亡くなったのは癌のせいです。
    (5) あなたはそこで誰にイロカノ語を教えているのですか？

3. 以下の各文を日本語に訳しなさい。
    (1) Pagiggemyo daydiay kayo!
    (2) Inikkan ni Maya ti kuarta dagiti babbaket.
    (3) Ti Nanangna ti inawawidanna ti longganisa.
    (4) Pinagsurat ni Ben ti nobela dagitoy a lapis.
    (5) Regalom ti pagayatan dagiti annakda.

4. 本課の会話文に関する以下の質問にイロカノ語で答えなさい。
    (1) Ania ti sungbat ti burburtia nga ayup a nagaget, pangsabonna rugit?
    (2) Ania ti imbasaan ni Biday kenni Naomi?
    (3) Ania kano ti nagbalin a sabsabut?
    (4) Ania kano ti kolor ti ulep?
    (5) Mano a burburtia ti pinugtuan ni Naomi?

イロカノ語のなぞなぞ

栗村ドナルド

　イロカノ語の伝統的ななぞなぞはブルブルチャといい、口頭伝承の１つである。ブルブルチャの問いかけにはユーモアが入った言葉遊びが用いられる。言葉や文章の中に意味を隠し、詩のように韻を踏んだり、比喩的に表現したりする。問いかけに対してとんちを効かせた答えが求められ、想像力や思考力を磨ける遊びで、子どもだけでなく、大人でも楽しめる。

　昔、イロカノ語は学校で教えられていなかったため、ブルブルチャは両親や親戚から教わることが多かった。家族が集まる時に自然と会話の中にブルブルチャが出てきたりして、小さい時に母や兄弟とブルブルチャで遊ぶのは、毎晩就寝前の習慣であったため、思い出すととても懐かしい。

　母語教育が推進され、現在では地方言語を学校で教えるようになったことから、子どもたちがブルブルチャのような伝承を授業で学べる機会が増えている。近年ではインターネットの普及により、SNSなどを通じても、より広まるようになっている。

　世界の様々な文化にはなぞなぞ遊びがあり、共通点も見られるが、ブルブルチャの特徴をいくつか紹介する。

テーマ

　ブルブルチャでは動物、植物、自然などが取り上げられることが多く、現地の環境や文化が表れる。例えば、次のブルブルチャの答えが分かるだろうか。

① Uppat ti adigina,　　柱が４つ、
　 maysa ti baotna,　　鞭が１つ、
　 dua ti paypayna,　　うちわが２つ、
　 dua ti bunengna.　　ナイフも２つ。

　このブルブルチャに登場する４つの要素がそれぞれ何を示しているか、想像力を働かせて考える。adigi（柱）は４つでbaot（鞭）は１つという表現から、動物の足と尻尾を意味しているのだろうと想定することができる。では、paypay（うちわ）とbuneng（ナイフ）は何か。動物の部位でその２つに似ているのは耳と角である。これによって、４本足で角のある動物に答えが限定される。牛や鹿や山羊なども正解の可能性があるが、すべての牛に角があるわけではなく、山羊は足が短く、柱に例えられている表現にはそぐわない。イロカノの人びとにとって最も馴染みがあるnuang（水牛）が正解である。

体の部分もテーマとしてよく選ばれる。次の2つのブルブルチャに答えてみよう。

② Pito ti tawana, 　　　　　　　窓は7つ、
　 taltallo ti rekepna. 　　　　　蓋は3つしかない。
③ Dua a bubon, 　　　　　　　　2つの穴、
　 napuno ti allid ken dagum. 　蝋と針でいっぱい。

　イロカノの心理を包含するブルブルチャもある。例えば、次の例はイロカノが最も大切にしている美徳を表したなぞかけの1つである。

④ No saanko a pak-olan, 　　　打たないのならば、
　 saan a mangan. 　　　　　　食べない。

　日用品で、それを動かすために、常に叩く必要がある物は何だろうか。イロカノの人びとは勤勉で働き者として知られ、怠け者は敬遠される。怠け者はのみという道具によく例えられる。のみはハンマーで叩かなければ木や石を削り出すことはできない。ここで、彫るという行為は食べることに例えられている。働かなければ食事ができないという意味も含まれている。従って、正解はのみである。

詩的な表現

⑤ Tinadtad a ruot, 　　　　　　みじん切りにした草、
　 inpenpen a panunot. 　　　　蓄えられた考え。

　このブルブルチャでは、各行の最後の音節は、1行目がruOT（草）で2行目がpanunOT（考え）であり、同じOTという音で終わっている。上記①〜④の例でも各行が同じ音で終わっており、このように、ブルブルチャで韻を踏むのは一般的である。

他のフィリピン諸語のなぞなぞとの共通点

　他のフィリピン諸語、例えばタガログ語やビサヤ語といった言語にもなぞなぞはあり、共通したものも少なくない。

⑥ Langit ngato,
　 langit baba,
　 danom ti tengana.（イロカノ語）

　 Langit sa itaas,
　 langit sa ibaba,
　 tubig sa gitna.（タガログ語）

　 上は空、下も空、真ん中は海。

⑦　Balay ni Santa Maria
　　nalikmut ti espada.（イロカノ語）

　　Bahay ni Santa Maria
　　naiinog ng sandata.（タガログ語）

　　聖母マリアの家、武器に囲まれた。

　これらのなぞなぞは、イロカノ語のブルブルチャが元になっており、他の言語に訳されて伝わったとも言われるが、実際のところは分かっていない。口頭伝承や文学はイロカノの人びとの絆を強め、イロカノのアイデンティティーを認識させるものである。

本コラムに登場したブルブルチャの解答
① nuang（水牛）
② mata（目）、agong（鼻）、ngiwat（口）、lapayag（耳）
③ agong（鼻）
④ paet（のみ）
⑤ libro（本）
⑥ niog（ココナッツ）
⑦ pinia（パイナップル）

参考文献
Starr, F.（1909）. *A little book of Filipino riddles*. World Book Co. https://www.gutenberg.org/cache/epub/14358/pg14358-images.html

Villanueva, L. B.（2019）. Collection, translation and thought analyses of Ilokano riddles and proverbs. *International Journal of Advanced Research in Management and Social Sciences*, 8(6), 647-666. https://garph.co.uk/IJARMSS/June2019/G-2649.pdf

16

涼みに行きましょう。
Mapanta kuma agpalamiis.

課のねらい / Gandat ti leksion

● 使役動詞の特徴や活用を理解し、適切に使うことができる。

会話 / Dialogo

17-1

Isko:　　Ania ngata ti tiempo intono bigat?
Emma:　Nainit ken nadagaang ti tiempo. Umuli kano ti kapudotna ti labes a 37 a sentigrado.
Isko:　　Ayna, agsasaruno met ti napudot nga aldawen. Saan a kaya palamiisen ti aircon 'toy balayen. Mapanta kuma agpalamiis idiay banbantay ti Sagada wenno idiay baybay ti Saud.
Emma:　Kayatko kuma met a makapagpasiar ngem makapadanag ta awan agbati ditoy balay. Sinno ti mangpakan ken mangpainum kadagitoy tarakentayo? Pagpanunutak pay.
Isko:　　Ipabantayta 'ta balay ken dagiti taraken kenni Balong. Tandananta isuna ta pangpaawis daytoy.
Emma:　Papanantayo ngarud?
Isko:　　Mapantayo Baguio sakbay nga agpa-Sagada.
Emma:　Masapulmo pay nga ipatarimaan umuna 'ta lugantayo.
Isko:　　Agpapaabang ti lugan ni Ernie. Ipareserbatayo diay van. Paanayentayo ti 10 a tao iti van ta kayatko met paumayen dagiti appokok.
Emma:　Pagsapulek ni Biday ti pagdagusantayo.

和訳 / Panangipatarus iti Hapones

イスコ：　明日の天気はどうなるだろうか？
エマ：　　明日は晴れて蒸し暑いです。暑さは37度以上に上がるそうです。
イスコ：　なんてこった、暑い日が続いているなあ。この家のエアコンはもう

部屋を冷やせなくなるよ。サガダの山々かサウッドの海に涼みに行こうか。

エマ： 遊びに行きたいけれど、家に残る人がいないので、心配ですね。私たちの家畜に誰が食べさせ、飲ませますか？ 考えさせてください。

イスコ： 家と家畜をバロンさんに見守ってもらおう。ここへ来てもらうために、彼に御礼を支払いましょう。

エマ： それでは、どこに行きましょうか？

イスコ： サガダに向かう前にバギオに行こう。

エマ： あなたはまず車を修理してもらわないといけませんよ。

イスコ： アーニーさんが車を貸し出しています。バンを予約しよう。孫たちにも来てもらいたいから、10 人をバンに詰め込みましょう。

エマ： ビダイさんに泊まるところを探してもらいます。

語彙 / Bokabulario

17-2

tiémpo	天気	mangpainúm	飲ませる <inúm
naínit	晴れる <ínit	ipabantáy	見守ってもらう <bantáy
nadagáang	蒸し暑い <dagáang	tandánan	お駄賃を支払う <tandán
kapúdot	暑さ <púdot	pangpaáwis	説得して〜してもらう <áwis
labés	過ぎる	papanán	行かせる <pán
sentigrádo	摂氏	ipatarimáan	修理してもらう <taríma
agsasarúno	続く <sarúno（未完了相）	'ta	その（dayta の短縮）
palamíisen	冷やす <lamíis	agpapaábang	貸し出す <ábang（未完了相現在）
aircon	エアコン［英語］	ipareserbá	予約する <reserbá
'tóy	ここ（ditoy の短縮形）	van	バン［英語］
agpalamíis	冷やす <lamíis	paanayén	詰め込ませる <anáy
makapágpasiár	遊べる <pasiár	paumayén	来てもらう <umáy
makapadánag	心配させる <dánag	pagsapulén	探してもらう <sápul
agbáti	家に残る <báti	pagdagusán	宿泊先 <dagús
mangpakán	食べさせる <kaán		

17

文法 / Gramatika

17.1 使役動詞と使役文の一般的な特徴

使役動詞は、命令、指示、許可、依頼、放任などを表し、何かを「させる」、「してもらう」といった場合に用いられる。使役動詞が用いられる文では、主に以下のような補語が用いられる。1つの文中に全ての補語が含まれるわけではない。

1) 使役者補語　　　　　　使役動詞が表す行為を命令、指示、依頼する人、または、使役動詞が表す状態になるように働きかける人を示す名詞句。

2) 被使役者補語　　　　　使役者が命令、指示、依頼した行為を実際に行う人や生物、または、使役者によって使役動詞が表す状態にさせられる生物や無生物を表す名詞句。被使役者補語は文中に含まれないこともある。

3) その他の使役補語　　　使役対象補語、使役場所補語、使役方向補語、使役手段補語などを表す名詞句。

17.2 使役動詞の焦点

使役動詞には、使役者焦点、被使役者焦点、使役対象焦点、使役方向焦点などがあり、どの焦点の接辞にも使役を表す PA- が含まれる。接辞 PA- は基底動詞である非使役動詞（一般動詞）の接辞と組み合わせて用いられる。非使役動詞の接辞と対応する使役動詞の接辞は以下のとおりである。

焦点	非使役動詞（基底動詞）の接辞	使役動詞の接辞
1）使役者焦点	AG-、-UM-、MA-	AGPA-
	MANG-、（AG-、-UM-、MA-）	MANGPA-
2）被使役者焦点	AG-	PAG-EN
	-UM-、MANG-、MA-	PA-EN
3）使役対象焦点	-EN、I-	IPA-
	-AN	PA-AN、（IPA-）
4）使役方向焦点	-AN	PA-AN
5）使役受益者焦点	I-AN	IPA-AN
6）使役場所焦点	PAG-AN	PAGPA-AN
	PANG-AN	PANGPA-AN
7）使役手段焦点	PAG-	PAGPA-
	PANG-	PANGPA-

(17.3) 使役者焦点動詞

　使役者焦点動詞の文では使役者補語が主題となる。使役者焦点動詞の接辞には AGPA- または MANGPA- が用いられる。

　　【文型】使役者焦点動詞＋使役者（主格）＋使役対象（属格）
　　　　　　＋被使役者（斜格）＋使役方向（斜格）＋その他の補語

　a）<u>Agpabantay</u>　　　　<u>ni Isko</u>　　<u>kadagiti taraken</u>　<u>kenni Balong.</u>
　　　使役者焦点動詞　主題（使役者補語）　使役対象補語　　被使役者補語
　　　イスコさんはバロンさんにペットの面倒を見てもらう。

　b）<u>Mangpakanak</u>　　　　　　　　　<u>ti bukel</u>　　<u>kadagiti billit.</u>
　　　使役者焦点動詞＋主題（使役者補語）　使役対象補語　被使役者補語
　　　私は鳥たちに種を食べさせる。

17

17.3.1　使役者焦点 AGPA- 動詞の活用

語根／語幹 （基底動詞）	不定相	完了相	未完了相	
			現在	過去
bantay (agbantay)	agpabantay 「見守る」	nagpabantay	agpabpabantay	nagpabpabantay
reserba (agreserba)	agpareserba 「予約する」	nagpareserba	agparpareserba	nagparpareserba
abang (agabang)	agpaabang 「貸し出す」	nagpaabang	agpapaabang	nagpapaabang
lamiis (lumamiis)	agpalamiis 「涼しくする」	nagpalamiis	agpalpalamiis	nagpalpalamiis
umay (umay)	agpaumay 「招く」	nagpaumay	agpapaumay	nagpapaumay
turog (maturog)	agpaturog 「寝る」	nagpaturog	agpatpaturog	nagpatpaturog

基本的な活用方法は以下の通りで、不規則動詞には該当しない。

1）不定相
語根の頭に AGPA- を付ける。

2）完了相
不定相の AGPA- を NAGPA- に置き換える。

3）未完了相
（1）現在
語根が母音で始まる場合、不定相の AGPA- の後に PA を繰り返す。
語根が子音で始まる場合、不定相の AGPA- の後に PA と語根の最初の子音を繰り返す。

（2）過去
未完了相現在の AGPA- を NAGPA- に置き換える。

17.3.2 使役者焦点 AGPA- 動詞の特徴

1) 行為者焦点動詞との対応

AGPA- 動詞は基本的に行為者焦点の AG- 動詞または -UM- 動詞から派生したものが多く、数が少ない行為者焦点の MA- 動詞とも対応するものがある。主題となる使役者補語には、-ak 形の人称代名詞や主格の人称名詞句などが用いられる。

	非使役文	使役文
a)	Nagreserbaak ti hotel.	Nagpareserbaak ti hotel.
	私はホテルを予約した。	私はホテルを予約してもらった。
b)	Agababang ti lugan ni Ernie.	Agpapaabang ni Ernie ti lugan.
	アーニーさんは車を借りている。	アーニーさんは車を貸し出している。
c)	Umay dagiti gayyemko idiay balay.	Agpaumayak kadagiti gayyemko idiay balay.
	友人たちは私の家に来る。	私は友人たちに家に来てもらう。
d)	Matmaturog ti ubing.	Agpatpaturog ni Mayumi ti ubing.
	子どもが寝ている。	真由美さんは子どもを寝かしつけている。
e)	Agpukis diay barbero ti buok ni Al.	Agpapukis ni Al ti buokna idiay barbero.
	床屋さんはアルさんの髪を切る。	アルさんは床屋さんに散髪してもらう。

2) 再帰用法

再帰用法とは、使役者が行った行為が本人に戻ってくる場合を指し、使役者が被使役者と同一である。単純形容詞や NA- 形容詞の語根が用いられ、使役者が状態や様子などを変化させることを表す場合に比較的多く見られる。

a) Agpakpakuttong ni Liza.
リサさんは（自分を）やせるようにしている。＝ダイエットしている。

b) Agpapapintas isuna.
彼女は（自分を）美しくしている。＝化粧している。

c) Agpaigidka man.
道を空けてください。

d) Agpalamiista idiay Baguio.
バギオで涼しく過ごそう。＝涼もう。

17

3) 語根／語幹が場所を表す場合

場所を表す語根／語幹に AGPA- が付加されると、使役者がそこへ向かって移動するという意味を表す。

a）Agpakannigidka.

右側に行ってください。

b）Nagpa-Sagada dagiti kasinsinko.

私のいとこたちはサガダへ行った。

c）Saankayo nga agpatengnga.

真ん中に行かないでください。

d）Nagpaabagatan ti eroplano.

飛行機は南方に移動した。

17.3.3　使役者焦点 MANGPA- 動詞の活用

語根／語幹 （基底動詞）	不定相	完了相	未完了相	
			現在	過去
basol （mangbasol）	mangpabasol 「責める」	nangpabasol	mangpabpabasol	nangpabpabasol
kaan （mangan）	mangpakan* 「食べる」	nangpakan	mangpakpakan	nangpakpakan
ala （mangala）	mangpaala 「取る」	nangpaala	mangpapaala	nangpapaala
takder （tumakder）	mangpatakder 「立つ」	nangpatakder	mangpakpatakder	nangpakpatakder
inum （uminum）	mangpainum 「飲む」	nangpainum	mangpapainum	nangpapainum
turog （maturog）	mangpaturog 「寝る」	nangpaturog	mangpatpaturog	nangpatpaturog
pagna （magna, mangpagna）	mangpapagna 「歩く」 「経営する」	nangpapagna	mangpagpapagna	nangpagpapagna

*不規則動詞

1）不定相

語根の頭に MANGPA- を付ける。

2）完了相

不定相の MANGPA- を NANGPA- に置き換える。

3）未完了相

（1）現在

語根が母音で始まる場合、不定相の MANGPA- の後に PA を繰り返す。

語根が子音で始まる場合、不定相の MANGPA- の後に PA と語根の最初の子音を繰り返す。

（2）過去

未完了相現在の MANGPA- を NANGPA- に置き換える。

語根 kaan のように、行為者焦点動詞と使役者焦点動詞の両方において不規則活用をする動詞もある。以下は接辞 AGPA- と MANGPA- の両方で用いられる語根で不規則活用をするものの例である。

不規則動詞

語根 （基底動詞）	不定相 （原形）	完了相	未完了相	
			現在	過去
kaan (agkaan, mangan)	agpakan mangpakan 「食べる」	nagpakan nangpakan	agpakpakan mangpakpakan	nagpakpakan nangpakpakan
leppas (agleppas, malpas)	agpalpas mangpalpas 「終了する」	nagpalpas nangpalpas	agpapalpas mangpapalpas	nagpapalpas nangpapalpas
serrek (agserrek)	agpastrek mangpastrek 「入る」	nagpastrek nangpastrek	agpaspastrek mangpaspastrek	nagpaspastrek nangpaspastrek
segged (agsegged, mangsegged)	agpasged mangpasged 「火をつける」	nagpasged nangpasged	agpaspasged mangpaspasged	nagpaspasged nangpaspasged

17.3.4 使役者焦点 MANGPA- 動詞の特徴

　MANGPA- 動詞は MANG- 動詞から派生することが多い。ただし、文脈によっては AG- 動詞、-UM- 動詞、MA- 動詞と対応することもある。MANG- 動詞から派生することから、MANGPA- 動詞はどちらかというと意図的な意味合いが含まれたり、職業・習慣を意味したりする。AGPA- 動詞と同様に、主題となる使役者補語には、-ak 形の人称代名詞や主格の人称名詞句などが用いられる。

	非使役文	使役文
a）	Mangararamid ti tugaw ni Lakay Julio. フリオ爺さんは椅子を作っている。	Mangpapararamid isuna ti tugaw kenni Lakay Julio. 彼はフリオ爺さんに椅子を作ってもらっている。
b）	Mangmangan dagiti aso ditoy uneg ti balay. 犬たちは家の中で食べている。	Mangpakpakanak kadagiti aso ditoy uneg ti balay. 私は犬たちに家の中で食べさせる。
c）	Mangpagna ni Henry ti kumpania. ヘンリーさんは会社を経営する。	Mangpapagna ni Henry ti kumpania. ヘンリーさんは会社を経営させる。
d）	Mangpatayda ti baka idiay pagpartian. 彼らは屠場で牛を殺す。	Mangpapatayda ti baka idiay pagpartian. 彼らは屠場で牛を殺してもらう。

(17.4) 被使役者焦点動詞

　被使役者焦点動詞の文では、命令・依頼などを受けて実際に語根が表す行為をする被使役者補語が主題となる。被使役者焦点動詞の接辞には PAG-EN または PA-EN が用いられる。

【文型】被使役者焦点動詞＋使役者（属格）＋使役対象（属格）
　　　　　＋被使役者（主格）＋使役方向（斜格）＋その他の補語

　a）Pagbantayen　　　　da Isko　　　　ni Paul　　　　ti balay.
　　　被使役者焦点動詞　使役者補語　主題（被使役者補語）　使役対象補語
　　　イスコさんはポールさんに家を見ておいてもらう。

　b）Paumayekkayo　　　　　　　　　　　　　　　ditoy balay.
　　　使役者焦点動詞＋使役者補語＋主題（被使役者補語）　使役場所補語
　　　私はあなたたちに家へ来てもらう。

17.4.1 被使役者焦点 PAG-EN 動詞の活用

語根 （基底動詞）	不定相	完了相	未完了相	
			現在	過去
balin (agbalin)	pagbalinen 「一変する」	pinagbalin	pagbalbalinen pagbabalinen[*2]	pinagbalbalin pinagbabalin
saruno[*1] (agsaruno)	pagsarunuen 「ついて行く」「従う」	pinagsaruno	pagsarsarunuen pagsasarunen[*2]	pinagsarsaruno pinagsasaruno
ikkat (mangikkat)	pagikkaten 「取り除く」	pinagikkat	pagikikkaten	pinagikikkat
ala (mangala)	pagalaen 「取る」	pinagala	pagalalaen	pinagalala

1) 不定相

語根を PAG-EN で挟む。

[*1] saruno、luto、pugto などのような語尾が o である語根の場合、o は u に変化する。

2) 完了相

不定相の語頭の P と A の間に IN を挿入する。

3) 未完了相

（1）現在

不定相の語根の語頭の音節 CVC を PAG- の後に繰り返す。

[*2] 語根 balin と saruno では、例えば saruno では pagSARsarunuen と pagSAsarunuen のように 2 種類の未完了相がある。2 つ目の pagSAsarunuen の重複部分は表記上 CV であるが、SA の後に声門閉鎖音が存在しているため、音韻上は CVC であり、規則活用に当てはまる。

（2）過去

完了相の語根の語頭の音節 CVC を PINAG- の後に繰り返す。

17.4.2 被使役者焦点 PA-EN 動詞の活用

語根 （基底動詞）	不定相	完了相	未完了相	
			現在	過去
lamiis (lumamiis)	palamiisen 「涼しくする」	pinalamiis	palpalamiisen	pinalpalamiis
pan (mapan)	papanen 「行く」	pinapan	pappapanen	pinappapan
paumay (umay)	paumayen 「招く」	pinaumay	paumumayen	pinaumumay
turog (maturog)	paturogen 「寝る」	pinaturog	patpaturogen	pinatpaturog
tugaw (agtugaw)	patugawen 「座る」	pinatugaw	patpatugawen	pinatpatugaw
aramid (mangaramid)	paaramiden 「作る」	pinaaramid	paararamiden	pinaararamid

1）不定相
語根を PA-EN で挟む。

2）完了相
不定相の語頭の P と A の間に IN を挿入する。

3）未完了相
（1）現在
語根が母音で始まる場合、不定相の PA の後に語根の語頭の音節 CVC を繰り返す。
語根が子音で始まる場合、不定相の語頭の音節 CVC を頭に繰り返す。

（2）過去
語根が母音で始まる場合、完了相の PINA の後に語根の語頭の音節 CVC を繰り返す。
語根が子音で始まる場合、完了相の PINA ＋語根の語頭の子音の後に、PA ＋語根の語頭の子音を繰り返す。

以下は不規則活用をする動詞の例である。

語根 （基底動詞）	不定相	完了相	未完了相	
			現在	過去
kaan (agkaan, mangan)	pakanen 「食べる」	pinakan	pakpakanen	pinakpakan
leppas (agleppas, malpas)	palpasen 「終了する」	pinalpas	palpalpasen	pinalpalpas
serrek (agserrek)	pastreken 「入る」	pinastrek	paspastreken	pinaspastrek
segged (agsegged, mangsegged)	pasgeden 「火をつける」	pinasged	paspasgeden	pinaspasged

17.4.3　被使役者焦点動詞と使役者焦点動詞との対応

被使役者焦点動詞は以下のように使役者焦点動詞と対応する。

a）　　　Painumek　　　　　ti danum　　　　dagiti aso.
　　　被使役焦点動詞＋使役者補語　使役対象補語　主題（被使役者補語）

　　　　　Mangpainumak　　　　ti danum　　kadagiti aso.
　　　被使役役焦点動詞＋主題（使役者補語）　使役対象補語　被使役者補語

　　　私は犬に水を飲ませる。

b）　　Pagreserbaemto　　　ti bustayo　　　　ni Hana.
　　　被使役焦点動詞＋使役者補語　使役対象補語　主題（被使役者補語）

　　　　Agpareserbakanto　　　　ti bustayo　　kenni Hana.
　　　被使役役焦点動詞＋主題（使役者補語）　使役対象補語　被使役者補語

　　　あなたはハナさんに私たちのバスを予約してもらう。

c）　　Pinagalana　　　　ti kamatis　　　isuda　　　idiay bangkag.
　　　被使役焦点動詞＋使役者補語　使役対象補語　主題（被使役者補語）　使役場所補語

　　　　Nagpaala isuna　　　　ti kamatis　　kaniada　　idiay bangkag.
　　　被使役焦点動詞＋主題（使役者補語）　使役対象補語　被使役者補語　使役場所補語

　　　彼は彼らに畑でトマトを取ってもらった。

17.4.4 被使役者焦点 PAG-EN 動詞と PA-EN 動詞の比較

1）使役行為の強さ

PAG-EN か PA-EN のどちらの接辞でも用いられる語根の場合、PAG-EN 動詞の方が、命令・依頼などの行為の度合いがより強いことを表す。

PAG-EN	PA-EN
a） Pagtugawem dagiti bisita. お客さんたちを是非座らせてください。	Patugawem dagiti bisita. お客さんたちを座らせてください。
b） Pinaguray dagiti pulis dagiti tao. 警察は人々を確実に待たせた。	Pinauray dagiti pulis dagiti lugan. 警察は人々を待たせた。
c） Pagsarunuem ni Hana kenni Roger idiay pila. あなたはハナさんをロジャーに列で必ずついて行かせてください。	Pasarunuem ni Hana kenni Roger idiay pila. あなたはハナさんをロジャーに列でついて行かせてください。
d） Pagikkatem isuda ti sapatos sakbay a sumrek ditoy balay. 家に入る前に、君は彼らに靴を必ず脱がせる。	Paikkatem isuda ti sapatos sakbay a sumrek ditoy balay. 家に入る前に、君は彼らに靴を脱いでもらう。
e） Pagadalek ti anakko a lalaki iti Baguio. 私は息子をきっとバギオで勉強させる。	Paadalekto ti anakko a lalaki iti Baguio. 私は息子をバギオで勉強させようと考えている。

2）語根が単純形容詞や NA- 形容詞の語根である場合

状態などを表す形容詞が動詞の語根である場合、PA-EN のみが用いられる。

a）語根 atiddog「長い」

Paatiddogek daytoy bestidak kenni Baket Lydia.

私はリディア婆ちゃんに私のドレスを長くしてもらう。

× Pagatiddogek daytoy bestidak kenni Baket Lydia.

b）語根 adu「多い」

Paadaduenmi ti bunga ti manggami.

私たちはマンゴーの実を多く作る。

× Pagadaduenmi ti bunga ti manggami.

c）語根 labbaga「赤い」

Palabbagaenmi pay ti itlog kenni Balut and Co.

私たちはバロット社に玉子をもっと赤く染めてもらっている。

× Paglabbagaenmi pay ti itlog kenni Balut and Co.

d) 語根 dakkel「大きい」

Padakdakellen ni Ramon dagitay burias.

ラモンさんは子豚を太らせている。

× Pagdakdakellen ni Ramon dagitay burias.

3）発音との関連

以下のように PAG-EN と組み合わせると発音しづらい語根の場合、PA-EN が用いられる。

kaan	pakanen	(× pagkanen)
leppas	palpasen	(× paglpasen)
serrek	pastreken	(× pagstreken)
segged	pasgeden	(× pagsgeden)
inum	painumen	(× paginumen)
umay	paumayen	(× pagumayen)

17.4.5　被使役者焦点 PANG-EN 動詞

被使役者焦点では接辞 PAG-EN と PA-EN の他に PANG-EN も用いられる。接辞 PANG-EN をとる語根（語幹）は限られており、以下のように語幹が PANG- で始まるものがほとんどである。

pangaldaw	pangaldawen	「朝食を食べる」
pammigat	pammigaten	「朝食を食べる」

(17.5) 使役対象焦点動詞

使役対象焦点動詞の文では使役対象補語が主題となる。使役対象動詞は、対象焦点の -EN 動詞、I- 動詞、-AN 動詞から派生し、基底動詞が -EN 動詞、I- 動詞である場合には接辞 IPA-、基底動詞が -AN 動詞である場合には接辞 PA-AN が用いられる。

【文型】使役対象焦点動詞＋使役者（属格）＋使役対象（主格）
　　　　＋被使役者（斜格）＋使役方向（斜格）その他の補語

a）　　　Ipaluganna　　　　　　dagitoy karga　　　idiay estasion ti bus.
　　　使役者焦点動詞＋使役者補語　主題（使役対象補語）　　使役方向補語

　　　彼はこの荷物をバスターミナルで乗せてもらう。

b）　　Palabaan　　　ni Sara　　　ti badona　　　kenni Heidi.
　　使役者焦点動詞　使役者補語　主題（使役対象補語）　被使役者補語

　　サラさんはハイディさんに服を洗濯してもらう。

17.5.1　使役対象焦点 IPA- 動詞の活用

-EN 動詞が基底動詞であるもの

語根 （基底動詞）	不定相	完了相	未完了相	
			現在	過去
kaan (kanen)	ipakan 「食べる」	impakan	ipakpakan	impakpakan
lamiis (lamiisen)	ipalamiis 「冷える」	impalamiis	ipalpalamiis	impalpalamiis
urnos (urnosen)	ipaurnos 「片づける」	impaurnos	ipapaurnos	impapaurnos
inum (inumen)	ipainum 「飲む」	impainum	ipapainum	impapainum

I- 動詞が基底動詞であるもの

kabil (ikabil)	ipakabil 「置かせる」	impakabil	ipakpakabil	impakpakabil
mula (ipamula)	ipamula 「植えてもらう」	impamula	ipampamula	impampamula
awid (iyawid)	ipaawid 「持ってかえらせる」	impaawid	ipapaawid	impapaawid
asideg (iyasideg)	ipaasideg 「近寄らせる」	impaasideg	ipapaasideg	impapaasideg
iggem (iggeman)	ipaiggem 「持たせる」	impaiggem	ipapaiggem	impapaiggem

1) 不定相
語根の頭に IPA- を付ける。

2) 完了相
語根の頭に IMPA- を付ける。

3) 未完了相
（1）現在
語根が母音で始まる場合、不定相の IPA の後に PA を繰り返す。

語根が子音で始まる場合、完了相の IMPA- ＋語根の語頭の子音の後に、PA ＋語根の語頭の子音を繰り返す。

（2）過去
未完了相現在の IPA- を IMPA- に置き換える。

17.5.2　使役対象焦点 PA-AN 動詞の活用

語根 （基底動詞）	不定相	完了相	未完了相	
			現在	過去
raman (ramanan)	paramanan 「味見させる」	pinaramanan	paramramanan	pinaramraman
sabali (sabalian)	pasabalian 「変更させる」	pinasabalian	pasabsabalian	pinasabsabalian
ukis (ukisan)	paukisan 「剥いてもらう」	pinaukisan	paukukisan	pinaukukisan
innaw (innawan)	painnawan 「皿を洗わせる」	pinainnawan	paininnawan	pinaininnawan
agas (agasan)	paagasan 「治療させる」	pinaagasan	paagagasan	pinaagagasan
iggem (iggeman)	paiggeman 「持つ」	pinaiggeman	paigiggeman	pinaigiggeman

17

289

1）不定相

語根を PA-AN で挟む。

2）完了相

不定相の頭の P と A の間に IN を挿入する。

3）未完了相

（1）現在

語根が母音で始まる場合、不定相の PA の後に語根の語頭の音節 CVC を繰り返す。

語根が子音で始まる場合、不定相の PA- の後に、語根の語頭の音節 CVC を繰り返す。

（2）過去

未完了相現在の頭の P と A の間に IN を挿入する。

17.5.3　例文

a）Ipalamiisko daytoy danum kenni Hanna idiay uneg ti freezer.
　　私はハンナさんにこの水を冷凍庫の中で冷やしてもらう。

b）Ania ti ipapaurnosmo kenni Mayumi?
　　あなたは真由美さんに何を片づけさせますか？

c）Mabalinko nga ipaasideg ti problemam kenni Pat iti gayyemna nga abogado.
　　私はあなたの問題をパットさんに頼んで知り合いの弁護士に相談することができる。

d）Saan a kayat nga ipaawid ni Sharon dagitoy sida kadagidiay bisita.
　　シャロンさんはお客様たちにこれらの料理を持ち帰らせたくない。

e）Paramramanan ni Gloria ti lauya kenni Sandy itatta.
　　グロリアさんは今サンディさんにラウヤ（料理名）を味見させている。

f）Pinasabalian ti maestrak diay papelko kaniak.
　　私の先生は私に論文を変更させた。

g）Kayatko paagasan ti sakit ni Tatangko iti ospital idiay Manila.
　　私は父の病気をマニラの病院で治療してもらいたい。

h）Apay saanmo pay pinainnawan dagitoy malukong kagidiay ubbing?
　　なぜあなたは子どもたちにこのボウルをまだ洗ってもらっていないの？

17.6 使役方向焦点 PA-AN 動詞

使役方向焦点の PA-AN 動詞は方向焦点の -AN 動詞から派生し、方向が主題となる。活用方法は使役対象焦点の PA-AN 動詞と同様である。

【文型】使役方向焦点動詞＋使役者（属格）＋使役対象（属格）
＋被使役者（斜格）＋使役方向（主格）＋その他の補語

a）語根 suro、基底動詞 suruan「教える」

Pasuruakto	ti Nihongo	ti annakko	kenni Mayumi
使役方向焦点動詞＋使役者補語	使役対象補語	主題（使役方向補語）	被使役者補語

idiay eskuelaan.
使役場所補語

私は真由美さんに（頼んで）私の子どもに日本語を教えてもらう。

b）語根 ikkan、基底動詞 ikkan「与える」、「置く」

Paikkanda	ti alad	ti baro a balayda.
使役方向焦点動詞＋使役者補語	使役対象補語	主題（使役方向補語）

彼らは新しい家にフェンスを設置してもらう。

c）語根 pirma、基底動詞 pirmaan「署名する」

Pinapirmaan	ti bangko	ti naganko	idiay dokumento	kaniak.
使役方向焦点動詞	使役者補語	使役対象補語	主題（使役方向補語）	被使役者補語

銀行は私にあの書類に私の名前を署名させた。

17.7 使役受益者焦点 IPA-AN 動詞

使役受益者焦点 IPA-AN 動詞は受益者焦点の I-AN 動詞から派生し、受益者が主題となる。

【文型】使役受益者焦点動詞＋使役者（属格）＋使役対象（属格）
＋被使役者（斜格）＋使役受益者（主格）＋その他の補語

17.7.1 活用

語根 （基底動詞）	不定相	完了相	未完了相	
			現在	過去
basa (ibasaan)	ipabasaaan 「読む」	impabasaan	ipabpabasaan	impabpabasaan
ala (iyalaan)	ipaalaan 「取る」	impaalaan	ipapaalaan	impapaalaan
gatang (igatangan)	ipagatangan 「買う」	impagatangan	ipagpagatangan	impagpagatangan
ikkat (ikattan)	ipaikkatan 「抜く」	impaikkatan	ipapaikkatan	impapaikkatan
aramid (iyaramidan)	ipaaramidan 「作る」	impaaramidan	ipapaaramidan	impapaaramidan
sapul (isapulan)	ipasapulan 「探す」	impasapulan	ipaspasapulan	impaspasapulan

1）不定相

語根を IPA-AN で挟む。

2）完了相

語根を IMPA-AN で挟む。

3）未完了相

（1）現在

語根が子音で始まる場合、不定相の IPA ＋語根の語頭の子音の後に PA ＋語根の語頭の子音を繰り返す。

語根が母音で始まる場合、不定相の IPA の後に PA を繰り返す。

（2）過去

未完了相現在の IPA- を IMPA- に置き換える。

使役受益者焦点動詞の未完了相を規則的に活用すると長くなり発音しづらいことが多いため、ほとんど用いられず、代わりに不定相か完了相、あるいは非使役

動詞で表現される。

× Ipagpagatanganda kaniak ti ay-ayam para kenni Balong.
彼らはバロンさんのために、私におもちゃを買わせている。

○ Ipagatanganda kaniak ti ay-ayam para kenni Balong.
彼らはバロンさんのために、私におもちゃを買わせている。

○ Igatangak ti ay-ayam ni Balong ta ipagpagatangda kaniak.
私はバロンさんにおもちゃを買っておく。彼らが私に買わせているからだ。

17.7.2 例文

a) Ipabasaam kano ni Apong ti daniw kenni Leila.
あなたはお婆さんのために、レイラさんに詩を読んでもらうんだってね。

b) Ipasapulankanto kenni Benny ti segunadamano a jacket idiay Baguio.
私はあなたのために、ベニーさんに古着のジャケットをバギオで探してもらいます。

c) Impaaramidan ti asawa ni Jona isuna ti restauran.
ジョナさんの夫はジョナさんのためにレストランを開店させました。

d) Saanmi a mabalin nga ipaalaan ni Nanang ti agas.
私たちは母のために薬を処方してもらうことができない。

e) Kayat ngata ni Ikit nga ipalutuankayo ti palabok kenni Lenimar?
叔母さんはあなたたちのためにレニマル商店に（頼んで）パラボックを作ってもらいたいかしら？

(17.8) 使役場所焦点 PAGPA-AN 動詞、PANGPA-AN 動詞

使役場所動詞の文では使役場所補語が主題となる。使役場所焦点動詞の接辞には PAGPA-AN と PANGPA-AN が用いられる。PAGPA-AN 動詞は場所焦点の PAG-AN 動詞から、PANGPA-AN 動詞は、場所焦点の PANG-AN 動詞から派生する。

【文型】使役場所焦点動詞＋使役者（属格）＋使役対象（属格）
＋被使役者（斜格）＋使役場所（主格）＋その他の補語

17

293

17.8.1 活用

語根 （基底動詞）	不定相	完了相	未完了相	
			現在	過去
gatang (paggatangan)	pagpagatangan 「買う」	nagpagatangan	pagpapagatangan	—
kaan (panganan)	pangpanganan 「食べる」	nangpanganan	pangpapanganan	—
ala (pangalan)	pangpaalaan 「取る」	nangpaalaan	pangpapaalaan	—
tarimaan (pangtarimaanan)	pangpatarimaanan 「修理する」	nangpatarimaanan	pangpapatarimaanan	—

1）不定相
語根を PAGPA-AN または PANGPA-AN で挟む。

2）完了相
不定相の語頭の P を N に変える。

3）未完了相
（1）現在
不定相の PAGPA- または PANGPA- の後に PA を繰り返す。

（2）過去
ほとんど用いられない。

17.8.2 例文

a）（Sadino ti）nagpagatangam ti gatas kenni Gloria?
あなたはグロリアさんに牛乳をどこで買ってもらいましたか？

b）Pagpaararamidan dagiti estudiante ti uniporme ti sastre.
学生たちは制服を仕立て屋さんで作ってもらっている。

c）Nagpaagasak ti panatengko idiay ospital itattay bigat.
今朝、私は風邪を病院で診てもらった。

d）Kayatko a pangpanganan daytoy dakkel a lamisaan no adda ti bisita.

お客様がいる時、私はお客様にこの大きなテーブルで食事してもらいたい。

e）Mabalinyo a pangpatarimaanan ti dalig iti Cavatsco idi ngem saan itattan.

以前、あなたたちはカバツコ社でタイヤを修理してもらうことができましたが、今はもうできません。

17.9 使役手段焦点 PAGPA- 動詞、PANGPA- 動詞

使役手段動詞の文では使役手段補語が主題となる。使役手段焦点動詞の接辞には PAGPA- と PANGPA- が用いられる。PAGPA- 動詞は手段焦点の PAG-AN 動詞から、PANGPA- 動詞は手段焦点の PANG- 動詞から派生する。

【文型】使役場所焦点動詞＋使役者（属格）＋使役対象（属格）
　　　　＋被使役者（斜格）＋使役場所（主格）＋その他の補語

17.9.1 活用

語根 （基底動詞）	不定相	完了相	未完了相	
			現在	過去
digos (pagdigos)	pagpadigos 「体を洗う」	pinagpadigos	pagpadpadigos	pinagpadpadigos
ikkat (pagikkat)	pagpaikkat 「取る」	pinagpaikkat	pagpapaikkat	pinagpapaikkat
turog (pagturog)	pagpaturog 「寝る」	pinagpaturog	pagpatpaturog	pinagpatpaturog
awis (pangawis)	pangpaawis 「誘う」	pinangpaawis	pangpapaawis	pinangpapaawis
tayab (pangtayab)	pangpatayab 「飛ぶ」	pinangpatayab	pangpatpatayab	pinangpatpatayab
akar (pangakar)	pangpaakar 「移動する」	pinangpaakar	pangpapaakar	pinangpapaakar

17

1）不定相

語根の頭に PAGPA- または PANGPA- を付ける。

2）完了相

不定相の語根の P と A の間に IN を挿入する。

3）未完了相

（1）現在

語根が母音で始まる場合、不定相の PAGPA- または PANGPA- の後に PA を繰り返す。

語根が子音で始まる場合、不定相の PAGPA- または PANGPA- の後に PA ＋語根の語頭の子音を繰り返す。

（2）過去

未完了相現在の PAGPA- または PANGPA- を PINAGPA- または PINANGPA- に置き換える。

17.9.2　例文

 a）Ti isports ket ti pagpaikkakko ti "stress".
  私がストレスを解消させる方法はスポーツです。
 b）Pinagpaturogna ti ubing ti indayon kenni Helen.
  彼はヘレンさんに頼んで子どもをハンモックで寝させた。
 c）Pangpaawisko kaniana ti tandan a kuarta tapno agbantay isuna ti balay.
  彼が家を見張るよう、私は彼にお駄賃でやる気にさせる。
 d）Pinangpatayab dagiti estudiante ti eroplano babaen ti pedal.
  学生たちは飛行機をペダルで飛ばせた。
 e）Pagpataray ni Iking ti dyip kenni Isko agpaabagatan.
  南方に向かうために、イキンさんはイスコさんに（頼んで）ジプニーを運転してもらう。
 f）Pagpalukmegda kadagiti baboy daytoy bugbog.
  彼らはこのエサで豚を太らせる。
 g）Ti salamagi ket ti pagpaalsim iti sinigang.
  シニガンを酸っぱくするのはタマリンドです。

練 習 問 題

1. 以下の各語根に左の接辞を用いて、それぞれの動詞の活用表を完成させなさい。

	接辞	語根	不定相	完了相	未完了相	
					現在	過去
(1)	AGPA-	pudot				
(2)	MANGPA-	bitbit				
(3)	PAG-EN	talaw				
(4)	PA-EN	isbo				
(5)	IPA-	bagkat				
(6)	PA-AN	lampaso				
(7)	IPA-AN	tulod				
(8)	PAGPA-AN	turog				
(9)	PANGPA-AN	uray				
(10)	PAGPA-	dait				
(11)	PANGPA-	pigsa				

2. 以下の日本語の文をイロカノ語で書きなさい。
　　(1) マリさんにホテルを予約してもらったのは彼ではありません。
　　(2) あなたは誰に傘を取りに行ってもらったのですか？
　　(3) 彼らは毎朝何を洗濯してもらっていますか？
　　(4) 私がイスコさんに植えてもらうのはタマリンドです。
　　(5)（あなたは）もう床屋で散髪してもらいなさい。

3. 以下のイロカノ語の文を日本語に訳しなさい。
　　(1) Nangpatakder ni Ben ti ospital kadakami.
　　(2) Agpaturogkayo ti kasinsinyo idiay kuarto.
　　(3) Pagadadalenda dagiti annakda iti Manila.
　　(4) Apay kayatmo nga agpakuttongka?
　　(5) Idiay tiendaan ni Karding ti nagpagatanganna ti dakkel a lamisaan kenni Tatangna.

4．本課の会話文に関する以下の質問にイロカノ語で答えなさい。

(1) Papanan da Emma nga agpalamiis?

(2) Kasano kapudot ti panawen iti istoria?

(3) Sinno ti pagpabantayen da Isko ti balay?

(4) Ania pay ti ipaaramidda kenni Balong?

(5) Ania ti ipareserbada a lugan?

イロカノ料理　シナンラオ

野垣実玖

　シナンラオ（sinanglaw）は牛の内臓や血の塊がごろごろ入った酸っぱいスープです。そう聞くと抵抗があるかもしれませんが、きちんと下処理して調理されているのでおいしいです。具材は牛の内臓、玉ねぎ、生姜、にんにくなどです。青唐辛子が入ることもあります。玉ねぎや生姜、にんにくなどには内臓の臭みを消す役割があると考えられます。スープを酸っぱくするためには、フィリピン語でカミアス（kamias、ナガバノゴレンシ）やサンパロック（sampalok、タマリンド）と呼ばれる酸っぱい果実が用いられます。

　フィリピンの酸っぱいスープと言えばシニガン（sinigang）が有名です。シニガンも肉や魚、野菜などが入った酸っぱいスープですが、シナンラオには玉ねぎの風味や内臓独特の苦みが加わって味に深みが増し、シニガンよりも酸っぱさがマイルドに感じられます。また、シナンラオに似ているとされるイロカノ料理にピナパイタン（pinapaitan）があります。違いとしては、ピナパイタンには山羊が使われることが多く、シナンラオには牛が使われるということがあります。ほかに、ピナパイタンはpait（苦み）という語に由来している通りに苦く、そこに少しの酸っぱさが感じられるのに対し、シナンラオは酸っぱさの中に少しの苦みが感じられるという違いがあります。

　食べ方は、他のフィリピン料理と同様に、白米と一緒に食べます。シナンラオには複数の部位の内臓が入っていて、飽きずに色々な内臓の味を楽しむことができます。食感もさまざまで楽しい食事体験になるはずです。ぜひ食べてみてください。

シナンラオ © 野垣実玖

18 思い出してくれてうれしいです。
Nakalagipkayo man.

課のねらい / Gandat ti leksion

- 動詞の可能・非意図形の特徴と活用を理解する。
- 可能・非意図形と基底動詞との対応を理解し、適切に使うことができる。

会話 / Dialogo

18-1

(Uni ti telepono nga umawaweng)

Isko: Hello Biday. Kumustakan? Nakariingkan aya? Maililiwak kenka.

Biday: Hello Tatang Isko. Kastoy met latta. Nakalagipkayo man. Kumustakayo met kenni Nanang Emma?

Isko: Nasayaatkami met balasangko. Napatawagak ta agawawisak nga agpasiar idiay Baguio intono umay a Sabado. Makaduaam kami?

Biday: Wen a. Makaumayak. Mabalin nga imbitaran ni Naomi, diay gayyemko. Malagipyo aya isuna?

Isko: Ay wen. Kumusta isunan? Nabayag a madimi makitkita isunan.

Biday: Makasarita isunan ti natarus nga Ilokano. Maayatan isuna a makapagpasiar met.

Isko: Maitugottayo kuma dagidiay kakasinsinmo. Maayabam aya isuda?

Biday: Saan a problema. Adda mapagluganantayo a dakkel a lugan?

Isko: Wen. Nabulodmi diay van ni Ernie.

Biday: Mapanak dita intono Biernes ti bigat tapno makagatang ken mangisagana ti balontayo. Narigat ti mabisinan iti dalan.

300

和訳 / Panangipatarus iti Hapones

　　　　　　　　　（電話の音が鳴っている）
- イスコ：　もしもし、ビダイ。元気？　もう起きてる？　恋しくなったよ。
- ビダイ：　イスコ父さん、おかげ様で。思い出してくれてうれしいです。エマ母さんと元気でやっていますか？
- イスコ：　元気でやっているよ。次の土曜日にバギオに行こうと思って電話したんだ。私たちと一緒に行ける？
- ビダイ：　もちろん。行けますよ。友だちの尚美さんを誘えたらいいな。彼女を覚えていますか？
- イスコ：　ああ、うん。彼女は元気でやっているかな？　もう長い間、彼女に会えていません。
- ビダイ：　彼女はイロカノ語をもう流暢に話せますよ。彼女も遊びに行けると喜ぶでしょう。
- イスコ：　あなたのいとこたちを連れていけるといいのですが、呼べますか？
- ビダイ：　問題ありません。私たちが乗れる大型の車がありますか？
- イスコ：　うん。アーニーさんのバンを借りることができたよ。
- ビダイ：　お弁当を買って準備できるように金曜日の朝にそちらに行きます。道中でお腹が空いてしまうと大変です。

語彙 / Bokabulario

úni	音	makitkíta	見られている、見かけている <kíta（未完了相現在）
umawawéng	鳴る <awéng（未完了相現在）		
nakariíng	起きている <riíng（完了相）	makasaríta	話せる <saríta
mailíliw	恋しくなっている <ilíw（未完了相現在）	natarús	流暢に
		maayatán	嬉しくなる <ayát
kastóy	こんな	makapagpasiár	遊べる <pasiár
nakalagíp	思い出せた <lagíp（完了相）	maitúgot	連れていける <túgot
napatáwag	電話をかけさせることができた <táwag（完了相）	maayabán	呼べる <ayáb
		mapaglugánan	乗れる <lúgan
agawáwis	誘っている <áwis（未完了相現在）	nabúlod	借りられる <búlod（完了相）
makaduáan	同行できる <duá	makagátang	買える <gátang
makaapán	行ける <pán	mangisagána	準備できる <sagána
maimbítarán	誘える <imbítar	mabisinán	お腹が空いてしまう <bisín
malagíp	覚えている <lagíp		

文法 / Gramatika

18.1　可能・非意図行為などを表す動詞

　これまでに学習した中立モードの動詞に対し、状況モードの可能・非意図形の動詞は可能、偶発・非意図、完了・経験等を表す。接辞には MAKA- または MA- が用いられる。可能・非意図形の MA- 動詞は行為者焦点の MA- 動詞とは異なる。中立モードの動詞と状況モードの動詞は以下のように対応する。

焦点	基底動詞(中立モード)の接辞	可能・非意図形	
		非使役	使役
1) 行為者焦点	AG-、-UM-、MANG-、MA-	MAKA- MAKAPAG-	MAKAPA- MAKAPAGPA-
2) 対象焦点	-EN	MA-	MAPA-
	I-	MAI-	MAIPA-
	-AN	MA-AN	MAPA-、MAIPA-
3) 方向焦点	-AN	MA-AN	MAPA-
4) 受益者焦点	I-AN	MAI-AN	MAIPA-AN
5) 場所焦点	PAG-AN	MAPAG-AN	MAPAGPA-AN
	PANG-AN	MAPANG-AN	
6) 手段焦点	PAG-	MAPAG-	—
	PANG-	MAPANG-	—
7) 理由焦点	PAG-AN	MAPAG-AN	—
	PANG-AN	MAPANG-AN	—
8) 使役	AG-、-UM-、MANG-、MA-	—	MAPA-、MAPAGPA- など

18.2　非使役動詞の可能・非意図形

18.2.1　行為者焦点動詞の可能・非意図形
　　　　　MAKA- 動詞、MAKAPAG- 動詞の活用

語根／語幹 （基底動詞）	不定相	完了相	未完了相	
			現在	過去
agsarita 「話す」	makasarita	nakasarita	makasarsarita	nakasarsarita
	makapagsarita	nakapagsarita	makapagsarsarita	nakapagsarsarita
agadal 「勉強する」	makaadal	nakaadal	makaadadal	nakaadadal
	makapagadal	nakapagadal	makapagadadal	nakapagadadal

1）不定相
　語根の頭に MAKA- または MAKAPAG- を付ける。

2）完了相
　不定相の頭の M を N に変える。

3）未完了相
　（1）現在
　不定相の MAKA- または MAKAPAG- の後に語根の頭の音節 CVC を繰り返す。

　（2）過去
　未完了相現在の頭の M を N に変える。

18.2.2　可能を表す MAKA- 動詞と MAKAPAG- 動詞の比較

　　MAKA- と MAKAPAG- はどちらも可能・非意図などを表す行為者焦点の接辞として用いられる。日常会話では相互に入れ替えられることが多いが、文脈により意味合いは若干異なる。可能の意味の場合、MAKA- 動詞は本質的な能力を表し、MAKAPAG- 動詞は状況による可能性を表すことが多い。MAKAPAG- 動詞は AG- 動詞から、MAKA- 動詞はそれ以外の動詞から派生することが多い。

- a）Agsarsarita ni Naomi ti Ilokano.
  尚美さんはイロカノ語を話している。
  Makasarita ni Naomi ti Ilokano.
  尚美さんはイロカノ語を話せる。
- b）Saanak nga agsarita unay ta agpaparawak.
  私は喉が枯れているから、あまり話さない。
  Saanak a makapagsarita unay ta agpaparawak.
  私は喉が枯れているから、あまり話すことができない。
- c）Agadalak ti panagluto ti tupig idiay Vigan.
  私はビガンでトゥピッグの料理法を勉強する。
  Makaadalak ti panagluto ti tupig idiay Vigan.
  私はビガンでトゥピッグの料理法を勉強することができる。
- d）Agadalkanto ti Ilokano no gumatangak ti baro a diksionario.
  私が新しい辞書を買えば、あなたはイロカノ語を勉強してね。
  Makapagadalkanto ti Ilokano no makagatangak ti baro a diksionario.
  私が新しい辞書を買えれば、あなたはイロカノ語を習うことができる。

18.2.3　可能以外を表す MAKA- 動詞と MAKAPAG- 動詞

1）偶発・非意図
語根が表す行為を無意識に行ったり、非意図的に行ったりすることを表す。

- a）Nakapidotak ti maysa a lapad.
  私は1万円をたまたま拾った。
- b）Awan rimmuar a tinta kadaytoy a bolpen itattay ngem nakapagsurat metten.
  さっき、このボールペンはインクが出なかったが、今書けるようになった。

2）完了

完了相の形で用い、「〜し終える」、「既に〜する」などのように、語根が表す行為が完了したことを表す。

 a）Saan pay isuna makagatang ti danumen.
  彼はまだ水を買えていません。
 b）Nakapagsaangakon ti innapoy.
  私はもう米を炊いた。

3）経験

「〜したことがある」のように、語根が表す行為を経験したことがあるということを表す。

 a）Saankami pay a nakapan iti Pransia.
  我々はまだフランスに行ったことがない。
 b）Makaramramanak ti mansanas kadaytoy keyk.
  このケーキにはリンゴの味を感じました。
 c）Nakapagaramid ti karpintero idi ti lamisaan.
  以前、大工は机を作ったことがある。

4）感触、印象

未完了相現在の形で用い、「〜のように感じる」、「〜しそう」、「〜したい」といった意味を表す。

 a）Makasarsarwaak.
  私は吐きそうだ。
 b）Makaumumay da Tatang ditoy.
  お父さんたちはここに来たいようだ。
 c）Makaininumak ti kape ken makakakaanak pay ti tupig.
  私はコーヒーが飲みたい気分で、トゥピッグを食べたい気分でもある。
 d）Makasangsangit ni Grace ta napukawna ti pitakana.
  グレースさんは財布をなくしたため、泣きそうです。

18

18.2.4 非行為者焦点動詞の可能・非意図形 MA- 動詞
-EN 動詞、I- 動詞が基底動詞のものの活用

語根／語幹 （基底動詞）	不定相	完了相	未完了相	
			現在	過去
riing （riingen）	mariing 「起こす」	nariing	maririing	naririing
ikkat （ikkaten）	maikkat 「取り除く」	naikkat	maikikkat	naikikkat
urnos （urnosen）	mayurnos 「整理する」	nayurnos	mayururnos	nayururnos
lugan （ilugan）	mailugan 「乗せる」	nailugan	mailuglugan	nailuglugan
uneg （iyuneg）	mayuneg 「入れる」	nayuneg	mayununeg	nayununeg

1）不定相
　語根の頭に MA- を付ける。語根が u で始まる場合、MA と語根の前にわたり音（半母音）の y を挿入する。（基底動詞の -EN は脱落する。）

2）完了相
　不定相の頭の M を N に変える。

3）未完了相
（1）現在
不定相の語根の語頭の音節 CVC を MA、MAI（または MAY）の後に繰り返す。

（2）過去
未完了相現在の頭の M を N に変える。
- a）Maikikkat dayta butonesmo.
  　あなたのボタンは取れそうです。
- b）Ayna! Nailugan ti sabali nga eroplano ti maletak.
  　あぁ！ 私のスーツケースは違う飛行機に乗せられてしまった。

18.2.5 非行為者焦点動詞の可能・非意図形 MA- 動詞 -AN 動詞が基底動詞のものの活用

語根／語幹 （基底動詞）	不定相	完了相	未完了相	
			現在	過去
raman （ramanan）	maramanan 「味わう」	naramanan	maramramanan	naramramanan
awat （awatan）	maawatan 「分かる」	naawatan	maawawatan	naawawatan
imbitar （imbitaran）	maimbitaran 「誘う」	naimbitaran	maimimbitaran	naimimbitaran
subli （sublianan）	masublianan 「戻る」	nasublianan	masubsublianan	nasubsublianan
surat （suratan）	masuratan 「書く」	nasuratan	masursuratan	nasursuratan

1）不定相
基底動詞の頭に MA- を付ける。

2）完了相
不定相の頭の M を N に変える。

3）未完了相
（1）現在
不定相の語根の語頭の音節 CVC を MA- の後に繰り返す。

（2）過去
未完了相現在の頭の M を N に変える。

　a）Diak maawatan.

　　（私は）分かりません。

　b）Naimbitarandaka aya idiay kasaran?

　　あなたは彼らに結婚式に招待してもらえましたか？

18

18.2.6 非行為者焦点動詞の可能・非意図形 MA- 動詞 I-AN 動詞が基底動詞のものの活用

語根／語幹 （基底動詞）	不定相	完了相	未完了相	
			現在	過去
tugot （itugotan）	maitugotan 「持つ」	naitugotan	maitugtugotan	naitugtugotan
ala （iyalaan）	maiyalaan 「取る」	naiyalaan	maiyalalaan	naiyalalaan

1) 不定相
基底動詞の頭に MA- を付ける。語根が母音 a または u で始まる場合、MAI と語根の前にわたり音（半母音）の y を挿入する。

2) 完了相
不定相の頭の M を N に変える。

3) 未完了相
(1) 現在
不定相の語根の語頭の音節 CVC を MAI（または MAY）の後に繰り返す。

(2) 過去
未完了相現在の頭の M を N に変える。

 a) Maiyalaankanto ti tiket no agpa-estasionak.
  私は駅に行く時に、あなたに切符を買ってあげることができる。

 b) Naitugotanda ni Ariel ti sida.
  彼らはアリエルさんにおかずを持って行ってあげることができた。

18.2.7 非行為者焦点動詞の可能・非意図形 MA- 動詞
PAG-AN 動詞、PANG-AN 動詞が基底動詞のものの活用

語根／語幹 （基底動詞）	不定相	完了相	未完了相	
			現在	過去
pasiar （pagpasiaran）	mapagpasiaran 「散歩する」	napagpasiaran	mapagpaspasiaran	napagpaspasiaran
aramid （pagaramidan）	mapagaramidan 「作る」	napagaramidan	mapagararamidan	napagararamidan
mangan （panganan）	mapanganan 「食べる」	napanganan	mapangpanganan	napangpanganan

1) 不定相
基底動詞の頭に MA- を付ける。

2) 完了相
不定相の頭の M を N に変える。

3) 未完了相
（1）現在
不定相の語根の語頭の音節 CVC を MAPAG または MAPANG の後に繰り返す。

（2）過去
未完了相現在の頭の M を N に変える。

a) Napangananmi dayta a restauran idin.
昔、私たちはそのレストランで食べることができた。

b) Mapagpasiaramto ti parke no agpadayaka.
あなたは東に向かうと、公園を散歩できる。

18

18.2.8 非行為者焦点動詞の可能・非意図形 MA- 動詞 PAG- 動詞、PANG- 動詞が基底動詞のものの活用

語根／語幹 （基底動詞）	不定相	完了相	未完了相	
			現在	過去
ayab （pagayab）	mapagayab 「呼べる」	napagayab	mapagayayab	napagayayab
baliw （pagbaliw）	mapagbaliw 「変えられる」	napagbaliw	mapagbalbaliw	napagbalbaliw
lukat （panglukat）	mapanglukat 「開けられる」	napanglukat	mapangluklukat	napangluklukat

1）不定相
基底動詞の頭に MA- を付ける。

2）完了相
不定相の頭の M を N に変える。

3）未完了相
（1）現在
不定相の語根の語頭の音節 CVC を MAPAG または MAPANG の後に繰り返す。

（2）過去
未完了相現在の頭の M を N に変える。
- a）Mapanglukatko ti bote babaen ti ngipinko.
  私の歯で瓶の栓を開けることができる。
- b）Napagbalbaliwda met ti ugalina.
  彼らは彼の態度を正すことができた。

18.2.9 中立モードの文（通常の文）と可能・非意図形の文との対応

1）対象焦点
- a）Riingem da Adingmon.
  兄弟を起こしてね。

Mariingmo ngata da Adingmon?

兄弟を起こせる？

b）Inlugan dagiti Amerikano ni Marcos iti eroplano.

アメリカ人たちはマルコス元大統領を飛行機に乗せた。

Nailugan dagiti Amerikano ni Marcos iti eroplano.

アメリカ人たちはマルコス元大統領を飛行機に乗せることができた。

2）方向焦点

a）Subsublianam aya kanayon dagiti nagannakmo?

あなたのご両親によく会いに行っていますか？

Masubsublianam aya kanayon ti probinsiam?

あなたの実家へよく行けていますか？

b）Tinawen a paspasiaran da Ago iti Tondaligan.

アゴさんたちは毎年トンダリガンを散策する。

Tinawen a mapasiaran da Ago iti Tondaligan.

アゴさんたちは毎年トンダリガンを散策できる。

3）受益者焦点

a）Kayatko nga itugotanka ti makan.

私はあなたに食べ物を持って行きたい。

Kayatko a maitugotanka ti makan.

私はあなたに食べ物を持って行けるようにしたい。

b）Iyalaandakanto ti agas.

彼らはあなたに薬を取ってきてあげる。

Mayialaandakanto ti agas.

彼らはあなたに薬を取ってきてあげられるようになる。

4）場所焦点

a）Pagpasiaranminto ti Paris.

我々はパリへ遊びに行く。

Mapagpasiaranminto ti Paris.

我々はパリへ遊びに行ける。

b）Saanmi a pangpanganan dayta a restauran.

我々はそのレストランで食事しません。

18

Saanmi a mapangpanganan dayta a restauran.

我々はそのレストランへ食事しに行けません。

5）手段焦点

a）Ania ti mabalin a pagayabko kaniam?

私はあなたを何と呼べばいいですか？

Ania ti mapagayabko kaniam?

私はあなたを何と呼ぶことができますか？

b）Pagbaliw iti panunotna ti arak.

お酒で彼の考えを変える。

Mapagbaliw iti panunotna ti arak.

お酒で彼の考えを変えることができる。

18.2.10　可能以外を表す例文

1）偶発・非意図

語根が表す行為を無意識に行ったり、非意図的に行ったりすることを表す。

対象焦点

Maidurduronak iti uneg ti tren.

私は電車の中でもみくちゃにされている。

方向焦点

Apay naikkan ti asin iti kapek?

なぜ私のコーヒーに塩が入れられてしまったの？

受益者焦点

Naiyalalaandan sa met ni Anita ti bado a sabali.

彼はアニタさんに間違った服を持ってきてしまったと思います。

場所焦点

Saanmi ammo a napagpagnaanmi iti nakabutbuteng a parte ti New York.

我々はニューヨークの危ないところを歩いてしまった。

手段焦点

Napagiwamsa ti bread knife iti steak.

あなたはステーキをパン切り包丁で切ってしまったかしら。

2）完了

完了相の形で用い、「～し終える」、「既に～する」などのように、語根が表す行為が完了したことを表す。

方向焦点

Naikkam aya ti laya daytoy digon?

あなたはこのスープに生姜を入れましたか？

方向焦点

Nasungbatan ni Mario ti saludsod.

マリオさんは質問に答えた。

受益者焦点

Naisapulakon ni Nanang ti sapatosna.

私は母に靴を探してあげました。

3）経験

「～したことがある」のように、語根が表す行為を経験したことがあるということを表す。

対象焦点

Nakitakon ti Mt. Fuji.

私はもう富士山を見たことがあります。

場所焦点

Napagluganakon ti LRT iti Manila.

私はもうマニラで LRT に乗ったことがあります。

Napangananmin ti restauran ni Jimmy.

私たちはもうジミーさんのレストランで食べたことがあります。

18.3　使役動詞の可能・非意図形

使役動詞にも可能・非意図形がある。接辞は、使役者焦点動詞の場合には MAKA-、使役者焦点以外の使役動詞の場合には MA- が用いられる。使役動詞の可能・非意図形の MAKAPA- と MAKAPAGPA- には未完了相が存在しない。

18.3.1 使役者焦点の可能・非意図形
MAKAPA- 動詞、MAKAPAGPA- 動詞の活用

語根／語幹 （通常の使役動詞）	不定相	完了相
aramid （agpaaramid）	makapaaramid 「作る」	nakapaaramid
	makapagpaaramid 「作る」	nakapagpaaramid
turog （agpaturog）	makapaturog 「眠る」	nakapaturog
labbaga （mangpalabbaga）	makapalabbaga 「赤くする」	nakapalabbaga

1）不定相
　基底動詞の語根に MAKAPA- を付けるか、基底動詞の AG- を PAG- に変え、その前に MAKA- を付ける。

2）完了相
　不定相の頭の M を N に変える。

18.3.2 使役者焦点の可能・非意図形と通常の使役動詞との対応

　a）Nagpaaramidda ti balay kenni Ken.
　　彼らはケンさんに住宅を作ってもらった。
　　Nakapagpaaramidda ti balay kenni Ken.
　　彼らはケンさんに住宅を作ってもらえた。

　b）Lumabbaga ti dila kadaytoy bua.
　　舌はビンロウで赤くなる。
　　Makapalabbaga ti dila daytoy bua.
　　舌はビンロウで赤くなってしまう。

　c）Agpaturog daytoy nga agas.
　　この薬は眠気を催させる。
　　Makapaturog daytoy nga agas.
　　この薬は眠くさせることができる。

18.3.3 使役者焦点以外の使役動詞の可能・非意図形 MAPA- 動詞、MAPAGPA- 動詞、MAIPA- 動詞、 MAIPA-AN 動詞、MAPAGPA-AN 動詞の活用

接辞	語根／語幹 （通常の使役動詞）	不定相		完了相
MAPA-	bantay （pagbantayen）	mapabantay	「見張る」	napabantay
MAPAGPA-		mapagpabantay	「見張る」	napagpabantay
MAPA-	ikkat （paikkaten）	mapaikkat	「取り除く」	napaikkat
MAPAGPA-		mapagpaikkat	「取り除く」	napagpaikkat
MAIPA-	lamiis （ipalamiis）	maipalamiis	「冷やす」	naipalamiis
MAIPA-	ukisan （ipaukis）	maipaukis	「剥く」	naipaukis
MAIPA-AN	laba （ipalabaan）	maipalabaan	「洗濯する」	naipalabaan
MAPAGPA-AN	lugan （pagpalugnan）	mapagpaluganan	「乗る」	napagpaluganan

　不定相は、使役動詞が PA-EN、IPA-、IPA-AN、PAGPA-AN の場合には、それぞれ使役動詞の前に MA- を付ける。PAG-EN の場合、PAG の後に PA を加えた上で、使役動詞の前に MA- を付ける。使役動詞の接尾辞 -EN は脱落する。

　完了相は不定相の頭の M を N に変える。

18.3.4 使役者焦点以外の使役動詞の可能・非意図形と 通常の使役動詞との対応

a) Pagbantayen ni Isko ni Balong iti tarakenna.
　イスコさんはバロンさんにペットの面倒を見てもらう。
　Mapagpabantay ni Isko ni Balong iti tarakenna.
　イスコさんはバロンさんにペットの面倒を見てもらえる。

b) Paikkaten ti sugel ti kape.
　コーヒーは眠気を取り除く。
　Mapaikkat ti kape ti sugel.
　コーヒーは眠気を取り除ける。

c）Palamiisentayo iti kuarto babaen ti bentilador.

部屋を扇風機で冷やそう。

Mapalamiistayo iti kuarto babaen ti bentilador.

我々は部屋を扇風機で冷やせる。

d）Ipalabaanka ti badom inton Biernes.

私は金曜日にあなたの服を洗濯させる。

Maipalabaanka ti badom inton Biernes.

私は金曜日にあなたの服を洗濯させることができる。

e）Impakitaan ni Sol ni Tania ti baro nga yen.

ソルさんはタニアさんに新しい日本円札を見せた。

Maipakitaan ni Sol ni Tania ti baro nga yen.

ソルさんはタニアさんに新しい日本円札を見せることができる。

18.4 能力や可能を表す疑似動詞 Mabalin を用いた表現との対応

　動詞の可能形は、能力や可能を表す疑似動詞 mabalin/ammo/kaya ＋ 通常動詞と対応する。

18.4.1 mabalin を用いた文との対応

a）Mabalinko a sungbatan daytoy a burburtia.

Masungbatak daytoy a burburtia.

Mabalinko a masungbatan daytoy a burburtia.

私はこのなぞなぞに答えることができる。

b）Saan a mabalin a paglug4anan daytoy a bus agpa-Minoh.

Saan a mapagluganan daytoy a bus agpa-Minoh.

Saan a mabalin a mapagluganan daytoy a bus agpa-Minoh.

箕面へ行くこのバスには乗れません。

c）Mabalin a pangpaikkat ti uyek daytoy nga agas.

Mapangpaikkat ti uyek daytoy nga agas.

Mabalin a mapangpaikkat ti uyek daytoy nga agas.

この薬は咳を治すことができる。

316

18.4.2 ammo や kaya を用いた文との対応

a) Ammoda nga agpakaan ti buaya.

Makapagpakaanda ti buaya.

Ammoda a makapagpakaan ti buaya.

彼らはワニを食べさせることができる。

b) Saan a kaya ni Arturo nga ikkaten ti siit ti ikan.

Saan a maikkat ni Arturo ti siit ti ikan.

Saan a kaya ni Arturo a maikkat ti siit ti ikan.

アルトゥロは魚の骨を取り除けない。

　時を表す itattay、idi、intono などを加えることもできる。時を表す表現と動詞の可能形を同じ文中で用いる場合、疑似動詞を用いる文と異なり、補足説明は必須ではないため、文法的に成り立つ。

a) Mabalin kenni Lupe nga agpaagas idi kalman ta awan ti trabahona.

昨日、ルーペさんは仕事から休みだったため、病院で治療を受けることができた。

Nakapagpaagas ni Lupe idi kalman.

昨日、ルーペさんは病院で治療を受けることができた。

b) Saanna a kaya a nakapagbagkat ti nadagsen idi rabii ta nasakit ti imana.

昨夜、彼は手が痛かったため、重い物を運べなかった。

Saan isuna a nakapagbagkat ti nadagsen idi rabii.

昨日、彼は重い物を運べなかった。

c) Ammo da Julio a pasilingen daytoy a landok idi ngem saanda a kayan.

昔、フリオさんたちはこの鉄を磨くことができたが、今はもうできない。

Mapasileng da Julio daytoy a landok.

フリオさんたちはこの鉄を磨ける。

18

練 習 問 題

1. 以下の各語根に左の接辞を用いて、それぞれの動詞の活用表を完成させなさい。

	接辞	語根	不定相	完了相	未完了相	
					現在	過去
(1)	MAKA-	dengngeg				
(2)	MAKAPAG-	lagto				
(3)	MA-	kuna				
(4)	MAI-	bati				
(5)	MA-AN	danag				
(6)	MA -AN	ala				
(7)	MAPAG-AN	dawat				
(8)	MAPAG-	obserbar				
(9)	MAKAPA-	asi				
(10)	MAPA-	misuot				
(11)	MAIPA-	nayon				

2. 以下の各文を動詞の可能・非意図形を用いてイロカノ語で書きなさい。
  (1) 私の水牛は彼らの田んぼに入ってしまいました。
  (2) その飛行機はもうマニラに到着しましたか？
  (3) 昨年あなたたちが会議に招待することができたのは誰ですか？
  (4) もう薬を飲んだので、先生は寝たい気分です。
  (5) 明日フェさんがエドさんのために持ち帰ることができるのはエンパナーダだけです。

3. 以下の各文を、疑似動詞の代わりに MA- 可能動詞を用いて、同じ内容を表す文になるように書き換え、さらに日本語に訳しなさい。
  (1) Mabalin a mangan ti annakna ti itlog inton(o) madamdama.
  (2) Mabalinmo nga usaren ti nangisit a trahe de boda intono kasarmo.
  (3) Ammoyon nga agsarita ti Ilokano?
  (4) Saan a mabalin a gumatang ti karne dagiti ubbing idiay palengke itattay.
  (5) Saanko a mabalin nga ipabulod kaniana ti sapatosko idi kalman.

318

4．本課の会話文に関する以下の質問にイロカノ語で答えなさい。

(1) Sinno ti nakalagip ken maililiw kenni Biday?

(2) Sinno kuma ti maimbitaran ni Biday a makapan a kaduada?

(3) Sadinoda a makaapapan?

(4) Ania ti maaramid ni Biday intono Biernes?

(5) Apay mangisagana kano ni Biday ti balon?

19 祭りだ！
Fiesta!

> 課のねらい / Gandat ti leksion

- その他の重要な動詞の特徴を理解し、適切に使うことができる。
- 動詞の強意表現、反復・継続表現、程度緩和表現などを理解する。

> 会話 / Dialogo

19-1

Linda: Kapitan, Dios ti agngina, ti panangimbitaryo kadakami ditoy fiesta. Naraniag ti masakbayan ti ili ti San Juan.

Kapitan: Agyamanak met Ma'am Linda. Nakaitulong permi ti panagsukisokyo maipanggep ti Kailokuan. Barbareng adu pay a sabali a tao ti mangayat ti panagadal ti sarita ken kulturami.

Linda: Napintas a maamuan ti kinabaknang ti kulturayo.

Kapitan: Mapantayo idiay ta kitaen tayo ti pabuyada.

(Asideg ti entablado.)

Naomi: Ayna, makapakatawa daytoy a sala.

Kapitan: "Kinuton" dayta a kunada. Aginkakaramot ti garaw dagiti agsalsala. Ti panaggarawda ket kasla kinagatda ti kuton.

Naomi: Kasdiay!

Kapitan: Agrugin ti sumaruno a pabuya. Koro met daytoy a grupo. Kantaenda ti "Pamulinawen", maysa a kadaanan a kansion ti Kailokuan.

Naomi: Ania metten, kasla adda agat-suka ditoy batogtayo. Ni Biday gayam, pumanangan ti empanada.

Biday: Sangkabirokko kadakayo itattay, nabisinanakon.

Naomi: Nagimas ti pannanganmo, makapabisin.

和訳 / Panangipatarus iti Hapones

リンダ： 村長さん、私たちをお祭りにお招きいただき、ありがとうございます。サン・ホアン町の将来は明るいですね。

村長： リンダ先生、こちらこそありがとうございます。先生たちのイロコス地方の研究は大変有益でした。もっと多くの様々な人が私たちの言語と文化を学ぶことに喜びを感じてくれるよう願っています。

リンダ： 皆さんの文化の豊かさを知ることはすばらしいことです。

村長： そちらへ行って彼らのショーを見ましょう。

（舞台の近く）

尚美： まあ、この舞踊はおもしろいです。

村長： それは、「キノトン」と言われます。踊り手たちの動きは肌を掻いているみたいです。彼らの動きはアリに刺されているように見えますね。

尚美： そうでしたか！

村長： 次のショーが始まります。このグループは合唱です。イロカノ地方の昔からの歌「パムリナウエン」を彼らは歌います。

尚美： なんだか、私たちの前は酢くさいですね。ビダイさんでしたか！ エンパナダを食べてばかりですね。

ビダイ： あなたたちをずっと探していて、もうお腹がすいてしまいました。

尚美： 美味しそうに食べていますね。私もお腹が空きました。

19

語彙 / Bokabulario

panangímbitar	招待 <imbitár	aginkakarámot	肌を掻くふりをする <karámot
fiésta	お祭り	garáw	うごき
naraníag	明るい、繁栄している <raniág	panaggaráw	動き <garáw
masakbáyan	将来 <sakbáy	kinagát	噛まれる <kagát（完了相）
nakaitúlong	助かる、役立つ、有益だ <túlong（完了相）	kutón	アリ
		kasdiáy	そう、そうか
permí	非常に	kóro	合唱
panagsukísok	研究 <sukísok	"Pámulínawen"	「パムリナウエン」イロカノ民謡
barbáreng	願い <báreng	kadaánan	大昔 <daán
sabáli	色々な <sabáli	kansión	歌
mangayát	喜ぶ <ayát	agát-	〜臭い
panagádal	勉強 <ádal	suká	酢
maamuán	知る <ammó	pumanangán	食べてばかり <kaán
kinabaknáng	豊かさ <baknáng	sangkabírok	探してばかり <bírok
pabúya	ショー <búya	nabisinán	お腹がすいてしまう <bisín（完了相）
entabládo	舞台		
makapakatáwa	面白い、笑わせる <táwa	pannangán	食べ方 <kaán
kinutón	アリに噛まれる <kutón（完了相）	makapabisín	お腹がすいてしまう <bisín
kuná	言う		

文法 / Gramatika

19.1 その他の行為者焦点動詞

19.1.1 AGI-動詞、MANGI-動詞 など

AGI- と MANGI- は、AG- と MANG- にそれぞれ I- と組み合わせた接辞であると言える。I- を伴うことによって他動詞となり、対象の存在を暗示する。また、同じ語根でも、AG- 又は AGI- をつけると動詞の意味が変わる。

AGI- と MANGI- の活用は、それぞれ I が付加されるだけで、AG- と MANG- の活用と同じである。

語根	不定相	完了相	未完了相	
			現在	過去
salapay	agisalapay / mangisalapay 「干す」	nagisalapay / nangisalapay	agisalsalapay / mangisalsalapay	nagisalsalapay / nangisalsalapay
pagna	agipagna /mangipagna 「歩かせる」	nagipagna / nangipagna	agipagpagna / mangipagpagna	nagipagpagna / nangipagpagna
belleng	agibelleng / mangibelleng 「捨てる」	nagibelleng / nangibelleng	agibelbelleng / mangibelbelleng	nagibelbelleng / nangibelbelleng
awid	agiyawid /mangiyawid 「持ち帰る」	nagiyawid / nangiyawid	agiyawawid / mangiyawawid	nagiyawawid / nangiyawawid

　AGI- と MANGI- から派生する使役動詞、可能・非意図形、使役動詞の可能・非意図形は以下のとおりである。活用はこれまでに学習したそれぞれの基底動詞の活用と同じである。

	AGI-	MANGI-
使役動詞	AGPA、AGIPA-	MANGIPA-
可能・非意図形	MAI-、MAKAI-、MAKAPAGI-	MAI-、MAKAI-
使役動詞の可能・非意図形	MAIPA-、MAKAIPA-、MAKAPAGIPA-	MAIPA、MAKAIPA-

a ）○ Agipagnaak ti aso madamdama.　　　後で私は犬を散歩させる。
　　×Agpagnaak ti aso madamdama.　　　（agpagna＝歩く）
b ）○ Nagiyawid isuna ti Pansit Cabagan.　彼はカバガン風焼きそばを持ち帰った。
　　×Nagawid isuna ti Pansit Cabagan.　（nagawid＝帰った）
c ）○ Agibatikaminto ditoy balay ti bagas.　彼は家にお米を残しておく。
　　○ Agbatikaminto ditoy balay.　　　我々は在宅する。
d ）○ Adda ti tsokolate. Agilemmengtayo.　チョコレートがある。（いくつか）
　　　　　　　　　　　　　　　　　　　隠そう。
　　○ Aglemmengtayo.　　　　　　　　隠れよう。
e ）○ Makaibellengak ti basuran ta Biernes　もう金曜日だから、私はごみを出せるわ。
　　　ngaruden.
　　×Makabellengak* ti basura ta Biernes ngaruden.

*makabelleng（agbelleng）という活用はない。belleng という動作には必ず対象が存在するため、必ず接辞 I- が付加される。agidulin/mangidulin「隠す」、agibaga/mangibaga「言う」、agitugot/mangitugot「命じる」、agibaon/mangibaon「持っていく」、agitulod/mangitulod「送る」などと、それぞれから派生した動詞でも同様である。

19.1.2　MAPA- 動詞

　MAPA- 動詞は行為者が意識せずその行動を取ることを示し、「思わず～する」、「たまたま～する」といった意味を表す。完了相は不定相の語頭の M を N にし、NAPA- となる。それ以外の相で用いられることは少ない。MAPA- 動詞でよく用いられるのは、mapaisem「思わず微笑む」、mapasangit「思わず泣く」、mapariyaw「思わず叫ぶ」、mapatublak「たまたま倒れる」、mapakkleb「たまたまつまづく」などである。

a）Mapaisemto ni Mona Lisa no ipakitak ti ayatko.　私の愛を示したら、モナリザは思わず微笑むでしょう。

b）Napasangit ni Ramon idi nagbuybuya isuna ti drama.　ラモンさんはドラマを見ていた時、思わず泣いた。

c）Napariyaw isuna idiay rollercoaster.　彼女はジェットコースターで思わず叫んだ。

19.1.3　AGIN- 動詞、AGIMPAPA- 動詞

　AGIN- 動詞は「～するふりをする」という意味を表し、AGIMPAPA- は、AGIN-の使役形である。AGIN- 動詞の不定相は AGIN- ＋語根の語頭の CV ＋語根、AGIMPAPA- の不定相は AGIMPAPA- ＋語根である。

a）Agintuturog ni Fely itatta.　今フェリーさんは寝たふりをしています。

b）Aginkakaramot dagiti agsalsala.　ダンサーたちは爪で肌を掻くふりをする。

c）Agimpapaayabka man ti pulis.　警察を呼ぶふりをしてみてください。

19.1.4　-INN - 動詞　接辞 AG- と組み合わせて用いられる場合

　-INN - 動詞は「互いに～する」、「～し合う」という相互行為を表し、行為者は複数である。接辞 AG- と組み合わせて用いられることが多い。参加モードの接辞 MAKI- と組み合わせ、相互に行われる動作をより強く表現することもできる。

語根	不定相	完了相	未完了相	
			現在	過去
tulong	agtinnulong「手伝う」	nagtinnulong	agtintinnulong agtitinnulong	nagtintinnulong nagtitinnulong
sublat	agsinnublat「交代する」	nagsinnublat	agsinsinnublat agsisinnublat	nagsinsinnublat nagsisinnublat
tulag	agtinnulag「約束する」	nagtinnulag	agtintinnulag agtitinnulag	nagtintinnulag nagtitinnulag
usar	aginnusar「使う」	naginnusar	agininnusar	nagininnusar
ayab	aginnayab「呼ぶ」	naginnayab	agininnayab	nagininnayab

1) 不定相

語根が母音で始まる場合、語根の前に AG- + -INN- を付ける。
語根が子音で始まる場合、AG- +語根の頭の子音 + -INN- +語根の残りとする。

2) 完了相

不定相の AG- の部分を NAG- に変える。

3) 未完了相

(1) 現在

語根が母音で始まる場合、不定相の -INN- の前に INN の頭の IN を繰り返す。
語根が子音で始まる場合、不定相の AG- の後の CV を繰り返す。

(2) 過去

未完了相現在の AGI- を NAGI- に変える。

　a）Agtintinnulongda iti panagisagana ti　　　彼らは祭りの準備で助け合っている。
　　　fiesta.
　b）Aginnusar dagiti estudiante ti libro.　　　学生たちは本を互いに使う。
　c）Nagsisinnublatda ti oras ti pannangan.　　　彼らは食事時間を交代していた。

19

19.1.5 -INN-動詞 接辞 MAKI- と組み合わせて用いられる場合

語根	不定相	完了相	未完了相	
			現在	過去
tulong	makitinnulong「手伝う」	nakitinnulong	makitintinnulong	nakitintinnulong
sublat	makisinnublat「交代する」	nakisinnublat	makisinsinnublat	nakisinsinnublat
tulag	makitinnulag「約束する」	nakitinnulag	makitintinnulag	nakitintinnulag
usar	makiinnusar「使う」	nakiinnusar	makiininnusar	nakiininnusar
ayab	makiinnayab「呼ぶ」	nakiinnayab	makiininnayab	nakiininnayab

1) 不定相

語根が母音で始まる場合、語根の前に MAKI- + -INN- を付ける。
語根が子音で始まる場合、MAKI- +語根の頭の子音+ -INN- +語根の残りとする。

2) 完了相

不定相の頭の M を N に変える。

3) 未完了相

(1) 現在

語根が母音で始まる場合、不定相の -INN- の前に INN の頭の IN を繰り返す。
語根が子音で始まる場合、不定相の MAKI- の後の CV を繰り返す。

(2) 過去

未完了相現在の頭の M を N に変える。

 a) Makisinnublatka kenni adingmo. 兄弟に交代してください。
 b) Nakitinnulagkami kenni Juan. 私たちとホアンさんは約束し合いました。
 c) Makiamammotayo kaniada. 私たちは彼らと互いに自己紹介しよう。

19.1.6 KA- 動詞、KA-AN 動詞

KA- 動詞、KA-AN 動詞は共同して行うことや、感情を共有していることなどを表す。それぞれの不定相は KA- ＋語根、KA- ＋語根＋ -AN であり、完了相はそれぞれ KA の K と A の間に IN を挿入する。

a）Kasala ni Beauty ni Beast. 　　美女は野獣と踊る。

b）Kinasao ni Sara ni Leni. 　　サラさんはレニさんと話した。

c）Kaasianmi dagiti nalayos. 　　我々は洪水の被災者に対してかわいそうに思う。

d）Kinaayatak ti pelikula kadua ni Anna. 　　私はアンナさんと一緒に映画を楽しんだ。

19.2 その他の非行為者焦点動詞

19.2.1 場所焦点動詞

1）-AN 動詞

接辞 -AN は対象焦点や方向焦点以外に、数は少ないが、場所焦点の動詞としても用いられる。活用は対象焦点や方向焦点の -AN 動詞と同じである。

dalanan	通る	pagnaan	歩く
lisian	逃げる	danuman	水を引く
lusotan	（狭いところを）通る	layusan	水で浸す
mulaan	植える	tugawan	座る

a）Dinaldalanan dagiti soldado idi ti Bataan agingana Tarlac. 　　昔、兵士はバタアンをタルラックまで通っていた。

b）Linayusanda ti taltalon ta mulaanda ti pagay. 　　彼らは米を植えるために、田んぼを水で浸した。

c）Tinugawam metten ti tugawko. 　　私の椅子に座ったっていうの？

327

2）-EN 動詞

接辞 -EN は対象焦点以外に、場所焦点の動詞としても用いられる。数は少ないが、特定の場所で行われることを表す場合に用いられることが多い。活用は対象焦点の -EN 動詞と同じである。

languyen	泳ぐ	tayaben	飛ぶ
tarayen	走る	lagtuen	跳ぶ
kalay-aten	登る		

a）Kayak languyen ti naadalem a parte ti swimming pool.　私はプールの深いところで泳げる。

b）Kinalkalay-at dagiti sunggo ti kayo.　猿は木を登っていた。

c）Tarayenda inaldaw ti Acad Oval.　毎日、彼はアカッドオーバルを走る。

3）PAGI-AN 動詞、PANGI-AN 動詞

PAGI-AN 動詞、PANGI-AN 動詞は、AGI- 動詞、MANGI- 動詞から派生した場所焦点動詞である。

a）Pangibellengan dagiti residente ti basurada ti batog a poste.　住民たちは前にある柱のところでごみを捨てる。

b）Pagikabilan dagitoy papeles?　資料はどこに置きましょうか？

c）Pagilemmenganna ti kuartana ti uneg ti maleta.　彼はスーツケースの中にお金を隠す。

19.2.2　方向焦点 -EN 動詞

接辞 -EN は対象焦点以外に、方向焦点の動詞としても用いられる。数は少ないが、saludsoden「尋ねる」、turongen「導く」「道を進む」、serreken「中に入る」といった動詞がある。

a）Saludsodem ni Ken ti usarna daytoy.　ケンさんにこの使い方を聞いてみてください。

b）Turongentayo daytoy a dalan.　この道に行きましょう。

c）Serekken ni Jonas ti siudad.　ジョナスさんは市の中に入る。

19.2.3 方向焦点 PAG-AN 動詞

接辞 PAG-AN は場所焦点以外に、方向焦点の動詞としても用いられる。誰かに伝える、誰かに対して怒る、という意味で用いられることが多い。場所焦点の PAG-AN 動詞の活用とその派生動詞の活用とやや異なる。

語根	不定相		完了相	未完了相	
				現在	過去
ungit	pagungtan	「怒る」	pinagungtan	pagungungtan	pinagungungtan
sao	pagsaoan	「言う」	pinagsaoan	pagsaosaoan	pinagsaosaoan
baga	pagbagaan	「注意する」	pinagbagaan	pagbagbagaan	pinagbagbagaan
kuna	pagkunaan	「言う」	pinagkunaan	pagkunkunaan	pinagkunkunaan

1）不定相
語根を PAG-AN で挟む。

2）完了相
不定相の PAG の P と A の間に IN を挿入する。

3）未完了相
（1）現在
不定相の語根の語頭の音節 CVC を PAG- の後に重複させる。

（2）過去
未完了相現在の PAG の P と A の間に IN を挿入する。

 a）Pinagungungtan ni Presidente ni 　　大統領はアリシアさんに怒っていた。
　　 Alicia.

 b）Pagsaosaonka kano ni Boss intono 　君は上司に後で注意されるそうです。
　　 madamdama.

19.2.4 手段焦点 PAGI-、PANGI- 動詞

PAGI- 動詞、PANGI- 動詞は、AGI- 動詞、MANGI- 動詞から派生した手段焦点動詞である。

a）Apay pagiaplagda daytoy ikamen iti natay?　　なぜ彼らは死体にマットを覆せるのですか？

b）Ania ti pangiyakarmo ti kama?　　あなたはベッドを何で移動しますか？

(19.3) 自動詞

19.3.1 EN- 動詞

接辞 EN- は自動詞にも用いられ、主題が語根が示す病気にかかったり、主題に語根が示す症状が出たりすること、自然災害等の被害を経験すること、害虫や動物による被害に遭うことなどを表す。

1）病気や症状

病気を表す語根には接辞 AG- を用いることが多いが、-EN 動詞での表し方もある。

-EN 動詞	AG- 動詞
a）Gadgadilen daytoy aso. この犬は疥癬を発症する。	Aggadgaddil daytoy aso. この犬は疥癬にかかっている。
b）Taramidongenka gapu iti mani. 落花生でニキビが発症するよ。	Agtaramidongka gapu ti mani. 落花生でニキビが出るよ。
c）Uyuyken ni Tatang. お父さんは咳の症状がある。	Aguyuyek ni Tatang. お父さんは咳をしている。

2）自然災害等の被害

kimaten	雷に打たれる	lemmesen	水に溺れる
anginen	風に吹かれる	gamuden	魔法にかけられる
sippiten	（鳥に）つつかれる	serreken	侵入される
layusen	洪水の被害に遭う		

a）Umunegka. Kimatenka dita. ほら、中に入ってよ。雷に打たれるよ。
b）Linemmes ti karayan dagiti ubbing. 子どもたちは川で溺れた。
c）Sinirrek ti agtatakaw ti mansionda. 彼らの邸宅は泥棒に入られた。

3）害虫や動物による被害

lamoken	蚊に刺される	anayen	白蟻に襲われる
kutonen	蟻に刺される／たかられる	pusaen	猫に食べられる
ipisen	ゴキブリに噛まれる	ngilawen	蠅にたかられる
timelen	ノミに刺される	baoen	鼠に食べられる

a）Kutonen daytoy asukar. この砂糖は蟻に食べられる。
b）Binao dagitoy pagay. これらの稲は鼠に食べられた。

4）身体の部分を使う動作

imaen	手で作業する	karabukoben	喉が痛くなる
tengngeden	首を絞める	basisawen	膀胱が膨れている
sikuen	肘で打つ	abagaen	肩を組む

a）Imaek daytoy dinakdakan. 私はディナクダカン（料理名）を手で作る。
b）Karabukobenak ti halo-halo. 私はハロハロ（料理名）で喉が痛くなる。

19.3.2　MA-AN 動詞

接辞 MA-AN は語根が示すことの迷惑や損害を主題が被ることを示し、自動詞を形成する。非行為者焦点動詞の可能・非意図形の MA-AN とは異なる。

| 語根 | 不定相 | | 完了相 | 未完了相 | |
				現在	過去
tudo	matuduan	「雨が降る」	natuduan	matudtuduan	natudtuduan
sikog	masikogan	「妊娠する」	nasikogan	masiksikogan	nasiksikogan
labus	malabusan	「脱ぐ」	nalabusan	malablabusan	nalablabusan
putok	maputokan	「兵器等で襲う」	naputokan	maputputokan	naputputokan
paltog	mapaltogan	「銃撃する」	napaltogan	mapalpaltogan	napalpaltogan

a）Natudtuduan dagiti insalapayko a bado idi rabii. 昨夜、私が干した服は雨に降られていた。

b）Naputokan dagiti soldado ti paltog. 兵士たちは銃で撃たれた。

19.4 依頼の表現 PAKI-

PAKI- は、MAKI- 動詞から派生し、誰かに何かを依頼する際に用いられ、「〜してください」という意味を表す。この表現には小辞 man を伴うことが多い。各語は PAKI- ＋語根で形成され、依頼される相手、つまり行為者はその後に属格（-m または -yo）で付加される。

a）Pakialam man diay pitakak. 私の財布を取ってください。

b）Pakiguyodyo man daytoy tali. この縄を引っ張ってください。

19.5 動詞の強意表現

基底動詞で語根の一部を繰り返したり、強意を示す接辞を用いたりすることにより、行為や動作を強めて表現し、「懸命に〜する」、「激しく〜する」といった意味を表すことができる。強意表現は不定相または完了相のみで用いられる。

19.5.1 基底動詞の語根の一部を繰り返す場合

1）基底動詞が AG- 動詞の場合

不定相は AG- ＋語根の頭の CV ＋語根で形成され、完了相は不定相の接辞 AG- を NAG- に変える。

a）Agtataray dagiti ambulansia agpadaya. 救急車は東へ懸命に走る。

b）Nagtatarayen dagiti pangkarera a kabalio. 競走馬は既に一生懸命走った。

c）Agsusugilak. 私は大変眠たい。

d）Nagsusugilak iti uneg ti sine. 私は映画館でとても眠かった。

2）基底動詞が PAG-EN 動詞の場合

不定相は PAG- ＋語根の頭の CV ＋語根＋ -EN で形成され、完了相は不定相の PAG の P と A の間に IN を挿入した上で EN を脱落させる。

a）Pagiikkatek dagitoy rugit. 私は汚れを懸命に取り除く。
b）Pinagiikkatko dagita ruot. 私は野草を懸命に取り除いた。
c）Pagtitiponen ni Mar dagiti tattao. マーさんは人を懸命に集める。
d）Pinagtitiponna dagiti bukel. 彼は種を懸命に集めた。

3）基底動詞が PAG-AN 動詞の場合

不定相は PAG- ＋語根の頭の CVC ＋語根 + -AN で形成され、完了相は不定相の PAG- を NAG- に変える。

a）Paglalabananda ti medalia. 彼らはメダルをかけて激しく争う。
b）Naglalabanan dagiti lallaki ti bola. 男性たちはボールで懸命に戦った。
c）Pagsasangitan ni Jo ti
pannakaabakna ti laban. ジョーさんは試合で負けたことで泣く。
d）Nagsasangitan dagiti babbai ti
pannakapatay ni Opa. 女性たちはオパさんの死で泣いた。

19.5.2　接辞 AGPAKA- を用いる場合

-UM- 動詞、MA- 動詞の語根に接頭辞 AGPAKA- をつけ、故意に行ったり、努めて行ったりして「大変／極めて〜になる」という意味を表すことができる。不定相は AGPAKA- ＋語根で形成され、完了相は不定相の接辞 AGPAKA- を NAGPAKA- に変える。

a）Agpakamatay ni Heneral. 将軍は自死する。
b）Nagpakamatay ti soldado. 兵士は自死した。
c）Agpakabussogak idiay panganan. 私はパーティで満腹になる。
d）Nagpakabussogak idiay panganan. 私はパーティで満腹になった。

19.6　動詞の程度緩和表現

基底動詞で語根全体を繰り返すことにより、行為や動作を和らげて表現し、「少し〜する」、「ほどほどに〜する」といった意味を表すことができる。この表現はほとんどの焦点動詞で用いられる。

19.6.1　行為者焦点動詞（AG-、AGI-、-UM-、MANG、MANGI-）

基底動詞	不定相	完了相	未完了相	
			現在	過去
agkayang	agkayang-kayang 「股を開いたり 閉じたりする」	nagkayang-kayang	agkaykayang-kayang	nagkaykayang-kayang
agsala	agsala-sala「踊る」	nagsala-sala	agsalsala-sala	nagsalsala-sala
agapa	agapa-apa 「喧嘩する」	nagapa-apa	agaapa-apa	nagaapa-apa
agikkis	agikki-ikkis* 「叫ぶ」	nagikki-ikkis	agiikki-ikkis	nagiikki-ikkis
ngumisit	ngumisit-ngisit 「黒くなる」	ngimmisit-ngisit	ngumisngisit-ngisit	ngimmisngisit-ngisit
lumagto	lumagto-lagto 「飛ぶ」	limmagto-lagto	lumaglagto-lagto	limmaglagto-lagto
umisem	umisem-isem 「微笑む」	immisem-isem	umisisem-isem	immesisem-isem
mangpidot	mangpidot-pidot 「拾う」	nangpidot-pidot	mangpidpidot-pidot	nangpipidot-pidot
mangibulos	mangibulos-bulos 「放す」	nangibulos-bulos	mangibulbulos-bulos	nangibulbulos-bulos

＊ikkis の場合、繰り返す部分は語根の一部である。

a）Agkayang-kayangka no agsalaka ti "Tala".　　「タラ」というダンスを踊る時、少し股を開いたり閉じたりする。

b）Limmagto-lagto dayta a billit itattay.　　その鳥はさっき少し飛んだ。

19.6.2 非行為者焦点動詞（-EN, -I-, -AN, PAG-AN/PANG-AN, PAG-/PANG-）

基底動詞	不定相	完了相	未完了相	
			現在	過去
tuladen	tulad-tuladen 「真似る」	tinulad-tulad	tultulad-tuladen	tinultulad-tulad
ayaten	ayat-ayaten 「喜ぶ」	inayat-ayat	ayayat-ayaten	inayayat-ayat
ipunas	ipunas-punas 「拭く」	pinunas-punas	ipunpunas-punas	pinunpunas-punas
sibugan	sibug-sibugan 「水をやる」 「水をかける」	sinibug-sibugan	sibsibug-sibugan	sinibug-sibugan
pagugasan	pagugas-ugasan 「洗う」	nagugas-ugasan	paguguga-ugasan	naguguga-ugasan
pangguyodan	pangguyod-guyodan 「引く」	nangguyod-guyodan	pangguyguyo-guyodan	nangguyguyo-guyodan
paglaba	paglaba-laba 「洗濯する」	pinaglaba-laba	paglablaba-laba	pinaglablaba-laba
pagungtan	pagung-ungtan 「怒る」	nagung-ungtan	pagungta-ungtan	pinagunta-untan
pagillekan	pagille-illekan 「笑う」	pagille-illekan	pagilillek-illekan	nagilillek-illekan

a）Tinulad-tuladna ti sunggo.　　　　　彼は少し猿を真似ました。

b）Pagilillek-illekan dagiti tattao diay pabuya.　人々はショーで少し笑っている。

19.7　継続・反復の表現

特定の接辞を用いたり、動詞や語根を繰り返して用いたりすることによって、継続や反復、頻度が高い行為等を表すことができる。

19.7.1　SANGKA-、SANGKAI-

接辞 SANGKA-、SANGKAI- は、高い頻度で行われる行為や繰り返される行為を表す。SANGKAI- は、ibaga、ibelleng などのように、基底動詞で接辞 I- が付けられるのが一般的である動詞の語根に用いられる。各語は SANGKA- ＋語根、SANGKAI- ＋語根で形成される。この動詞は不定相でのみ用いられる。

a）Sangkasaludsod ni Betty kaniak no 　ベティーさんはあなたが元気なのか、
　　kasanokan?　　　　　　　　　　　　私によく聞いている。

b）Sangkaayayamna ti games inggana 　彼はゲームが壊れるまで繰り返して遊
　　naperdi.　　　　　　　　　　　　　んでいた。

c）Nagkulitka. Sangkaibagak a saanka 　君はとても頑固だ。隣の家に行っては
　　a mapmapan idiay bangir a balay.　 だめだと言い続けたのに。

19.7.2　AGKARA-、AGKARAI-

接辞 AGKARA-、AGKARAI- は SANGKA-、SANGKAI- と同様に、高い頻度で行われる行為や繰り返される行為を表す。各語は AGKARA- ＋語根、AGKARAI- ＋語根で形成される。

a）Agkarapatay daytoy a silaw.　　　　この明かりは何度も消える。

b）Agkarasakit isuna.　　　　　　　　彼はよく病気にかかる。

c）Apay agkaraulit ti balita iti TV.　　　なぜテレビではニュースをよく繰り返
　　　　　　　　　　　　　　　　　　しますか？

d）Agkaraibelleng met daytoy a danum.　この水はよくこぼれます。

19.7.3　-UMAN-

接辞 -UMAN- は、しつこく引き続き行われる行為を表す。各語は語根の頭の子音と母音との間に -UMAN- を挿入して形成される。

a）Tagarim. Sumanaoka.　　　　　　　うるさい。お前は喋りまくっている。

b）Tumanayab dagitoy ngilaw iti sidaen.　蠅は料理の周りで飛びまくっている。

c）Tumanaol ti aso ti kaaruba.　　　　近所の犬は吠えまくっている。

19.7.4 動詞の語根を用いた反復の表現

kaan「食べる」、pagna「歩く」、dalus「掃除する」、taray「走る」といった動詞の語根や、SNS（ag-SNS）、selpon（agselpon）、Inggles（ag-Inggles）といった動詞の語根として用いられる名詞を nga を挟んで繰り返すことにより、その行為や動作が反復して行われることを表すことができる。行為者が人称代名詞の場合、最初の語根の後に付加する。

a）Kaanka nga kaan ti nasam-it.　　　君は甘いものを食べてばかりいる。
b）Taray nga taray dagitoy ubbing.　　子どもたちは走り回っている。
c）Dalus nga dalus ti katugangak.　　　義理の両親はよく掃除している。
d）Selponka nga selpon.　　　　　　　あなたは携帯電話ばかりいじっている。
e）Inggles nga Inggles ni Lea.　　　　　レアさんは英語ばかり使う。

19.7.5 語根の繰り返し（語根 – 語根）による動詞の強調表現

tugot-tugot「持つ」、surot-surot「ついていく」、akar-akar「移る」、laba-laba「洗濯する」、bagkat-bagkat「運ぶ」、iggem-iggem「つかむ」、tudo-tudo「指す」などのように、動詞の語根全体を2度繰り返すことにより、その行為や動作の継続や反復を表すことができる。語根のみが用いられるため活用はしないが、時を表す副詞等や文脈に基づいて、行為や動作が行われた時が分かる。この表現は行為者焦点と対象焦点に対応することが多い。

a）Surot-surot met dagitoy pusak kaniam.　猫はあなたにずっとついて行く。
b）Laba-labaakto dagita pigad.　　　私はそれらのラグを何度も洗うだろう。
c）Tugot-tugotko itattay ti tulbekmo.　さっき、私はあなたの鍵をずっと持っていた。
d）Apay tudo-tudo dagiti Hapones ti agongda no agsaritada no dadduma?　なぜ日本人たちは話す時に時々自分たちの鼻を繰り返し指すのですか？

19.8 形容詞を形成するその他の接辞

19.8.1 AGAT-「～の香り／匂いがする」

　AGAT- 動詞は語根が示す物の香りや匂いがすることを示し、「～の香りがする」、「～の匂いがする」という意味を表す。AGAT- 動詞の不定相は AGAT- ＋語根である。

agat-sabong	花の香りがする	agat-natay	死臭がする
agat-suka	酢の匂いがする	agat-mansanas	リンゴの香りがする
agat-takki	大便の匂いがする		

19.8.2 MANAG-「～の傾向がある」「よく～する」

　MANAG- は人の性質や行為の傾向や習慣を表す。各語は MANAG- ＋語根で形成される。

managsao	おしゃべりな	managsaludsod	しつこく尋ねる
managakar	放浪する傾向がある	managling-et	大量に汗をかく
managkatawa	よく笑う	mannaki*	腸が過敏である
managisbo	おしっこが近い		

*mannaki（語根 takki）は不規則動詞である。

19.8.3 SINAN-「～のようだ」「～ぽい」

　SINAN- は物や人の様子を他の物や人に例えて、「～みたいだ」、「～のようだ」、「～らしい」、「～ぽい」といった意味を表し、小辞の kasla と同じ意味合いで用いられる。各語は SINAN- ＋語根で形成されるが、語根の頭が b と p の場合には sinam- となる。

sinankabalio	馬みたいな	sinannuang	水牛みたいな
sinantao	人間みたいな	sinandios	神様みたいな
sinampugot*	怪獣みたいな		

*pugot は妖怪の一種で、頭がなく、肌が黒い人物で、犬や猫に変身すると言われる。

練 習 問 題

1．以下の各語根に左の接辞を用いて、それぞれの動詞の活用表を完成させなさい。

	接辞	語根	不定相	完了相	未完了相	
					現在	過去
(1)	AGI-	saang				
(2)	MANGI-	baga				
(3)	AGIPA-	buson				
(4)	MAKAI-	mula				
(5)	MAKAIPA-	bassit				
(6)	-EN	lamok				
(7)	MA-AN	sikog				

2．以下の各文を日本語に訳しなさい。

(1) Daguskayo nga agibaon ti karpintero ditoy balaymi.

(2) Mangimulmula da Isko dagiti niog iti sango ti munisipio.

(3) Dakkel ken napigsa ti asoda isu a naiguyodak kaniana.

(4) Taytayaben dagiti billit ti langit iti Ilocos.

(5) Salsaludsodenna da Emma maipanggep ti balita.

(6) Kanayon kami a lamlamuken ditoy nga estasion.

(7) Matudtuduan dagiti kapitan idiay bantay.

(8) Turog nga turog ti asawa ni Juana.

(9) Apay agtudo-tudo dayta a babai?

(10) Immasideg-asideg ti bassit a kali iti dakkel a tukak.

(11) Kinabiahe ni Leni ni Saya agpa-Japan.

(12) Agtinnulongkayo idiay eskuela.

(13) Napasarwaak ta adda ti agat-natay a bao ditoy uneg ti aparador.

(14) Pakiayaban man ti pulis.

3．本課の会話文に関する以下の質問にイロカノ語で答えなさい。

(1) Ania kano ti nakaitulong permi kaniada Kapitan?

(2) Apay "Kinuton" ti nagan ti sala?

(3) Ania ti kantaen ti koro?

(4) Apay agat-suka ni Biday?

(5) Sinno ti sangkabirok ni Biday?

COLUMN 15

イロコス地方の経済特区と産業発展の可能性

寺地慶悟

　経済特区とは、フィリピン国内における農産業、工業、旅行業、商業、金融業、サービス業、投資事業といった分野で高度に開発された、あるいは開発される潜在性を備えた、選ばれた地域である。フィリピンでは、フィリピン経済特区庁（Philippine Economic Zone Authority、PEZA）をはじめとする政府投資促進機関が、各地域において合わせて420を超える経済特区を監督している。製造業に特化した経済特区が多いが、各地域の本来の産業の特徴をさらに発展させるために設けられたり、対照的にそれぞれの地域が抱える産業的課題を解決するために設けられている特区もある。

　経済特区に進出する企業にはさまざまな優遇措置が付与される。例えば、地方自治体への登録に際してサポートが受けられることに加えて、特定期間の法人税の免除、電気、水道などの公共料金や研修費の減免、設備投資における付加価値税（VAT）ゼロといった優遇措置を付与されるチャンスがあり、企業にとってメリットが大きい。フィリピンに進出している1,400社以上の日本企業のうち、2023年時点で887社がPEZA特区内に進出している。ただし、優遇措置を受けられるのは、フィリピン政府投資委員会（Board of Investments）が定期的に発表している、投資を促進している産業の一覧に基づいたプロジェクトに取り組む企業であること、そして輸出企業（特区内で生産された商品の70％以上をフィリピン国外に輸出する企業）であることが条件とされている。

　フィリピンのローカル企業にとっても、特区に進出している企業とビジネスを展開できるチャンスは魅力的である。確かな技術を有し世界にも通用しうるクオリティを提供できるローカル企業が、豊富な資本を有する特区進出企業とのビジネスチャンスを模索することは、ひいては自国の産業の発展にもつながる可能性を秘めている。

　イロコス地方の主な産業は、農業／農工業、および観光産業をはじめとするサービス産業である。農業／農工業では、コメ、トウモロコシ、サトウキビ、フルーツ（特にドラゴンフルーツは国内でもトップクラスの生産量）を多く生産して

バンギ・ウィンド・ファーム
（イロコス・ノルテ州バンギ）
フィリピンと東南アジア初の「風力発電所」
© 矢元貴美

いる Region I（イロコス地方）と Region II（カガヤン渓谷地方）において、2024 年 6 月時点で PEZA が管轄している経済特区は 8 つあり、そのうち 4 つはイロコス・ノルテ州に集中している。産業別に見ると、食品加工などの農工業に特化した経済特区が 1 つ（Ecofuel Agro-Industrial Ecozone）、観光業が 1 つ（Fort Ilocandia Tourism Economic Zone）、製造業が 2 つ（Pangasinan Industrial Park II, North Luzon Aero Industrial Park）、そして IT 関連（Robinsons Place Ilocos Norte Expansion など）が 4 つである。また、ラ・ウニオン州サン・フェルナンドでは、政府直下の基地転換開発公社（Bases Conversion Development Authority）傘下のポロ・ポイント自由港管理公社（Poro Point Management Corporation）が、自由港（港湾の全域あるいは一部を関税制度上、外国とみなし、外国貨物および船舶の自由な出入りを認める制度）や経済特区など外資による進出促進のための開発を主導している。日米比 3 国間でインフラ開発の推進で合意を得た「ルソン経済回廊」の 1 つとして、海外資本による参入も促進しており、さらなる発展が期待されている。

参考資料

Bridges by SMS. (2024 July 22). The Philippines Report 2024: Why Japanese investors remain ichiban in Philippine economic zones. *The Japan Times*. https://www.japantimes.co.jp/country-report/2024/07/22/the-philippines-report-2024/japanese-investors-remain-ichiban-philippine-economic-zones/

National Economic and Development Authority Regional Office 1. *Ilocos regional development plan 2017-2022* (Region 1). https://pdp.neda.gov.ph/wp-content/uploads/2024/02/1-Ilocos-RDP-2017-2022.pdf

PortCalls Asia. (2022, June 27). *Pangasinan industrial park comes under BOC San Fernando jurisdiction*. https://portcalls.com/pangasinan-industrial-park-comes-under-boc-san-fernando-jurisdiction/#google_vignette

PwC Philippines. (2024 April). *Doing business and investing in the Philippines 2024: Pitching in the future*. Isla Lipana & Co.

Special economic zone act 1994 (Phl). https://www.peza.gov.ph/special-economic-zone-act

株式会社日本国際協力銀行（2024年2月）．フィリピンの投資環境　第4版

代表的なおやつ

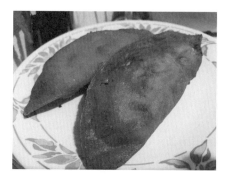

エンパナダ（empanada）
餅米の生地に具（挽肉、野菜、卵）を包み、油で揚げたもの

ウーコイ（ukoy）
野菜（カボチャ、サツマイモ、タマネギ)、エビ、卵を混ぜて油で揚げたもの

チッチャコーン（chichacorn）
カリッと揚げたトウモロコシ

© Frieda Joy Angelica Olay Ruiz

20 別れ
Panagpapakada

課のねらい / Gandat ti leksion

- 動詞の名詞化、関係節、名詞節の機能や作り方を理解し、適切に使うことができる。

会話 / Dialogo

20-1

和訳 / Panangipatarus iti Hapones

友人の皆様、

こんにちは。

皆さんへの感謝の気持ちをお伝えしたいと思います。皆さんの村での1年間の滞在の間、お世話になったことや導いていただいたことはいつも思い出のなかにあります。伝統や新しいことをたくさん学べました。しかし、イロカノ語の勉強にはまだ勤しんでいます。

次の訪問の際に自分の家族として会っていただける人たちがいるので嬉しいです。皆様が日本に来ていただけることも願っています。富士山へお連れすることができるといいなと思います。日本で一番高い山です。皆さんが春に来られるといいですね。花々、特に桜の開花は美しいです。

どうもありがとうございました。またお目にかかれることを願っております。

心を込めて

尚美

語彙 / Bokabulario

20-2

patpatgén	大切にする <patég（未完了相現在）	karkarigátan	努力する <rígat
ipakaammó	知らせる <ammó	panagádal	勉強 <ádal
panagyáman	感謝 <yáman	maragsákan	喜ぶことができる <ragsák
panagayuán	お世話になること <áyo	masangpetán	到着できる <sangpét
panagtarábay	導くこと <tarábay	sumarunó	次の <sarunó
las-úd	〜の間に	pagbisíta	訪問 <bisíta
panagnaéd	住むこと <naéd	kangatuán	最も高い <ngáto
agnanáyon	いつも <náyon	panagsusulbód	春、芽が出ること <sulbód
pannakálaglagipán	思い出 <lagíp	panagukrád	咲くこと <ukrád
nasursúro	習っていた <súro（未完了相過去）	lal-lálo	特に
		namnámaen	願う <náma（未完了相過去）
kannawídan	習慣、伝統 <áwid	panagkikíta	会うこと <kíta
banbánag	物事 <bánag	agdaydáyaw	尊重する <dáyaw（未完了相現在）

文法 / Gramatika

20.1　名詞化

他の品詞（句）などを名詞（句）に変えることができる。名詞（句）化には、標識辞（ti、dagiti、iti、kadagiti など）を付ける方法と、接辞を伴うものとがある。

20.1.1　標識辞を付けるもの

形容詞や動詞などの前に標識辞を付け、「〜な人（物）」、「〜する人（物)」といった意味で用いることができる。標識辞と各品詞の間には、tao や lugar や banag といった名詞＋リンカーが省略されているとも考えられる。

1）形容詞（句）を用いた例文

　a）Agdaldalus kanayon dagiti nagaget.
　　　働き者はよく掃除している。

　b）Mangabak iti karera ti kapartakan a kabalio.
　　　最も速い馬はレースに勝つ。

　c）Saanak a makaraman ti nasam-it.
　　　私は甘い物を味わうことができない。

　d）Paggatgatanganmi ti bado iti kalakaan.
　　　私たちは服を最も安いところで買っている。

　e）Mabalin aya a mapan idiay kangatuan?
　　　高いところに登ってもいいかしら？

　f）Kaykayatko daytoy naluklukneng a pungan.
　　　私はより柔らかい枕がほしい。

2）動詞を用いた例文

a）Maribuken dagidiay aggururay.
待っている人はもうイライラするよ。

b）Sinno ti agpalaba?
洗濯してもらいたいのは誰ですか？

c）Painumek ti agas ti maululaw.
私は目まいがしている人に薬を飲ませる。

d）Nagaapa met laeng dagiti nagtitinnulag.
約束し合った人たちは結局喧嘩しただけだった。

e）Saan a mabalin a mangiyawat ti makan kadagiti agtaraytaray.
走っている人に食べ物を与えてはいけない。

20.1.2　動名詞

　接辞を用いると動名詞を形成することができる。動名詞はその動作の方法や状態の変化などを表す。それぞれの基底動詞と動名詞は以下の表のように対応する。

a）Nagpintas ti panagukrad ti sabong.
開花はとてもきれいだ。

b）Importante ti panagadal ti matematika.
数学の勉強は大切だ。

c）Makapakigto ti panagserrekmo.
あなたの入り方はびっくりする。

d）Diak maawatan ti pannakaibaga ti nagana.
彼女の名前の言い方が私には分からない。

e）Saan pay a kusto ti pannakainana ti bagik.
私の体は休憩が足りない。

f）Agyaman kami unay ti pannakipagragsakyo kadagiti naggraduar.
卒業生と一緒にお祝いしていただき、ありがとうございます。

20

1）非使役の動名詞

基底動詞の接辞	動名詞の接辞	例			
中立モード					
AG-	PANAG-	agukrad	「開く」	panagukrad	「開くこと」
		agadal	「勉強する」	panagadal	「勉強」
-UM-	PANAG-	sumrek	「入る」	panagserrek	「入ること」
		lumamiis	「冷える」	panaglamiis	「冷えること」
MANG-	PANANG-	mangsublat	「交代する」	panangsublat	「交代」
		mangpanunot	「考える」	panangpanunot	「考えること」
MA-	PANAG-	matay	「死ぬ」	panagpatay	「消すこと」
					「死ぬこと」
		mapan	「行く」	panagapan	「行くこと」
AGI-	PANAGI-	agibelleng	「捨てる」	panagibelleng	「捨てること」
		agitulod	「送る」	panagitulod	「送ること」
MANGI	PANANGI-	mangibati	「残す」	panangibati	「残すこと」
		mangimula	「植える」	panangimula	「植えること」
状況モード（可能・非意図形）					
MAKA-	PANNAKA-	makapasa	「合格できる」	pannakapasa	「合格できること」
		makasarita	「話せる」	pannakasarita	「話せること」
MAKAPAG-	PANNAKAPAG-	makapagtugaw	「座れる」	pannakapagtugaw	「座れること」
		makapagdisso	「置ける」	pannakapagdisso	「置けること」
MA-	PANNAKA-	mariing	「起きられる」	pannakariing	「起きられること」
		mausar	「使える」	pannakausar	「使えること」
MAI-	PANNAKI-	maibaga	「言える」	pannakaibaga	「言えること」
		mayawid	「持ち帰れる」	pannakayawid	「持ち帰れること」
MAKAI-	PANNAKAI-	makainana	「休める」	pannakainana	「休めること」
		makaiduron	「押せる」	pannakaiduron	「押せること」
参加モード					
MAKI-	PANNAKI-	makipunpon 「葬儀に参列する」		pannakipunpon 「会葬」	
		makiinum 「一緒に飲みに行く」		pannakiinum 「一緒に飲みに行くこと」	
MAKIPAG-	PANNAKIPAG-	makipagragsak 「一緒に祝う」		pannakipagragsak 「一緒に祝うこと」	
MAKIPAGI-	PANNAKIPAGI-	makipagibilag 「一緒に日干しする」		pannakipagibilag 「一緒に日干しすること」	

接辞を伴う動名詞は強調や複数も表すことができる。接辞＋語根の語頭の音節 CVC ＋語根で形成される。

- a）panagserrek　panagseserrek　「複数の人／物の入り」「入学」「通勤／通学」
- b）panaglamiis　panaglalamiis　「寒気」「冬」
- c）panagadal　　panagadadal　　「勉強」「研究」
- d）panagkita　　panagkikita　　「人に会うこと」
- e）panagbiag　　panagbibiag　　「複数の生き方」「生活」

2）使役の動名詞

非使役の動名詞の接辞の後に使役の接辞 PA を付加することによって、使役の意味を表す動名詞も作ることができる。

基底動詞の接辞	動名詞（使役）		例
中立モード			
AG-	PANAGPA-	panagpaukrad	「開かせること」
-UM-	PANAGPA-	panagpaumay	「招待させること」
MANG-	PANANGPA-	panangpapanunot	「考えさせること」
MA-	PANAGPA-	panagpabiag	「生かせること」
AGI-	PANAGI-	panagipasalapay	「干させること」
MANGI	MANGIPA-	panangipamula	「植えさせること」
状況モード（可能・非意図形）			
MAKA-	PANNAKAPA-	pannakapatarabay	「指導させること」
MAKAPAG-	PANNAKAPAGPA-	pannakapagpataray	「走らせること」
MA-	PANNAKAPA-	pannakapaaramid	「作らせること」
MAI-	PANNAKIPA-	pannakipatarus	「訳させること」
MAKAI-	PANNAKAIPA-	pannakaipaduron	「押させること」
参加モード			
MAKI-	PANNAKIPA-	pannakipasali	「参加させること」
MAKIPAG-	PANNAKIPAGPA-	pannakipagparagsak	「祝わせること」
MAKIPAGI-	PANNAKIPAGIPA-	pannakipagipaibilag	「一緒に日干しさせること」

a）Nagpintas ti panagpaukradda kadagitoy tulipa.

彼らがチューリップを咲かせることはとても素敵だ。

b）Kaano ti panagpaumaymo kagaditi katugangam?

義理のご両親に来てもらうのはいつですか？

c）Nagmadi ti pannakapaaramidmo iti kusina.

台所の工事は全く良くなかった。

d）Kusto ti pannakipasalida kenni Jo iti laban. Nangabak isuna ti gold medal.

彼らがジョーを試合に出させるのは正解だ。彼は金メダルを獲得した。

（20.2） 存在詞と動詞を組み合わせた文

　存在詞の adda、awan、adu、bassit は動詞と組み合わせることができ、その文中では動詞が名詞として扱われる。文型は「存在詞＋標識辞＋動詞」で、動詞の相は「ある／いる／ない」人や物に合う適切なものを用いる必要がある。

a）Adda ti agururnos idiay kuartoda.

彼らの部屋で片づけている人がいる。

b）Awan ti gumatgatang ti produktok.

私の商品を買っている人はいない。

c）Awan ti makauray iti kinaindegmo.

あなたの遅い行動を待てる人はいない。

d）Adu ti mabutbuteng iti ginginned.

地震を怖がる人は多い。

e）Adu ti kayatko nga aramiden intono bigat.

私は明日やりたいことが多い。

f）Adda ti itedko kaniana.

私は彼女にあげるものがある。

g）Awan aya ti papananda madamdama?

彼らは後で行くところがありますか？

h）Bassit ti mabalin nga agpaagas kadaytoy doktor.

この医師に診てもらえる人は少ない。

i）Bassit ti impakanda idiay fiesta.

祭りで彼らが食べさせたものは少なかった。

20.3　関係節

　動詞が修飾語句として用いられる関係節では、被修飾語句と修飾語句との位置
関係や、それらのつなぎ方は形容詞等の修飾語句と同様である。動詞の相は被修
飾語句に合う適切なものを用いる必要がある。

20.3.1　被修飾語句と修飾語句の位置

　被修飾語句と修飾語句はリンカー（nga/a）でつなぐ。基本的に被修飾語句は修
飾語句の前に置かれるが、後に置かれることもある。また動詞が修飾する場合、ti
句等で表される補語は動詞と離れた形でも修飾することができる。

a）aso a matmaturog　　　　　　　寝ている犬
　　matmaturog nga aso

b）aso a matmaturog idiay uneg ti balay　　家の中で寝ている犬
　　matmaturog nga aso idiay uneg ti balay

c）ilaklakoda nga asukar　　　　　　彼らが売っている砂糖
　　asukar nga ilaklakoda

d）nakipagsarsarita a tao kenni Angel　　アンヘルさんと話していた人
　　tao a nakipagsarsarita kenni Angel

e）manong nga aglutluto ti sida　　　料理を作っているお兄さん
　　aglutluto ti sida a manong

f）nagdaldalusan ni Cindy nga agdan　　シンディーが掃除した階段
　　agdan a nagdadalusan ni Cindy

g）estudiante nga ibasaanna ti libro　　彼が本を読んでやる生徒
　　ibasaanna ti libro nga estudiante

20.3.2　動詞を含む修飾語句内での焦点と被修飾語句の対応

　修飾語句内に動詞が含まれる場合、その動詞の焦点は被修飾語句との関係に対
応させる必要がある。被修飾語句が修飾語句内の動詞の行為者であれば行為者焦
点、行為の対象であれば対象焦点、行為の方向であれば方向焦点、行為が行われ
る場所であれば場所焦点、というように対応させる。

1）行為者焦点

　　a）Nagsangsangit ti napakleb nga ubing.
　　　つまずいた子どもは泣いていた。

　　b）Nakariing ti dragon nga agururok.
　　　いびきをかいていたドラゴンは起きた。

2）対象焦点

　　a）Rimmuar dagiti manok a tiniliwda.
　　　彼らが捕まえた鶏が外に出た。

　　b）Kaanom a lutuen dagidiay binurburasmi a karabasa?
　　　我々が収穫したかぼちゃをいつ料理しますか？

3）方向焦点

　　a）Nagsubli ti sinungbatan ni Lena nga e-mail.
　　　レナさんが返事したメールが戻ってきた。

　　b）Sinno diay tinalukidam?
　　　あなたが背を向けた人は誰ですか？

4）受益者焦点

　　a）Sinno dagidiay kliente nga isuratanta ti papeles?
　　　我々が書類を書いてあげるお客様たちは誰ですか？

　　b）Agkitakami ken ti gayyemko nga inggatangak ti bag intono madamdama.
　　　私と、私がカバンを買ってあげた友人は後で会う。

5）場所焦点

　　a）Sadino nga ili idiay Japan ti pagnaedam?
　　　あなたが日本で住む町はどこですか？

　　b）Naperdi ti gingined diay hotel a nagdagusak idi.
　　　昔、私が泊まったホテルは地震で壊れた。

6）手段焦点

　　a）Napanan ti chopsticks a pagusarko 'toy ramen?
　　　私がラーメンに使う箸はどこに行ったかしら？

　　b）Kasla met matukkol dayta kayo a pangkiwarmo ti diket.

君が餅米をかき混ぜる木は折れそうだ。

7）理由焦点

a）Maipatarimaanen diay bado a nagsangitam.
君が泣いた（原因の）服はもう修理させることができる。

b）Nailako diay nagapaan dagiti agkakabsat a daga.
兄弟たちが喧嘩した土地は売り出された。

8）可能・非意図形

a）Ipanmo ditoy diay sapatosmo a malabaan.
洗濯できる靴をここに持ってきてください。

b）Iplastarmo dayta parte ti badom a maikikkat.
君の服で外れそうな部分は整えてください。

c）Sinno dagiti babbai a maimbitaran iti pasala ti prinsipe?
王子の舞踏会に招待できる女性たちはどなたでしょうか？

d）Mano ti pusa a nayunegda iti balay?
彼らが家の中に入れてしまった猫は何匹ですか？

e）Manmanon ti pabrika a mapagaramidan ti burnay.
ブルナイ壺を作れる工場はもう少ない。

9）使役

a）Sadino ti eskuelaan a pagpaadalam kadagidiay a kasinsinmo?
あなたがいとこたちに通わせる学校はどこですか？

b）Nagbanglo ti sabon a pinagpadigosmo kenni baby.
あなたが赤ん坊の体を水浴びさせるのに使った石鹸はいい香りだ。

c）Napukaw diay bagahe a ipabpabantayko kenni Balong.
バロンさんに見張ってもらった荷物がなくなった。

d）Daytoy ti bus a mapagpaluganak kaniada inggana Tabuk.
タブクまで彼らに乗ってもらえるバスはこれだ。

e）Karne ti nuang laeng ti karne a maipakanko.
食べてもらえる肉は水牛の肉だけだ。

f）Bassit ti agpapaadal a kolehio ti kurso nga Ilokano.
イロカノ語コースで（学生たちに）勉強させている大学は少ない。

20.3.3　疑似動詞を用いた修飾語句

関係節には疑似動詞を用いることもできる。これまでと同様に、動詞の焦点は被修飾語句との関係に対応させる必要がある。

a）Daytoy ti ruangan a mabalin a serrekan.

Daytoy ti mabalin a serrekan a ruangan.

これは入れるドアです。

b）Ikkam isuna ti kayana a pagtrabahuan.

Ikkam isuna ti pagtrabahuan a kayana.

あなたは彼にできる仕事を与えてください。

c）Saan a daytoy ti maiparit a makan a prutas.

Saan a daytoy ti prutas a maiparit a makan.

食べてはいけない果物はこれではない。

d）Papananta ti kayatmo a makita a museo.

Papananta ti museo a kayatmo a makita.

あなたが見学したい博物館に私たちは行こう。

e）Kasla nalaing ti politiko nga ammo（nga）agsao.

Kasla nalaing ti ammo（nga）agsarita a politiko.

上手に話せる政治家は賢いです。

20.3.4　存在や位置の表現を用いた修飾語句

存在や位置を表現する adda や awan も関係節で用いられる。被修飾語句と修飾語句の位置関係は「被修飾語句＋リンカー（nga）＋ adda/awan を用いた句」が基本であり、adda/awan を用いた句が被修飾語句の前に置かれることはない。

a）Nabuong diay baso nga adda idiay uneg ti estante.

× Nabuong ti adda idiay uneg ti estante a baso.

カップボードの中にあるコップ

b）Ikkam ti itlog diay karton nga awan ti kalubna.

× Ikkam ti itlog diay awan ti kalubna a karton.

蓋のない箱に玉子を入れてください。

c）Kasano rumuar ni Daniel iti kueba nga adda ti leonna?

× Kasano rumuar ni Daniel iti adda ti leonna a kueba?

ダニエルさんはライオンがいる巣からどのように出ますか？

20.4 名詞節

　名詞節は、2つ以上の節が含まれている複文のうち、「～ということ」や「～か
どうか」といった意味を表すものである。

20.4.1　従属節（組み込まれる文）が平叙文である名詞節

1）従属節が主節の目的語となる文

　主節の後に従属節をリンカー（nga/a）でつなぎ、従属節は主節の目的語となる。
従属節は「～ということ」といった意味を表す。

<u>Saan ko ammo</u> nga <u>umayda itatta.</u> 　　今日彼らが来るということを知らなかった。
　主節　　　　＋　　従属節

a）Maragsakanak nga addanto ti mapagdagusak a balay.
　　泊まらせてくれる家があるということが嬉しい。

b）Maramramanak nga adda ti inkabilda a laya ditoy pinakbet.
　　彼らがピナクベットに生姜を入れたということを私は食べて分かる。

c）Ammoda nga agawidton ni Yuka agpa-Hapon.
　　由香さんが日本に帰るということを彼らは知っている。

d）Nakababain a saanna ammo ti agdayaw.
　　彼が敬うことを知らないのは恥ずかしいことだ。

e）Nagpakada ni Mica kenni Lala a makisali isuna iti singing contest.
　　ミカさんは歌のコンクールに参加することをララさんに許可してもらいに
　　行った。

2）主節と従属節が同格となる文

　「～という○○」といった名詞節では、「～という」の部分が先行する名詞の後
にリンカー（nga/a）でつながれ、名詞の内容を説明する同格の関係となる。主節
には主に伝聞や知覚に関する動詞が用いられ、動詞に先行する名詞には、damag/
panagibagaan/bagbaga/istoria/sao/kunkuna「話」「知らせ」、panunot「考え」、kuna-
kuna「噂」、pudno「真実」、balakad「提案」などが用いられることが多い。

Mamatiak iti pudno a nakapasa isuna iti "bar exam".

    主節   +   従属節

彼が司法試験に合格できたという事実を私は信じている。

a）Naudida a naammuan ti balita a naisara ti EDSA.
   エドサ通りが閉鎖されたという知らせを彼らは遅れて知った。
b）Maawatak ti panunot nga adda ti Apo Dios.
   神様がいるという考えを私は理解している。
c）Naumuma ti tattao iti kuna-kuna ti ubing nga adda ti lobo.
   狼がいるという少年の話に人々はうんざりした。

20.4.2　従属節（組み込まれる文）が疑問文である名詞節

　疑問文を接続詞の no でつないで主節とつなぐと、間接疑問文となり、主節の目的語とすることができる。主節には主に伝聞や知覚に関する動詞が用いられ、主節に用いられる動詞の焦点には行為者焦点、対象焦点、方向焦点などがある。

1) 一般疑問文
　一般疑問文を主節とつなぐと、従属節は「～かどうか」といった意味を表す。文末に wenno saan を伴うこともある。

Saludsodem man iti guardia no daytoy ti ayan ti embahada（wenno saan）.

    主節   +   従属節

ここが大使館であるかどうか守衛に聞いてください。

a）Saanko nga ammo no adda serrekna.
   彼女が出社するかどうか分からない。
b）Saludsodem kaniana no pudno ti istoriak.
   私の話は本当かどうか彼に尋ねてください。
c）Kayat ngata ni Elie no maikkan ti asin ti mangga（, wenno saan）?
   エリーさんはマンゴーに塩を振ることが好きなのかしら？

2) 疑問詞疑問文
　疑問詞疑問文を主節とつなぐと、「何が～するのか」、「誰が～するのか」、「なぜ～するのか」といった意味を表す。

Saanko nga ammo no sinno ti nangibus iti tinapay.

主節　　　＋　　　　従属節

誰がパンを食べきったのか私は知らない。

a）Bilangim man no mano ti bato iti uneg ti bote.
　　瓶の中にある石がいくつか数えてください。

b）Diak ammo no ayan ti napananda.
　　彼らがどこに行ったか私は知らない。

c）Ammo aya ni Isang no apay agsangsangit ni Maria?
　　なぜマリアさんが泣いているかイサンさんは知っていますか？

d）Ipakitak kaniana no kasano agluto ti lauya.
　　ラウヤをどのように料理するか私は彼女に見せる。

e）Saludsodek kenni Heart no sagmamano ti sapatosna?
　　ハートさんに彼女の靴がいくらか私は尋ねる。

f）Salsaludsodenna no kaanoka mapan iti Amerika.
　　あなたがいつアメリカに行くか彼は尋ねている。

g）Ibagana kano intono madamdama no ania ti aramidem.
　　あなたが何をやるか彼は後で伝えるそうである。

20.4.3　直接話法と間接話法

　話法の主節に用いられる動詞には、baga「言う」、kuna「言う」、saludsod「尋ねる」、sungbat「答える」などを語根とするものが多い。動詞の語根のみで表す方法もある。

1）直接話法

　直接話法とは引用符（" "）を用いて誰かの発言を文字通りに伝える方法である。主節に用いられる動詞の焦点は対象焦点や方向焦点などがある。

（1）発言者に焦点が当たる場合（動詞の焦点は行為者焦点）

a）Sinno ti nagsaludsod kaniam, "Apay napanka idiay?"
　　「なぜあなたはそこへ行ったの？」とあなたに尋ねたのは誰ですか？

b）Sinno ti nagiba kaniana, "Ay-ayatenka"?
　　「あなたを愛しています」と彼女に言ったのは誰ですか？

（2）発言内容に焦点が当たる場合（動詞の焦点は対象焦点）

 a）Imbagana kaniak, "Awan ti tao dita."
  彼は私に「そこに人はいない」と言った。

 b）Salsaludsoden ni Cora kaniak, "Ania ti nagan ti anakmo?"
  コーラさんは私に「あなたのお子さんの名前は何ですか？」と尋ねている。

 c）Insungbat ni Alicia iti saludsod, "Idiay taltalonmi ti nagiyanakak."
  アリシアさんは「私は我々の畑で生まれた」と質問に答えた。

 d）Kinuna ni MacArthur, "Agsubliak."
  「私は戻る」とマッカーサーは言った。

（3）発言相手に焦点が当たる場合（動詞の焦点は方向焦点）

 a）Binagaanak, "Awan ti tao dita."
  私に彼は「そこに人はいない」と言った。

 b）Sinungbatan ni Alicia ni Lorin, "Idiay taltalonmi ti nagiyanakak."
  ローリンさんにアリシアさんは「私は我々の畑で生まれた」と答えた。

（4）伝達内容が前に置かれる場合

動詞の語根としてよく用いられるのは、kuna、saludsod、sungbat である。「言う」という意味を表す場合、baga より kuna を使うことが多い。

 a）"Awan ti tao dita," kinunana kaniak.
  「そこに人はいない」と彼は私に言った。

 b）"Ania ti nagan ti anakmo?", salsaludsoden ni Cora kaniak.
  「あなたのお子さんの名前は何ですか？」とコーラさんは私に聞いている。

 c）"Idiay taltalonmi ti nagiyanakak," sungbat ni Alicia kenni Lorin.
  「私は我々の畑で生まれた」とアリシアさんはローリンさんに答えた。

2）間接話法

間接話法とは誰かの発言を話者の言葉に変換して伝える方法である。伝達内容が平叙文や命令文であるか、疑問文であるかによってつなぎ方が異なる。間接話法には kano を用いることもある。

（1）平叙文

伝達内容が平叙文である場合にはリンカー（nga/a）でつなぐ。

a）Kunkuna kaniak a sadutka kano.

あなたが怠け者だと彼は私に言っていた。

b）Binagbagaan ni Edith ni Mari a saan isuna a magna a maymaysa iti rabii.

夜一人で歩いてはいけないとエディットさんが真理さんに言っていた。

c）Imbagana nga awan magatang a gatas ditoy.

ここで買える牛乳はないと彼が言った。

（2）疑問文

伝達内容が疑問文である場合には接続詞の no でつなぐ。

a）Ipasalsaludsod ni Boss no nalpasmo kano aramiden dagiti dokumenton?

上司はあなたが資料の作成をもう終えたか尋ねさせている。

b）Salsaludsodenna no kaano ti kasarmo.

あなたの結婚式はいつなのかと彼が尋ねている。

（3）命令文

伝達内容が命令文である場合にはリンカー（nga/a）でつなぐ。

a）Agibabaon ni Nanang a mapanka kano gumatang ti karne.

あなたが肉を買うようにと母は命じている。

b）Dawdawaten ni Tatang nga agtinnulongtayo nga agkakabsat.

我々が兄弟同士でお互いに助け合ってほしいと父が願っている。

20

練 習 問 題

1. 以下の各語根に左の接辞を用いて動名詞を作りなさい。

	接辞	語根	動名詞
(1)	PANAG-	kita	
(2)	PANANG-	tumpal	
(3)	PANAGI-	buras	
(4)	PANANGI-	sapul	
(5)	PANNAKA-	aksidente	
(6)	PANNAKAPAG-	takder	
(7)	PANNAKIPA-	bulod	

2. 以下の各文をイロカノ語に訳しなさい。

(1) 彼らにとって今年大学に合格できることは大切です。

(2) 今日この海で泳いでいる人はたくさんいます。

(3) あなたたちがイロコスで買った車は高いですか？

(4) あなたは彼らが親切かどうか知っていますか？

(5) まだ雨が降っているかとケンに質問したのは私ではありません。

3. 以下の各文を日本語に訳しなさい。

(1) Nabayag ti panagbirokda kaniana.

(2) Awan ti kayatmi a denggen a politiko.

(3) Sinno ti babai nga ilutlutuam ti dinengdeng kada-Dominggo?

(4) Saanko nga ammo no sinno ti sumurot kadatayo intono bigat.

(5) Imbagami kaniana nga agriing isunan.

4. 本課の手紙文に関する以下の各文のうち、本文の内容と合うものには○、合わないものには×と答えなさい。

(1) Karkarigatan ni Naomi ti panagadal ti Tagalog.

(2) Saan a nasayaat ti panagnaed ni Naomi iti Ilocos.

(3) Adu ti nasursuro ni Naomi idi nagnaed isuna iti Filipinas.

(4) Kayat ni Naomi papapanen dagiti gagayyemna iti Hapon.

(5) Kayat ni Naomi a maipasiar dagiti gagayyemana iti Mt. Aso.

ハラナ
── 求愛の歌から学ぶ人生の教訓

Joselito Bisenio

　イロカノの人びとは愛情深い人たちで、詩や歌を含む様々な方法でそれを示します。愛を表現する際にイロカノの人びとが用いる最も独特で興味深い方法の1つが「ハラナ」と呼ばれる求愛の歌です。ハラナは、男性が女性の家に赴き、ギターの伴奏とともにセレナーデを歌うという、求愛行為です。

　最も象徴的なイロカノ語のハラナのうち2つが、「パムリナウェン」と「マナン・ピダイ」です。大変有名なので、フィリピン北部では、この2つの歌は変わらずラジオの早朝のプレイリストに入っています。フィリピンの小学校やハイスクール*の音楽の授業で教えられる歌に含まれていた時期もありました。

　「マナン・ピダイ」は、ピダイという若い女性を深く愛する男性についての歌です。このハラナで男性は女性に対し、窓を開けて、彼女に対する心からの愛の表現を聞いてくれるようにと頼みます。この歌では、敬意と忍耐の価値、そしてイロカノの伝統的な求愛の素晴らしい方法が強調されています。

　「パムリナウェン」も求愛の歌ですが、愛情のこもった甘い言葉にも動じない、女性の硬くなった心を歌っているという点で「マナン・ピダイ」とは異なっています。この歌は、報われない愛の痛みと、同時に、心から愛する女性の心をつかみたい若い男性の不屈の精神をも映しています。

　「マナン・ピダイ」と「パムリナウェン」はイロカノの重要な価値と文化を確かに映し出しています。ピダイは、情愛に満ち温和で美しいけれども、同時に控えめで保守的でなかなか手に入れることができないという、イロカノ女性の伝統的な特徴を表す典型的な例です。「パムリナウェン」では、困難な挑戦や障壁を経験しているにもかかわらず、そこに示される、特に立ち直る力や粘り強さといった、イロカノの価値が表現されています。その上、女性に対する若い男性の礼儀正しい求愛法や愛情の示し方は、人間関係における敬意と称賛という文化規範を反映しています。

（原文 英語、翻訳 矢元貴美）

*フィリピンの中等教育は、2013年に教育課程が改正されるまでは、4年間のハイスクールのみでした。現在は、中等教育前期4年のジュニア・ハイスクールと後期2年のシニア・ハイスクールの合計6年間です。

　本コラムの執筆者はイロカノ語版も執筆しています。2つの歌の歌詞とともに読んでみてください。

Panagiinnarem: Dagiti Adal nga Masursuro Manipud iti Kankanta nga Ilocano

Surat ni Joselito Bisenio

Ti kinamanagayat dagiti Ilocano ket maipakita babaen iti maduma-duma nga wayat ken pammati. Kas pangarigan, dandaniw ken kankanta. Maysa kadagiti naisangsangayan nga waywayat ken pammati ti Kailokuan maipanggep iti panangipakita ti ayat ket babaen ti kunkuna da nga *harana*. Ti *harana* ket maysa nga kaugalian iti panagarem no sadino nga ti maysa nga baro ket mapan na pasyaren didiay balayda diay ar-arpaten na nga balasang tapno kansionan na iti saniw ti maysa a gitara.

Dua kadagiti kalatakan nga kansion pang-harana ket Manang Biday ken Pamulinawen. Gapu ti kinalatak da, kanayon nga maipatpatangatang aglalu iti parbangon ken agsapa dagitoy nga kankanta manipud kadagiti nadumaduma nga estasyon ti radyo didiay amianan nga probinsya ti Pilipinas ken dadduma pay nga probinsya kata met iti sabali nga paset ti lubong. Kasta pay, adda pay panawen na idi naglabas nga dagitoy dua nga kankanta ket ad-adalen dagiti ubbing iti elementarya ken sekundarya didiay Pilipinas iti asignatura nga musika.

Ti Manang Biday ket maipanggep ti maysa nga baro nga napalaos nga agay-ayat ti maysa nga balasang nga agnagan ti Biday. Iti daytoy nga *harana*, dawdawaten daytoy baro kenni diay balasang nga lukatan na koma diay tawa tapno denggen ken buyaen na daydiay baro bayat ti panangiyebkas na ti napalaos nga panagayat ken panagrayo na kenkuana. Maipangpangruna iti daytoy nga kanta dagiti galad ken pammati ti panagdayaw, kinaanus, ken ti nakaay-ayat nga artes ti tradisyunal nga panagarem.

Iti sabali a bangir, ti Pamulinawen ket maipanggep met laeng ti panagarem. Ngem naisangsangayan daytoy nga kanta iti kagapuanan na nga saan nga ikankanu daytoy balasang ti panagayat daytoy baro iti laksid ti kinasam-it ken naimpusuan nga panagayat daytoy baro kenkuana. Ipangpangruna daytoy a kanta ti kinasaem ti maysa nga ayat nga haan man la nga masubadan. Kasta met, maipangpangruna ditoy a kanta ti kinapasek ti panagayat ti maysa a lalaki tapno magun-od na ti nasam-it nga "Wen!" ni balasang nga inna patpatgen.

Pudno la unay nga iti kadagitoy nga kankanta, Manang Biday ken Pamulinawen, maipasirpat dagiti kangrunaan nga galad ken pammati dagiti Ilocano. Ni Biday ket pagwadan ti galad ken dagiti babbalasang nga Ilocano nga addaan ti nasam-it a kababalin, naalumanay, naemma, ken napintas iti laksid ti inna kinailiw, konserbatibo, ken haan nga asi-asi nga magun-od. Kasta met, masursuro manipud iti kanta nga Pamulinawen ti nadumaduma nga galad ken pammati dagiti Ilocano. Kas pagarigan, panagibtur ken panagtalek iti laksid dagiti lapped ken pannakapaay. Kasta met, ti nadayaw a wagas ti panagarem ti maysa a baro ken ti panagdayawna iti maysa a balasang ket iyanninawna dagiti kultural a pagalagadan ti panagraem ken panagdayaw iti relasion.

Manang Biday（マナン・ビダイ）

Manang Biday, ilukatmo man	ビダイ様、窓を開けて
Ta bintana ikalumbabam	憧れを抱く僕を見て
Ta kitaem 'toy kinayawan	ああ、あなたに無視されたら
Ay, matayakon no dinak kaasian	僕は死ぬだけだ
Siasino ka nga aglabaslabas	私が愛する庭で
'Toy hardinko umok ni ayat	行き来しているあなたは誰？
Ammuem ngarud a balasangak	乙女って知ってるでしょ
Sabong ni Lirio, di pay nagukrad	ユリの花はまだ咲いてない
Denggem, ading, ta bilinenka	あなたへの願いを聞いて
Ta intanto sadiay laguna	湖へ行こう
Ta intanto agala't mangga	マンゴーを取りに行こう
lansones pay, adu a kita	ランソネスもその他も
No nangato, dimo sukdalen	高ければ、なぜ摘まない？
No nababa, dimo gaw-aten	低いなら、なぜ切らない？
No naregreg, dimo piduten	落ちたなら、なぜ拾わない？
Ngem labaslabasamto laeng	あなたは通り過ぎるだけ
Daytoy paniok no maregregko	私がハンカチを落としたら
Ti makapidut isublinanto	拾った人が返すかな
Ta nagmarka iti naganko	私の名前が書かれてて
Ken nagborda pay ti sinanpuso	ハートも刺繍されている
Alaem dayta kutsilio	そのナイフを握ってくれ
Ta abriem 'toy barukongko	僕の胸を開けて
Ta tapnon maipapasmo	あなたの怒りを僕に移して
Dayta guram ken sentimiento	そして悲しみも

（翻訳 栗村ドナルド）

Pamulinawen（パムリナウェン）

Pamulinawen, pusok indengam man
'Toy umas-asug agrayod'ta sadiam.
Panunotem man inka pagintutul'
ngan
'Toy agayat, agruknoy dita sadiam.

パムリナウェン、僕の心の声を聞いて
ハラハラする私は君に惹かれた
ちょっと考えて、耳を塞がないで

愛しているよ、君にひざまずく

Essem nga diak malipatan, ta nasudi
unay a nagan,
Uray sadin ti ayan, lugar sadino
man,
Aw-awagan di agsarday, ta
naganmo kasam-itan.
No malagipka, pusok ti mabang-
aran.

強い願いは忘れられない、立派な名前だ
から
どこにいようと、どんな場所でも

呼ばずにはいられない、最も素敵な名前

君を思い出すと心が慰められる

Adu a sabsabong, narway a
rosrosas
Ti adda't ditoy a di nga mabuybuya,
Ngem awan man laeng ti
pakaliwliwaan
No di dayta sudim ken kapintas.

たくさんの花、有り余るバラ

ここに見えないものには何がある
君の輝かしさと美しさ以外に

癒してくれるものはない

Essem nga diak malipatan, ta nasudi
unay a nagan,
Uray sadin ti ayan, lugar sadino
man,
Aw-awagan di agsarday, ta
naganmo kasam-itan.
No malagipka, pusok ti mabang-
aran.

強い願いは忘れられない、立派な名前だ
から
どこにいようと、どんな場所でも

呼ばずにはいられない、最も素敵な名前

君を思い出すと心が慰められる

（翻訳 栗村ドナルド）

20

365

ラム・アンの人生
Biag ni Lam-ang

21-2 Kangrunaan nga epiko ti Ilokano ti "Biag ni Lam-ang". Nataudan daytoy ti adu a panawen sakbay pay a nakolonisar ti Filipinas dagiti Kastila. Idi damdamo, naiyakakar ti istoria ni Lam-ang ti panangibaga laeng. Awan ti nailanadanna aginggana insurat ni Pedro Bukaneg ti maysa a daniw a mangibagbaga ti istoria ni Lam-ang.

　　Idi un-unana a panawen, iti pagilian ti Nalbuan adda agassawa. Don Juan ken Narmongan ti naganda.
　　Maysa nga aldaw, napan ni Don Juan iti kabanbantayan tapno makidangadang kadagiti Igorot a kabusorna. Bayat nga awan ni Don Juan iti abay a nasikog nga asawana, naiyanak iti maysa nga ubing a lalaki. Dakkel ken napigsan ti ubing a kayananak. Makasao pay isunan. Gapu ta makabalikas payen, inagananna ti bagina, "Lam-ang".
　　Uray nakalabasen ti siam a bulan, saan pay a nakaawid ni Don Juan a tatangna. Inpilit ni

Lam-ang a mapanna a biruken ni Tatangna. Naladingit a pinalubusan ni Inangna ni Lam-ang.

Maysa nga aldaw, naginana pay ni Lam-ang ta nabanbannog ti bagina. Natagainepna a naputolan ti ulo ni Tatangna ken naisalput ti ulo iti maysa nga attiddog a kawayan.

Idi nakariing ni Lam-ang, permi ti gurana iti napasamak kenni Tatangna iti tagainepna. Insigudna a napan iti kampo dagiti Igorot. Pinatpatayna amin nga Igorot ngem pinalubusanna ti maysa kaniada tapno mangiwaras ti dayaw ken kabaelan ni Lam-ang.

Nakaawid ni Lam-ang iti Nalbuan a naballigi. Sinabat dagiti babbalasang ni Lam-ang ken dinigusanda ti bagina iti karayan ti Amurayan. Natay dagiti lames ti karayan gapu iti kinarugit ti bagi ken kinaangdod ni Lam-ang.

Adda maysa a balasang a kayat armen ni Lam-ang. Ines Canoyan ti naganna. Naggapu isuna iti pagilian ti Canutian.

Simmang-at ni Lam-ang iti balay ni Ines. Tugot-tugotna ti dua a tarakenna a puraw a kawitan ken aso a burburan. Nasabat ni Lam-ang ni Sumarang, maysa a karibalna kenni Ines ket naglinnabanda a dua. Intumba ni Lam-ang ni Sumarang.

Idi nakadanon ni Lam-ang iti balay ni Ines, nadanonna ti adu a lallaki nga agar-arem kenni Ines. Tapno mapansin isuna ni Ines, pinagtaraokna ti kawitan. Naburak ti balay ni Ines ken natay dagiti lallaki. Pinagtaolna met ti asona ket natarimaan manen ti balay.

Nakita ti nagganak ni Ines amin nga inaramid ni Lam-ang. Inayabanda ni Lam-ang. Imbaga ti kawitan kadagiti nagganak nga ay-ayaten ni Lam-ang ti anakda.

Nakitulag ti nagganak ni Ines kenni Lam-ang a mabalinna nga asawaen ti anakda. Masapul ni Lam-ang nga ikkan isuda ti sab-ong a panangibaknanganda. Natungpal ni Lam-ang ti dawdawatenda a sab-ong ket nagkallaysada kenni Ines.

Masapul ti kakaskasar a lalaki nga agbatok iti karayan tapnu agbirok ti lames a rarang. Nagparang a bigla ti Berkakan, maysa a sinampugot a tiwan-tiwan. Malas a timmapuak ni Lam-ang iti ngiwat ti Berkakan. Inalun-on ti Berkakan ni Lam-ang ken nabati laeng ti tultulangna. Nagsangit ni Ines iti napasamak iti asawana. Inarisamsamna amin a tulang ni Lam-ang, inikkatna ti bidangna ken pinangulesna daytoy kadagiti tulang. Pimmanaw isuna a dagus.

Timmaraok ti kawitan ken timmaguub ti aso a taraken ni Lam-ang. In-inut a naggaraw dagiti tulang ket nagbiagda a di nagkurang. Nabiag manen ni Lam-ang.

和訳 / Panangipatarus iti Hapones

「ラム・アンの人生」はイロカノの最も代表的な叙事詩である。フィリピンがスペインに植民地化されるかなり前から存在していた。ラム・アンの物語は初め口承のみで伝えられてきた。詩人のペドロ・ブカネグがラム・アンの物語を語る詩に表すまでは、出版されたものはなかった。

昔々、ナルブアンという町に夫婦がいた。彼らの名はドン・ホアンとナルモンガンである。

ある日、ドン・ホアンはライバルのイゴロット族と戦うために山へ出かけた。ドン・ホアンが妊娠した妻のそばにいない間に、男子が生まれた。生まれたばかりの子は体が大きく、逞しかった。話すことすらできた。既に発音もできたので、「ラム・アン」と名乗った。

9か月が過ぎても、父のドン・ホアンはまだ帰らなかった。ラム・アンはお父さんを一所懸命探しに行った。ラム・アンのお母さんは彼を悲しく見送った。

体が疲れていたため、ラム・アンは休んだ。彼は休んでいる間に、お父さんが頭を切られ、そして長い竹の棒で頭を突き刺されたという夢を見た。

ラム・アンが目覚めた時、夢の中でお父さんに起こったことに対する怒りは非常に大きかった。急いでイゴロット族の野営地へ向かった。彼はイゴロット族を皆殺しにしようとしたが、ラム・アンの偉大さと力を広めるために1人だけ許した。

ラム・アンは勝利を収めてナルブアンへ帰った。乙女たちはラム・アンを出迎え、彼の体をアムラヤンの川で洗った。ラム・アンの体の汚れと匂いで、川の魚たちは死んだ。

ラム・アンには求愛したい1人の女性がいた。彼女の名はイネス・カノヤンで、カヌティアンという町の出身であった。

ラム・アンはイネスの家へと登った。飼っている白い雄鶏と毛の長い犬の2匹を持って行った。イネスを巡るライバルであるスマランに出くわし、2人は戦った。ラム・アンはスマランを倒した。

イネスの家に入ると、イネスに言い寄ろうとして多くの男性たちがそこにいるのをラム・アンは見かけた。彼はイネスに注目されるように雄鶏を鳴かせた。イネスの家は壊れ、男性たちも死んだ。犬を吠えさせ、イネスの家は直った。

イネスの両親はラム・アンの行動を一部始終見た。ラム・アンは呼ばれた。雄鶏はイネスの両親に、ラム・アンが彼らの娘を愛していると伝えた。

イネスの両親はラム・アンに娘と結婚できると伝えた。ラム・アンは裕福になるための持参金を彼らに差し出す必要があった。ラム・アンは彼らが求めている持参金を叶え、イネスと結婚した。
　結婚したばかりの男はラランという魚を探すために川へ飛び込む必要がある。ベルカカンというカジキのような怪獣が川から突然現れた。不運にも、ラム・アンはベルカカンの口の中へ落ちてしまった。ベルカカンはラム・アンを飲み込み、彼の骨のみが残った。イネスは夫に起こったことに泣いた。彼女は彼の骨をすべて集め、彼女のスカートを脱いで骨の上にかぶせた。彼女はすぐにここを立ち去った。
　ラム・アンが飼っている雄鶏は鳴き、犬は吠えた。骨は少しずつ動き、1つも欠けることなく蘇った。ラム・アンは再び生きた。

語彙 / Bokabulario

21-2

epíko	叙事詩	naladíngit	悲しい
nataudán	存在する <taúd（完了相）	pinalubúsan	送り出す、見送る、許す
nakolonisár	占領される <kolonisár（完了相）		<(pa)lubús（完了相）
Kastíla	スペイン（カスティリヤ）人	naginána	休む <ínana（完了相）
damdámo	最初	nabanbannóg	疲れている <bannóg（未完了相過去）
naiyakákar	移される <akár（未完了相過去）		
panangibagá	言うこと <ibagá	natagaínep	夢を見る <tagainép（完了相）
nailanádan	出版される <lanád（完了相）	naputólan	切られる <putól（完了相）
dániw	詩	naisalpút	刺される <salpút（完了相）
mangibagbagá	語る <bagá	kawáyan	竹
pagilián	町 <íli	gúra	怒り、嫌悪
kabanbantáyan	山々 <bantáy	napasámak	起こる <pasámak（完了相）
makidangádang	戦う <dangádang	tagainép	夢
Igoról	イゴロット族（山の住人たち）	insígud	すぐに <sígud
kabúsor	ライバル <búsor	kámpo	住処、野営地
nasikóg	妊娠する <sikóg（完了相）	mangiwáras	広める、共有する <wáras
naiyanák	生まれる <anák（完了相）	dáyaw	偉大さ、尊重
kayananák	生まれたばかり <anák	kabaelán	勢力、能力 <baél
makasaó	話せる <saó	naballígi	勝利する <ballígi（完了相）
makabalikás	発音できる <balikás	sinábat	迎える、会う <sabát（完了相）
nakalábas	経つ、過ぎる <lábas（完了相）	kinarugít	汚れ <rugít
inpílit	一所懸命、しつこくやる <pílit	kinaangdód	体臭、匂い <angdód

armén	求愛する <arém	kakaskasár	結婚したばかり <kasár
simmang-át	登る、上がる <sang-át（完了相）	agbátok	飛び込む <bátok
túgot-túgot	持っている	rárang	ララン（魚の一種）
burbúran	毛並みが長い（動物）	nagparáng	表れる <paráng（完了相）
karibál	ライバル	Berkákan	ベルカカン（怪獣の名）
naglinnában	戦う <lában（完了相）	sinampúgot	獣 <púgot（完了相）
intumbá	倒す <tumbá（完了相）	tíwan-tíwan	カジキ
nakadánon	入る <dánon（完了相）	málas	不幸（な）、不運（な）
nadánon	入る <dánon（完了相）	timmapuák	倒れる <tapuák（完了相）
mapansín	目を向けられる <pansín	ngíwat	口
pinagtaráok	雄鶏を鳴かせる <taráok（完了相）	inalun-ón	飲み込む <alun-ón（完了相）
nabúrak	壊れる <búrak（完了相）	nabáti	残る <báti（完了相）
pinagtaól	犬を吠えさせる <taól（完了相）	tultuláng	骨 <tuláng
nakitúlag	約束する、話す <túlag（完了相）	inarisamsám	集める <arisamsám（完了相）
asawáen	結婚する <asáwa	bídang	巻きスカート、サッシュ
sab-óng	持参金	pinangulés	毛布のように被せる <ulés
panangibaknangán	裕福になること <baknáng		（完了相）
natungpál	叶える、実現できる <tungpál	pimmánaw	去る <pánaw（完了相）
	（完了相）	timmaráok	雄鶏が鳴く <taráok（完了相）
dawdawáten	求める、要求する	timmagúub	犬が吠える（遠吠えする）
	<dáwat（未完了相現在）	in-ínut	少しずつ <ínut
nagkallaysá	結婚する、1つになる <kallaysá	naggaráw	動く <garáw（完了相）
	（完了相）	nagkúrang	不足する <kúrang（完了相）

練 習 問 題

1．本課の物語文に関する以下の質問にイロカノ語で答えなさい。

(1) Sinno ti naginagan kenni Lam-ang?

(2) Sinno dagiti nagganak ni Lam-ang?

(3) Sadino ti nagiyanakan ni Lam-ang?

(4) Ania dagiti taraken ni Lam-ang?

(5) Sinno dagiti kabusor ni Don Juan kenni Lam-ang?

(6) Apay natay dagidiay lames iti karayan idi nagdigos ni Lam-ang?

(7) Ania ti nagan ti asawa ni Lam-ang?

(8) Sinno ti kalaban ni Lam-ang kenni Ines?

(9) Ania ti napasamak iti balay ni Ines idi nagtaraok ti kawitan?

(10) Ania ti Berkakan?

文法事項の索引

あ

挨拶表現	3.1
依頼表現	19.4
大文字の使用	1.4
音節	2.2

か

関係節	20.3
間投詞	9.7
許可表現	13.4.4
強勢（アクセント）	2.3
疑似動詞	6.5, 10.1, 13.4
ammo	10.1, 13.4.1
am-ammo	10.1
kaya	13.4.1
kayat	13.4.2
mabalin	13.4.4
maiparit	13.4.5
masapul	13.4.3
疑似動詞と時間の表現	13.5
基本構文	3.4, 11.2.2
疑問詞	
akin-	5.1.1
akinkua	5.1.2
ania	3.6
apay	8.6
ayan/ayanna	7.4, 10.2
kaano	9.4
kasano	13.8
maikamano	5.5
makimbagi	5.3
mano	5.5
sadino	10.2
sagmamano	6.4

taga-ano	3.6
疑問文	4.7
一般疑問文	4.7.1, 11.2.2-4), 20.4.2-1)
疑問詞疑問文	11.2.2-4), 20.4.2-2)
否定疑問文	4.7.2
付加疑問文	4.7.3, 10.11.5
禁止表現	13.4.5
句読法	1.5
形容詞	4.6
ma- 形容詞	4.6.1-2)
na- 形容詞	4.6.1-2)
基数詞	5.4.1
最上級	8.3
序数詞	5.4.2
スペイン語の数詞	9.1
単純形容詞	4.6.1-1)
同等比較	8.2
比較級	8.1
複数形	4.6.2
形容詞の副詞的用法	13.6
形容詞を形成する接辞	19.8
agat-	19.8.1
manag-	19.8.2
sinan-	19.8.3
肯定文	4.7.2

さ

時刻	9.2
指示詞	4.3, 5.1.1-2), 7.2
借用語の表記	1.2
書記体系	1.1
小辞	
aya	9.6
-en, -n	1.3, 10.3

373

gayam	10.9	labes	17（語彙）
kadi	10.11	las-ud	20（語彙）
kano	10.12	maipanggep	7（語彙）
kuma	6.8	manipud	9.2
laeng	6.7	naggapu	7（語彙）, 13.8.3
latta	10.10	para	8.9
man	10.8	存在表現	6.1.1
manen	10.7		
met	4.8		**た**
ngamin	10.14	綴り	1.1
ngarud	5.8	丁寧な表現	3.1.2
ngata	10.4	動詞	11～19
ngay	10.6	可能・非意図形	18.1
pay	6.9	ma-	18.2.4～18.2.10
sa	10.5	maka-	18.2.1～18.2.3
uray	10.13	makapa-	18.3.1
小辞の語順	10.15	makapag-	18.2.1～18.2.3
所有表現	5.1, 5.2, 5.3, 6.1.2	makapagpa-	18.3.1
接続詞		mapa-	18.3.3
apag-	15.6.1	疑似動詞との組み合わせ	13.4, 18.4
bayat	15.6.3	強意表現	19.5
gapu ta	8.7	共同・共有	
kalpasan	15.6.7	ka-(an)	19.1.6
ken	5.7	近完了	11.1.6
ket	5.6	継続・反復の表現	19.7
no	15.6.5	agkara-, agkarai	19.7.2
ngem	6.6	sangka-, sangkai-	19.7.1
sa	15.6.2	-uman-	19.7.3
sakbay	15.6.6	行為者焦点	
ta	8.7, 12.4	ag-	11.2, 12.3, 13.3
tapno	15.6.4	agi-	19.1.1
wenno	8.5	ma-	14.1
前置詞		maki-	11.1.2, 14.2
aginggana/inggana	3.4.2, 9.2	makipag-	14.2
aramaten	11.1.1, 16.4.2	mang-	13.1, 13.2, 13.3
babaen	11.1.1. 16.4.2	mangi-	19.1.1
depende	8.10	-um-	12.1, 12.2, 12.3
gapu iti	11.1.1	使役者焦点	

374

agpa-	17.3		-i	15.3
agipa-	19.1.1		他動詞	11.2.3, 12.3.2
mangpa-	17.3		程度緩和表現	19.6
mangipa-	19.1.1		能格動詞	11.2.3
使役受益者焦点			場所焦点	
ipa-an	17.7		-an	19.2.1-1)
使役手段焦点			-en	19.2.1-2)
pagpa-	17.9		pag-an	16.3
pangpa-	17.9		pagi-an	19.2.1-3)
使役対象焦点			pangi-an	19.2.1-3)
ipa-	17.5.1		被使役者焦点	
pa-an	17.5.2		pa-en	17.4.2
使役場所焦点			pag-en	17.4.1
pagpa-an	17.8		方向焦点	
pangpa-an	17.8		-an	16.1
使役方向焦点			-en	19.2.2
pa-an	17.6		pag-an	19.2.3
自動詞	11.2.3, 12.3.2, 19.3		見せかけを表す接辞	
-en	19.3.1		agin-	19.1.3
ma-an	19.3.2		agimpapa-	19.1.3
受益者焦点			未来を表す接辞	
i-an	16.2		-nto, -to	11.1.5
手段焦点			無意識の行為	
pag-	16.4		mapa-	19.1.2
pagi-	19.2.4		モード	11.1.2
pang-	16.4		理由焦点	
pangi-	19.2.4		pag-an	16.5
焦点（フォーカス）	11.1.1		倒置	5.6
相（アスペクト）	11.1.4		動名詞	20.1.2
完了相	11.1.4-2)			

な

不定相	11.1.4-1)		人称代名詞	
未完了相（過去）	11.1.4-3)		-ak 形	3.5.2
未完了相（現在）	11.1.4-3)		siak 形	3.5.1
相互行為			-ko 形	4.1
-inn-	19.1.4		kaniak 形	7.1
対象焦点			kukuak 形	5.2
-an	15.4			
-en	15.2			

は

場所・位置の表現	7.3, 7.4
発音	2.1
子音	2.1.2
二重母音	2.1.3
母音	2.1.1
日付	9.3
否定文	4.2.2, 11.2.2-2)
標識辞	3.3, 5.1.1, 6.3
頻度の接辞	
kada-	9.5
副詞	
程度を表すもの	8.8, 13.6, 13.7
時を表すもの	7.5
頻度を表すもの	13.7
不特定数量	5.9, 6.2

ま

名詞	3.2
固有名詞	1.4.2, 3.2
相互関係の接辞	
agka-	4.5
複数形	4.4
普通名詞	3.2
普通名詞の例	3.2, 3.7, 4.9, 5.10,
	5.11, 5.12, 6.10,
	14.3.1, 14.3.2
名詞化	4.6.3, 20.1
名詞節	20.4
命令文	11.2.1-3)

り

リンカー（繋辞）	4.2

わ

話法	20.4.3
直接話法	20.4.3-1)
間接話法	20.4.3-2)

著 者

Frieda Joy Angelica Olay Ruiz（フリーダ ジョイ アンジェリカ オライ ルイズ）
大阪大学大学院人文学研究科外国学専攻特任講師（常勤）。フィリピン・イサベラ州生
まれ。大阪大学のイロカノ語の担当教員。フィリピン大学ディリマン校学士修了（人
類学）、フィリピン大学ディリマン校修士課程修了、修士（人類学）、大阪大学大学院
人間科学研究科博士後期課程修了、博士（人間科学）。専門は在日フィリピン人の移
住、語学教育、ジェンダーとセクシュアリティ。

栗村ドナルド（クリムラ ドナルド）
フィリピン・イサベラ州生まれ。2003年フィリピン大学経済学部学士修了。2005年国
費学部進学留学生予備教育プログラム（1年コース）修了。2009年名古屋大学経済学部
卒業。2023年から本書の開発を目的として大阪大学招へい研究員をつとめる。

矢元貴美（ヤモト キミ）
大阪大学大学院人文学研究科外国学専攻准教授。大阪外国語大学大学院言語社会研究
科博士前期課程修了、大阪大学大学院人間科学研究科博士後期課程単位修得退学。博
士（人間科学）。専門は外国語教育、外国にルーツを持つ子どもたちの教育、異文化間
教育。

イラストレーター

Herb L. Fondevilla（ハーブ L. フォンデヴィリヤ）
立教大学特任准教授。日本のメディアと視覚文化、現代アート、コミュニティーにお
けるアート、健康とウェルネスにおけるアートの好ましい影響など、多数の領域にま
たがる分野に関心を持っている。

ナレーター

Joselito Bisenio（ホセリート ビセニオ）

Bernardo Carpio III（ベルナルド カルピオ）

Marife Carpio（マリフェ カルピオ）

Genesis Mariano Egipto（ジェネシス マリアーノ エヒプト）

コラム執筆者

Frieda Joy Angelica Olay Ruiz（フリーダ ジョイ アンジェリカ オライ ルイズ）
大阪大学大学院人文学研究科外国学専攻特任講師（常勤）

三見春菜（サンミ ハルナ）
大阪大学外国語学部外国語学科フィリピン語専攻

Genesis Mariano Egipto（ジェネシス マリアーノ エヒプト）
外国語青年招致事業

米野みちよ（ヨネノ ミチヨ）
静岡県立大学国際関係学部国際言語文化学科教授、国際関係学研究科教授（兼務）

敖夢玲（Ao Mengling）
大阪大学大学院人文学研究科外国学専攻招聘研究員

Irma U. Danao（イルマ U. ダナオ）
Assistant Professor Institute of Human Nutrition and Food College of Human Ecology University of the Philippines Los Baños

小野桃香（オノ モモカ）
大阪大学外国語学部外国語学科フィリピン語専攻

武田健佑（タケダ ケンスケ）
大阪大学外国語学部外国語学科フィリピン語専攻

栗村ドナルド（クリムラ ドナルド）
大阪大学大学院人文学研究科外国学専攻招へい研究員

Marife Carpio（マリフェ カルピオ）
立命館中学校・高等学校 教員、FETJ-Global 執行委員会メンバー

Norma A. Respicio（ノルマ A. レスピシオ）
Professor Emeritus, University of the Philippines Diliman

野垣実玖（ノガキ ミク）
大阪大学外国語学部外国語学科フィリピン語専攻

寺地慶悟（テラジ ケイゴ）
大阪大学大学院人文学研究科外国学専攻博士前期課程

Joselito Bisenio（ホセリート ビセニオ）

大阪大学外国語学部　世界の言語シリーズ 20
イ ロ カ ノ 語

発 行 日	2025年 3 月31日　初版第 1 刷

著　　　者	Frieda Joy Angelica Olay Ruiz 栗村　ドナルド 矢元　貴美
イラストレーター	Herb L. Fondevilla
発 行 所	大阪大学出版会 代表者　三成賢次 〒565-0871 大阪府吹田市山田丘2-7　大阪大学ウエストフロント 電話　06-6877-1614 FAX　06-6877-1617 URL　https://www.osaka-up.or.jp
印刷・製本	株式会社 遊文舎

ⒸFrieda Joy Angelica Olay Ruiz, Donald Kurimura,
　Kimi Yamoto　2025　　　　　　　　　　　　Printed in Japan
ISBN 978-4-87259-817-9 C3087

JCOPY〈出版者著作権管理機構 委託出版物〉
本書の無断複製は著作権法上での例外を除き禁じられています。複製される
場合は、その都度事前に、出版者著作権管理機構（電話03-5244-5088、FAX
03-5244-5089、e-mail: info@jcopy.or.jp）の許諾を得てください。

大阪大学外国語学部

世界の言語シリーズ **20**

イロカノ語

［別冊］

大阪大学出版会

大阪大学外国語学部　世界の言語シリーズ　20

イロカノ語〈別冊〉

練習問題解答

第3課
1.
(1) A
(2) B
(3) A
(4) B

2.
(1) ti
(2) dagiti
(3) da
(4) ni

3.
(1) Isuna ni Lilia.
(2) Isuda dagiti mannalon.
(3) Dakayo dagiti maestra.
(4) Siak ni Isko.
(5) Sika ti arkitekto.

4.
(1) Nars isuda.
(2) Haponeskayo.
(3) Taga-Manila isuna.
(4) Estudiantetayo.
(5) Nasayaatkami.

5.
(1) ○
(2) ×
(3) ×
(4) ○

第4課
1.
(1) A
(2) B
(3) B
(4) C

2.
(1) Estudiantena ni Naomi.
(2) Ania ti trabahom?
(3) Nasayaat ni Tatangko.
(4) Taltalonda digitoy?
(5) Saanyo a kalding dagita.

1

3.
⑴ 大きな教会は美しいです。
⑵ 高齢男性／おじいさんの家は小さいです。
⑶ フランクさんの子どもたちは賢いです。
⑷ 大阪はこれです。
⑸ あの子どもは親切ではありません。

4.
⑴ Wen,（nalawa daydiay taltalon）.
⑵ Pagay, mangga, salamagi, lomboy ken damortis（dagidiay mula）.
⑶ Kalding, kawitan ken nuang（dagidiay tarakenda）.
⑷ Wen,（atiddog）.

第5課
1.
⑴ ×
⑵ ○
⑶ ○
⑷ ×
⑸ ○

2.
⑴ Maysa（ti lamisaan）.
⑵ Tallo（ti tugaw）.
⑶ Dua（ti ubbing）.
⑷ Walo（ti alutiit）.

3.
⑴ Mano ti anakmo?
⑵ Maikadua ti Hapon iti judo.
⑶ Akinkua daytoy? / Akinkua iti daytoy? / Akinkua kadaytoy?
⑷ Kukuana/Kaniana/Bagina daydiay dakkel a kawitan?
⑸ Innemda amin.

4.
⑴ これは誰の写真ですか？
⑵ それらの水牛は誰のですか？
⑶ これらの牛はビアノン爺さんのです。
⑷ あの机は私たちのです。
⑸ このヤギは彼（女）のものではありません。

5.
⑴ Kenni Biday.
⑵ Ni Uliteg ken ni Ikit（isuda）.
⑶ Uppat（nga agkakabsat ti ikit ni Biday）.
⑷ 53 a tawennan.
⑸ Saan（da amin a kasinsin ni Biday）. Isuda ket ti dua a kasinsinna, maysa ket ti kaanakanna a babai, maysa met ket gayyemda ken diay adingna a lalaki.

第6課
1.
⑴ 300 a pisos a kilo.
⑵ 40 a pisos a kilo.
⑶ 10 a pisos ti pagkapat a kilo ti paria.
⑷ 20 a pisos ti maysa a reppet a sabong ti karabasa.

2

2.

(1) Kayatyo aya/kadi ti paria?

(2) Saan a kayat ni Tatangna ti baka.

(3) Ania ti kayatmo?

(4) Dayta a sapatos laeng ti kayatko.

3.

(1) Ubing pay ni Mario ngem natayag isuna.

(2) Sagmamano ti maysa a mangga?

(3) Adda aya/kadi ti kasinsinmo?

(4) Nasingpetda kuma.

4.

(1) Dinengdeng (ti kayatda).

(2) Saan (na a kayat).

(3) 80 a pisos ti maysa a kilo (ti paria ti agnananateng).

(4) Awan.

第 7 課

1.

(1) ×

(2) ○

(3) ○

(4) ×

(5) ×

(6) ○

2.

(1) dita

(2) ditoy

(3) idiay

3.

(1) Napudot idi maysa a bulan.

(2) Daytoy ti meriendada itatta/ita a malem. / Daytoy ti meriendada idi malem.

(3) Naulimek ti ili itatta/ita a rabii.

(4) Awan ti marunggay ditoy itattay.

4.

(1) Uppat (ti probinsia iti rehion ti Ilocos).

(2) Ilocos Norte, Ilocos Sur, La Union ken Pangasinan (dagiti probinsia ti rehion ti Ilocos).

(3) Pangasinan (ti probinsia a kaabayda).

(4) Agrikultura (ti kangrunaan a pagsapulan).

(5) Lingat Luzon ken Baybay Laud Filipinas (dagiti baybay iti abayna).

第 8 課

1.

(1) C

(2) C

(3) B

(4) C

(5) A

2.

1) Ni Pia ti kalaingan kaniada.

3

⑵ Daydiay ti kaasidegan a merkado ditoy.

⑶ Ania ti kapintasan nga ili iti Pilipinas?

⑷ Sinno ti naungungit, ni Isko wenno sika?

⑸ Saan nga unay a napait daytoy a paria.

⑹ Kasla a nagpudot（to）inton（o）bigat.

3．

⑴ 私たちの昼食はあなた方次第です。

⑵ それらのロンガニーサはジョイさんのためです。

⑶ 彼（女）はイロカノ人のようです。

⑷ 私たちのニンニクはとてもおいしいです。

⑸ 彼女の顔は美しくて、エンジェルさんみたいです。

⑹ あなたにとって、イロカノ語は難しいですか？

4．

⑴ Pagudpod（ti kaadayuan）.

⑵ Kasla a Boracay（ti Pagudpod）.

⑶ Gapu ta kayat ti estudiante ti dadaan nga arkitekto.

⑷ Empanada（ti kaimasan）.

⑸ Nasalimetmetda kano. / Nasalimetmet kano dagiti Ilokano.

第9課

1．

⑴ B

⑵ A

⑶ D

⑷ C

2．

⑴ Ania ti petsa itatta?

⑵ Ania ti aldaw inton（o）bigat?

⑶ Manipud ti ania nga oras ti mitingtayo?

⑷ Kaano ti panagkasangay ni Nanangmo?

⑸ Ania oras sumangpet daytoy train iti Manila?

⑹ Kada-ano ti biaheyo?

3．

⑴ 昨日は 2024 年 7 月 14 日でした。

⑵ 今日は木曜日かしら？

⑶ 私の試験は 9 月 30 日 15 時 10 分から 16 時 40 分までです。

⑷ 今年のクリスマスは金曜日ではありません。

⑸ 彼らのお祭りは 2 月 3 日です。

⑹ この番組は週に 1 回です。

4．

⑴ Alas-5 ti agasapa（ti panagriingda）.

⑵ Manipud ti alas 6:30 aginggana ti alas-7（ti pammigatda）.

⑶ Wen,（adda balondan）.

⑷ Sakbay ti tengnga ti aldaw（ti panagsangpetda idiay guest house）.

⑸ Inton（o）Biernes（ti biaheda）.

第10課

1．

⑴ Ammom aya ti balay ti maestra?

　　あなたは先生の家を知っているかしら？

4

(2) Am-ammok ti kasinsin ni Naomi.
私はナオミさんのイトコを知っています。
(3) Diak latta ammo ti naganna.
私は彼（女）の名前を依然として／今でも知りません。
(4) Sadino ngay ti pagdagusanda?
彼（女）らの泊まるところはどこなのよ？
(5) Ania manen gayam ti naganmo?
あなたの名前をもう一度聞かせてもらえませんか？

2.
(1) Ammoda daydiay.
(2) Am-ammoyo aya ni Linda?
(3) Am-ammok ti manang ni Ken.
(4) Ammom aya ti tricycle?
(5) Saanna ammo ti taltalonmo.

3.
(1) サン・アントニオの祭りはいつなのでしょうか？
(2) 真由さんの料理はおいしくないと思います。
(3) ここの村長はあなたでしょうか？
(4) 私の財布はどこなのよ？
(5) 今日は再びとても暑いです。
(6) ここから病院は近いかしら？
(7) わあ、またお金がない。
(8) バワンはとてもきれいなのね！

4.
(1) Da Naomi ken Biday（dagiti kadua ni Linda）.
(2) Saan（da ammo）. Gapu ta saanda a taga-idiay.
(3) Wen, ammona.
(4) Adda iti batog ti balay ti manong（ti balay ni Kapitan Santos）.

第11課
1.
(1) agbuggo	nagbuggo	agbugbuggo	nagbugbuggo
(2) agsangit	nagsangit	agsangsangit	nagsangsangit
(3) aglukat	naglukat	agluklukat	nagluklukat
(4) agay-ayam	nagay-ayam	agayay-ayam	nagayay-ayam
(5) agbado	nagbado	agbadbado	nagbadbado
(6) agtrabaho	nagtrabaho	agtrabtrabaho	nagtrabtrabaho
(7) aginit	naginit	agininit	nagininit
(8) aglualo	naglualo	aglulu7alo	nagluluamlo

2.
(1) Agmerkadotayo/Agpalengketayo inton（o）sumaruno a Sabado.
(2) Saankayo nga agtaray ditoy itatta.
(3) Nagbirok ni Mari ti libro.
(4) Saanda a nagragsak iti balita itattay.
(5) Ni Jose ti agresresearch maipanggep ti agrikultura.
(6) Nagtudtudo pay idi rabii iti diay Manila.
(7) Agadalto ti anakda iti kolehio inton（o）sumaruno a tawen.
(8) Kaininum dagiti maestro/maestra ti kape.

3.
(1) Sinno ti agbangka idiay Pagudpod?

5

(2) Ania ti nagukrad iti daydiay a bantay?

(3) Mano ti naggurigor iti daytoy nga eskuela/eskuelaan?

(4) Sadino nga agpasiar dagiti estudiante inton(o) bigát?

(5) Kaano a naggingined idiay Baguio?

(6) Apay agsursuratka kenni Tatang ti e-mail kada-lawas/linawas/dinominggo?

4.

(1) バギオで自転車に乗りましょう。

(2) 私たちはあそこで私たちの鶏を料理します。

(3) ナオミさんは毎日子どもたちのことを心配しています。

(4) 彼らの授業は先週まだ始まりませんでした。

(5) 彼（女）はゴミを捨てたばかりです。

5.

(1) Addada iti/diay Barangay San Juan.

(2) Da Linda, Biday ken Naomi (ti agyamyaman kenni Kapitan).

(3) Sekretaria isuna ni Kapitan.

(4) Agsursuratda ti libro maipanggep ti pagbiagan ti lokal a gimong.

(5) Ni Rosa (ti agbirok ti tattao a kasarita).

第12課

1.

(1) kumuttong	kimmuttong	kumutkuttong	kimmutkuttong
(2) bumassit	bimmassit	bumasbassit	bimmasbassit
(3) umasideg	immasideg	umasasideg	immasasideg
(4) umuneg	immuneg	umununeg	immununeg
(5) bumulod	bimmulod	bumulbulod	bimmulbulod
(6) lumabbaga	limmabbaga	lumablabbaga	limmablabbaga
(7) uminum	imminum	umininum	immininum
(8) ngumato	ngimmato	ngumatngato	ngimmatngato

2.

(1) Kaanoka umay iti Manila?

(2) Saankayo nga umakar.

(3) Sinno ti gimmatang ti paria iti merkado/palengke?

(4) Immado dagiti kaykayoda.

(5) Dimmakdakel pay ti nuangko.

(6) Kasla pimmutputok daydiay a bulkan idi maysa a lawas/dominggo.

(7) Gumatangto dagiti mangngalap ti bangka inton(o) sumaruno a tawen.

(8) Kasangsangpet dagiti estudiante iti eskuela/eskuelaan.

3.

(1) 明後日の夜に外出しましょう。

(2) 私はこの中から服を出します。

(3) この時計は速くなっています。

(4) 先生たちは急いでいますか？

(5) 彼の子どもは水を飲みませんでした。

(6) 彼らは毎晩（お酒を）飲んでいます。

4.

(1) Dagiti mannalon (ti dandani a sumangpet idiay balay ni Kapitan).

(2) Idiay taltalon (immay da Naomi).

(3) Ti luto (ti bumanglo gapu iti bawang).

(4) Ti altapresion (ti bumaba no adda ti bawang iti luto).

(5) Ti ganansia (ti umadu gapu iti bawang).

第 13 課

1.

(1)	mangala	nangala	mangalala	nangalala
(2)	mangasawa	nangasawa	mangasasawa	nangasasawa
(3)	mangtalon	nangtalon	mangtaltalon	nangtaltalon
(4)	mangloko	nangloko	manglokloko	nanglokloko
(5)	mangluto	nangluto	manglutluto	nanglutluto
(6)	mangribuk	nangribuk	mangribribuk	nangribribuk
(7)	mangaramid	nangaramid	mangararamid	nangararamid
(8)	mangurus	nangurus	mangurngurus	nangurngurus

2.

(1) Saankayo a manglibas iti klase. / Maiparit ti manglibas iti klase.

(2) Mangtedak kaniam/kenka ti prutas.

(3) Kaano nangpurruak ti pagay dagiti mannalon?

(4) Mangmangan inaldaw ti nateng ni Apongna.

(5) Nangayayab isuna ti doktor itattay.

(6) Nalaing ni Mari a mangsala ti sala a sakuting.

(7) Nabayag a nangararem ni Ken kenni Sara.

(8) Napartakkanto a mangbasa ti napuskol a libro inton（o）sumaruno a tawen.

3.

(1) Kasano kabassit ti lasonayo?

(2) Kasanoda a bimmaknang?

(3) Mabalinkami（aya/ngata）a mangaldaw kaniayo/kadakayo?

(4) Maiparit ti umisbo ditoy.

(5) Kayat ti asok nga agay-ayam iti/diay ruar.

(6) Ammo ni Emma nga agpiano.

4.

(1) 黒い服は白い服に色移りします。

(2) この色は落ちます。

(3) 大阪はもう夜になりましたが、私たちはまだ夕食を食べません。

(4) 医師は病気を治すことができます。

(5) 私は毎日薬を飲む必要があります。

5.

(1) Wen kano.

(2) Saan kano.

(3) Maiparit ti mangbulod ti babai ti trahe de boda. Saan a mabalin ti mangpadas ti trahe de boda sakbay ti kasar. Dakes kano ti maturog iti maysa a kuarto ti lalaki ken babai nga agkasar iti rabii sakbay ti seremonia.

(4) Agatang（ti pammati no mangayab ti kararua）.

(5) Mangpurruakda/Mangpurruak dagiti Ilokano ti asin iti/diay arubayan ken mangibaga ti "bari-bari apo".

第 14 課

1.

(1)	mapan	napan	mapmapan	napmapan
(2)	maturog	naturog	matmaturog	natmaturog
(3)	matay	natay	matmatay	natmatay
(4)	malpas	nalpas	malmalpas	nalmalpas
(5)	mabuteng	nabuteng	mabutbuteng	nabutbuteng
(6)	makigtot	nakigtot	makigkigtot	nakigkigtot
(7)	matinnag	natinnag	matintinnag	natintinnag
(8)	mapunpon	napunpon	mapunpunpon	napunpunpon
(9)	makitungtong	nakitungtong	makitungtungtong	nakitungtungtong

7

(10) makipagayyem   nakipagayyem   makipagaygayyem   nakipagaygayyem
(11) makipaglaban   nakipaglaban   makipaglablaban   nakipaglablaban

２．
(1) Mapanka a dagus iti eskuela/eskuelaan.
(2) Nalpas ti mitingda itattay.
(3) Mamatmatida kanayon kenni Apo Dios.
(4) Naululaw da Emma gapu iti pudot.
(5) Makilugankayo (kadi) kenni Ken inton(o) madamdama?

３．
(1) あなたの犬は昨日死んだのですか？
(2) 私たちはまだおなかがすいていません。
(3) あなたたちはもうここで寝なさい。
(4) （私たちは）来月祭りで踊りに参加しましょう。
(5) ナオミさんは彼女の友人と話しています。

４．
(1) Ti buksitna (ti nasakit).
(2) Napudot (ti panawen idi nagnada ti adayo).
(3) Nasakit ti buksitna, maululaw ken malamlamin isuna.
(4) Inton(o) bigat (da makiboda).
(5) (Masapul ni Naomi a) maturog inggana maimbagan ti bagina.

第15課
１．
(1) biroken   binirok   birbiroken   binirbirok
(2) kanen   kinnan   kankanen   kinkinnan
(3) takawen   tinakaw   taktakawen   tinaktakaw
(4) leppasen   lineppas   lepleppasen   linepleppas
(5) ikiwar   inkiwar   ikiwkiwar   inkiwkiwar
(6) isangpet   insangpet   isangsangpet   insangsangpet
(7) ibati   imbati   ibatbati   imbatbati
(8) itaray   intaray   itaytaray   intartaray
(9) sukatan   sinukatan   suksukatan   sinuksukatan
(10) padasan   pinadas   padpadasan   pinadpadasan
(11) ukisan   inukisan   ukukisan   inukisukisan

２．
(1) Papaya aya ti ukisan ni Tatangna?
(2) Saan a radio ti dengdenggek itatta.
(3) Ania ti araramidenyo iti/diay balayna idi rabii?
(4) Sinno ti isurotmo idiay ospital inton(o) maysa a lawas?
(5) Bayat a naglutluto ti lakayko/asawak, agkankanta isuna.

３．
(1) （あなたは）手を上げなさい。
(2) （わたしたちは）もう授業を始めましょう。
(3) 彼らはイロコスで何を買いたいですか？
(4) ベンさんはマニラに着いたら、祖父母を訪ねます。
(5) マリオさんは服を着て、それから車に乗りました。
(6) 彼女は土地を買うためにお金を準備しました。
(7) もし後で雨が降ったら、（あなたは）ブランケットを外に干さないで。
(8) お客さんたちが学校に来る前に、（私たちは）教室を掃除しましょう。
(9) 選手は走った後、疲れました。

8

4．
(1) ×
(2) ○
(3) ×
(4) ×
(5) ×

第16課

1．
(1) sublian	sinublian	subsublian	sinubsublian
sublianan	sinublianan	subsublianan	sinubsublianan
(2) sagaysayan	sinagaysayan	sagsagaysayan	sinagsagaysayan
(3) ilakuan	inlakuan	ilaklakuan	inlaklakuan
(4) isuratan	insuratan	isursuratan	insursuratan
(5) pagtrabahuan	nagtrabahuan	pagtrabtrabahuan	nagtrabtrabahuan
pangtrabahuan	nangtrabahuan	pangtrabtrabahuan	nangtrabtrabahuan
(6) pagiwa	pinagiwa	pagiwiwa	pinagiwiwa
pangiwa	pinangiwa	pangiwiwa	pinangiwiwa

2．
(1) Saan a daytoy a kuarto ti nagikkak/nangikabilak ti inabel.
(2) Buneng ti pinagiwada ti karne?
(3) Isuda ti ilutuak ti dinengdeng.
(4) Kanser ti nagpatayanna.
(5) Sinno ti sursuruam ti Ilokano idiay?

3．
(1)（あなたたちは）その木をつかみなさい！
(2) マヤさんは高齢女性たちにお金をあげました。
(3) 彼女がロンガニーサを持ち帰ってあげているのは彼女の母親です。
(4) これらの鉛筆で彼（女）は小説を書きました。
(5) 彼らの子どもたちが喜ぶのはあなたの贈り物でしょう。

4．
(1) Nuang（ti sungbat ti burburtia nga ayop a nagaget, pangsabonna rugit）.
(2) Burtburtia nga Ilokano（ti imbasaan ni Biday kenni Naomi）.
(3) Lampaso（ti nagbalin a sabsabut）.
(4) Puraw wenno maradapo（ti kolor ti ulep）.
(5) Tallo（ti pinugtuan ni Naomi）.

第17課

1．
(1) agpapudot	nagpapudot	agpapapudot	nagpapapudot
(2) mangpabitbit	nangpabitbit	mangpapabitbit	nangpapabitbit
(3) pagtalawen	pinagtalaw	pagtaltalawen	pinagtaltalaw
(4) paisbuen	pinaisbo	paisisbuen	pinaisisbo
(5) ipabagkat	impabagkat	ipabpabagkat	impabpabagkat
(6) palampasuan	pinalampasuan	palpalampasuan	pinalpalampasuan
(7) ipatulodan	impatulodan	ipatultulodan	impatultulodan
(8) pagpaturogan	nagpaturogan	pagpaturturogan	nagpaturturogan
(9) pangpaurayan	nangpaurayan	pangpaururayan	nangpaururayan
(10) pagpadait	pinagpadait	pagpapadait	pinagpapadait
(11) pangpapigsa	pinangpapigsa	pangpapapigsa	pinangpapapigsa

9

2.
(1) Saan nga isuna ti nagpareserba ti restauran kenni Mari.
(2) Sinno ti pinagalam ti payong?
(3) Ania ti palablabaanda binigat?
(4) Salamagi ti ipamulak kenni Isko.
(5) Agpapukiska idiay barberon.

3.
(1) ベンさんは私たちに病院を建てさせています。
(2) その部屋でいとこを寝かせなさい。
(3) 彼らの子どもたちは彼らにマニラで勉強させてもらっています。
(4) あなたはなぜ痩せたいのですか？
(5) 彼が大きなテーブルを父親に買ってもらったのはカルディンさんの店でした。

4.
(1) Iti/Idiay Baguio ken Sagada（da nga agpalamiis）.
(2) Labes a 37 a sentigrado（ti kapudot ti panawen iti istoria）.
(3) Ni Balong（ti pagpabantayenda ti balay）.
(4) Mangpakan ken mangpainum kadagiti taraken（ti ipaaramidda kenni Balong）.
(5) Ti van（ti ipareserbada a lugan）.

第18課
1.

(1)	makadengngeg	nakadengngeg	makadengdengngeg	nakadengdengngeg
(2)	makapaglagto	nakapaglagto	makapaglaglagto	nakapaglaglagto
(3)	makuna	nakuna	makunkuna	nakunkuna
(4)	maibati	naibati	maibatbati	naibatbati
(5)	madanagan	nadanagan	madandanagan	nadandanagan
(6)	mayalaan	nayalaan	mayalalaan	nayalalaan
(7)	mapagdawatan	napagdawatan	mapagdawdawatan	napagdawdawatan
(8)	mapagobserbar	napagobserbar	mapagobobserbar	napagobobserbar
(9)	makapaasi	nakapaasi	makapaasasi	nakapaasasi
(10)	mapamisuot	napamisuot	mapamismisuot	napamismisuot
(11)	maipanayon	naipanayon	maipamaynayon	naipanaynayon

2.
(1) Nakaserrek ti nuangko diay taltalonda.
(2) Nakasangpet kadin ti eroplano idiay Manila? / Nakasangpet kadi ti eroplanon idiay Manila?
(3) Sinno ti naimbitaranyo iti miting idi maysa a tawen?
(4) Makaturturog ti maestro gapu ta nakainum isunan ti agas.
(5) Empanada laeng ti maiyawid ni Fe para kenni Ed inton（o）bigat.

3.
(1) Makakaan ti annakna ti itlog inton（o）madamdama.
　　彼（女）の子どもは後で卵を食べることができます。
(2) Mausarmo ti nangisit a trahe de boda inton（o）kasarmo.
　　あなたは結婚式で黒いウェディングドレスを着ることができます／着てもよいです。
(3) Makasaritakayon ti Ilokano?
　　あなたたちはもうイロカノ語を話すことができますか？
(4) Saan a nakagatang ti karne dagiti ubbing idiay palengke itattay.
　　子どもたちはさっき市場で肉を買うことができませんでした。
(5) Saanko a naipabulod kaniana ti sapatosko idi kalman.
　　昨日私は彼（女）に私の靴を貸すことができました。

10

4.
(1) Ni Isko (ti nakalagip ken maililiw kenni Biday).
(2) Ni Naomi (ti maimbitaranna a makapan a kaduada).
(3) Iti Baguio (da makaapapan).
(4) Makagatang ken mangisagana (isuna) ti balonda.
(5) Gapu ta narigat ti mabisinan iti dalan.

第19課
1.

(1) agisaang	nagisaang	agisasaang	nagisasaang
(2) mangibaga	nangibaga	mangibagbaga	nangibagbaga
(3) agipabuson	nagipabuson	agipabpabuson	nagipabpabuson
(4) makaimula	nakaimula	makaimulmula	nakaimulmula
(5) makaipabassit	nakaipabassit	makaipabasbassit	nakaipabasbassit
(6) lamoken	linamok	lamlamoken	linamlamok
(7) masikogan	nasikogan	masiksikogan	nasiksikogan

2.
(1)（あなたたちは）すぐに私たちの家に大工を寄こして。
(2) イスコたちは役所の前にヤシを植えています。
(3) 彼らの犬は大きくて強いので私は引っ張られてしまいました。
(4) イロコスの空には鳥が飛んでいます。
(5) エマたちに彼（女）はニュースについて質問しています。
(6) 私たちはこの駅でよく蚊に刺されます。
(7) 村長たちは山で雨に降られています。
(8) フアナの夫は寝てばかりいます。
(9) なぜあの女性は何度も指さしているのですか？
(10) 小さい鷹は大きい蛙に少し近づきました。
(11) レニさんはサヤさんと一緒に日本を旅しました。
(12) あなたたちは学校で互いに助け合いなさい。
(13) クローゼットの中でネズミの死臭がしたため私は思わず吐いてしまいました。
(14) 私たちのために警察を呼んでください。

3.
(1) Ti panagsukisok da Ma'am Linda maipanggep ti Kailokuan (ti nakaitulong permi kaniada Kapitan).
(2) Gapu ta kasla a kinagat ti kuton dagiti agsalsala.
(3) Pamulinawen (ti kantaen ti koro).
(4) Gapu ta pumanangan isuna ti empanada.
(5) Da Naomi (ti sangkabirok ni Biday).

第20課
1.
(1) panagkita
(2) panangtumpal
(3) panagiburas
(4) panangisapul
(5) pannakaaksidente
(6) pannakapagtakder
(7) pannakipabulod

2.
(1) Importante ti pannakapasada iti kolehio itatta a tawen.
(2) Adu ti aglanglangoy iti daytoy a baybay itatta.
(3) Nangina (kadi) ti kotse a ginatangyo idiay Ilocos?
(4) Ammoyo (kadi) no nasingpetda (wenno saan)?

11

(5) Saan a siak/Saanak ti nagsaludsod kenni Ken no agtudtudo pay.

3.
(1) 彼の捜索／彼を探すことには時間がかかりました。
(2) 私たちには話を聞きたい政治家がいません。
(3) 毎週日曜日にあなたがディネンデンを料理してあげている女性は誰ですか？
(4) 明日誰が私たちに付いていくか私は知りません。
(5) もう起きなさいと私たちは彼（女）に言いました。

4.
(1) ×
(2) ×
(3) ○
(4) ○
(5) ×

第21課
1.
(1) Ti bagina（ti naginagan kenni Lam-ang）.
(2) Da Don Juan ken Narmongan / Ni Don Juan ken ni Narmongan（dagiti nagganak ni Lam-ang）.
(3) Pagilian ti Nalbuan（ti nagiyanakan ni Lam-ang）.
(4) Kawitan ken aso（dagiti taraken ni Lam-ang）.
(5) Dagiti Igorot（dagiti kabusor ni Don Juan ken Lam-ang）.
(6) Gapu iti kinaangdod ken kinarugit ti bagina. / Gapu ta naangdod ken narugit ti bagina.
(7) Ines Canoyan（ti nagan ti asawa ni Lam-ang）.
(8) Ni Sumarang（ti kalaban ni Lam-ang kenni Ines）.
(9) Naburak ti balayna.
(10) Maysa a sinampugot a tiwan-tiwan（ti Berkakan）.